SQL

kurz & gut

AF638130

3. AUFLAGE

SQL

kurz & gut

Alice Zhao

Deutsche Übersetzung von Kathrin Lichtenberg

O'REILLY®

Alice Zhao

Lektorat: Ariane Hesse
Übersetzung: Kathrin Lichtenberg
Copy-Editing: Sibylle Feldmann, *www.richtiger-text.de*
Satz: III-Satz, *www.drei-satz.de*
Herstellung: Stefanie Weidner
Umschlaggestaltung: Karen Montgomery und Michael Oreal, *www.oreal.de*
Druck und Bindung: BELTZ Grafische Betriebe GmbH, Bad Langensalza

Bibliografische Information der Deutschen Nationalbibliothek
Die Deutsche Nationalbibliothek verzeichnet diese Publikation in der Deutschen Nationalbibliografie; detaillierte bibliografische Daten sind im Internet über *http://dnb.d-nb.de* abrufbar.

ISBN:
Print 978-3-96009-194-3
PDF 978-3-96010-692-0
ePub 978-3-96010-693-7
mobi 978-3-96010-694-4

3. Auflage 2022
Translation Copyright für die deutschsprachige Ausgabe © 2022 dpunkt.verlag GmbH
Wieblinger Weg 17
69123 Heidelberg

Authorized German translation of the English edition of *SQL Pocket Guide*, 4E ISBN 9781492090403 © 2021 Alice Zhao. This translation is published and sold by permission of O'Reilly Media, Inc., which owns or controls all rights to publish and sell the same.

Dieses Buch erscheint in Kooperation mit O'Reilly Media, Inc. unter dem Imprint »O'REILLY«. O'REILLY ist ein Markenzeichen und eine eingetragene Marke von O'Reilly Media, Inc. und wird mit Einwilligung des Eigentümers verwendet.

FSC
www.fsc.org
MIX
Papier | Fördert gute Waldnutzung
FSC® C089473

Hinweis:
Dieses Buch wurde mit mineralölfreien Farben auf FSC®-zertifiziertem Papier aus nachhaltiger Waldwirtschaft gedruckt. Der Umwelt zuliebe verzichten wir zusätzlich auf die Einschweißfolie. Hergestellt in Deutschland.

Schreiben Sie uns:
Falls Sie Anregungen, Wünsche und Kommentare haben, lassen Sie es uns wissen: *kommentar@oreilly.de*.

Die vorliegende Publikation ist urheberrechtlich geschützt. Alle Rechte vorbehalten. Die Verwendung der Texte und Abbildungen, auch auszugsweise, ist ohne die schriftliche Zustimmung des Verlags urheberrechtswidrig und daher strafbar. Dies gilt insbesondere für die Vervielfältigung, Übersetzung oder die Verwendung in elektronischen Systemen. Es wird darauf hingewiesen, dass die im Buch verwendeten Soft- und Hardware-Bezeichnungen sowie Markennamen und Produktbezeichnungen der jeweiligen Firmen im Allgemeinen warenzeichen-, marken- oder patentrechtlichem Schutz unterliegen. Alle Angaben und Programme in diesem Buch wurden mit größter Sorgfalt kontrolliert. Weder Autorin noch Verlag noch Übersetzerin können jedoch für Schäden haftbar gemacht werden, die in Zusammenhang mit der Verwendung dieses Buches stehen.

5 4 3 2

Inhalt

Vorwort

Warum SQL?

Seit der letzten Ausgabe des *SQL Pocket Guide* hat sich in der Welt der Daten viel geändert. Die Menge an Daten, die generiert und gesammelt werden, ist explosionsartig angestiegen, und es sind eine ganze Reihe von Werkzeugen und Jobs entstanden, um mit dem Datenaufkommen klarzukommen. Durch all diese Änderungen hindurch ist SQL ein integraler Bestandteil der Datenlandschaft geblieben.

Im Laufe der vergangenen 15 Jahre habe ich als Ingenieurin, Beraterin, Analystin und Datenwissenschaftlerin gearbeitet, und in jeder dieser Rollen habe ich SQL benutzt. Selbst wenn sich meine eigentlichen Verantwortlichkeiten auf ein anderes Werkzeug oder eine andere Fertigkeit konzentrierten, musste ich SQL kennen, um auf die Daten im Unternehmen zuzugreifen.

> *Wenn es einen Programmiersprachenpreis für die beste Nebenrolle gäbe, wäre SQL ein würdiger Kandidat.*

Auch wenn neue Technologien auftauchen, wird immer noch zuerst an SQL gedacht, wenn es um das Arbeiten mit Daten geht. Cloud-basierte Speicherlösungen wie Amazon Redshift und Google BigQuery verlangen von ihren Anwendern, SQL-Abfragen zu schreiben, um Daten abzurufen. Frameworks für die verteilte Datenverarbeitung wie Hadoop und Spark haben die Sidekicks Hive bzw. Spark SQL, die SQL-artige Schnittstellen für Anwenderinnen bieten, um Daten zu analysieren.

SQL gibt es seit mittlerweile fast fünf Jahrzehnten, und es wird auf absehbare Zeit auch nicht verschwinden. Es ist eine der ältesten Programmiersprachen, die heute noch sehr verbreitet ist, und ich freue mich ungemein, das Neueste und Tollste mit Ihnen in diesem Buch zu teilen.

Ziele dieses Buchs

Es gibt bereits viele SQL-Bücher, von Werken für Einsteiger bis zu ausführlichen technischen Spezifikationen für Datenbankadministratoren. Dieses Buch soll nicht alle SQL-Konzepte ausführlich behandeln, sondern ist eine einfache Referenz für Fälle wie diese:

- Sie haben irgendeine SQL-Syntax vergessen und müssen sie schnell nachschlagen.
- Ihnen sind bei einem neuen Job irgendwelche etwas anderen Datenbankwerkzeuge begegnet, und Sie wollen sich über die feinen Unterschiede informieren.
- Sie haben sich in letzter Zeit mit einer anderen Programmiersprache befasst und brauchen eine schnelle Auffrischung in die Arbeitsweise von SQL.

Falls SQL in Ihrem Beruf eine wichtige Nebenrolle spielt, ist dies der perfekte Begleiter für Sie.

Neu in der 4. Auflage

Die 3. Auflage des *SQL Pocket Guide* von Jonathan Gennick wurde 2010 veröffentlicht und war ein großer Erfolg bei den Leserinnen und Lesern. Ich habe in der 4. Auflage folgende Aktualisierungen vorgenommen:

- Die Syntax wurde für Microsoft SQL Server, MySQL, Oracle Database und PostgreSQL aktualisiert. Dafür wurde Db2 von IBM weggelassen, weil seine Popularität abgenommen hat, während SQLite aufgrund seiner zunehmenden Beliebtheit neu hinzugekommen ist.
- Die 3. Auflage dieses Buchs war alphabetisch organisiert. Ich habe diese Abschnitte in der 4. Auflage so angeordnet, dass verwandte Konzepte zusammenstehen. Am Ende des Buchs gibt es einen Index, der die Konzepte alphabetisch aufführt.

- Da es mittlerweile viele Datenanalysten und Data Scientists gibt, die SQL bei ihrer Arbeit einsetzen, habe ich Abschnitte hinzugefügt, in denen ich beschreibe, wie sich SQL mit Python und R verwenden lässt (beliebte Open-Source-Programmiersprachen). Außerdem gibt es einen SQL-Crashkurs für den schnellen Wiedereinstieg in die Sprache.

> **Häufig gestellte (SQL-)Fragen**
>
> Das letzte Kapitel dieses Buchs heißt »Wie mache ich...?« und enthält Fragen, die von SQL-Anfängern oder Menschen, die SQL eine Weile nicht benutzt haben, oft gestellt werden.
>
> Es ist ein guter Startpunkt, wenn Sie sich nicht an ein bestimmtes Schlüsselwort oder Konzept erinnern können, das Sie suchen. Sie finden dort zum Beispiel solche Fragen:
>
> - Wie finde ich die Zeilen, die Duplikate enthalten?
> - Wie wähle ich Zeilen mit dem Maximalwert für eine andere Spalte aus?
> - Wie verkette ich Text aus mehreren Feldern in einem einzigen Feld?

Aufbau dieses Buchs

Dieses Buch ist in drei Abschnitte unterteilt.

Grundkonzepte

- Die Kapitel 1 bis 3 stellen grundlegende Schlüsselwörter, Konzepte und Werkzeuge zum Schreiben von SQL-Code vor.
- Kapitel 4 analysiert die einzelnen Klauseln einer SQL-Abfrage.

Datenbankobjekte, Datentypen und Funktionen

- Kapitel 5 führt gebräuchliche Möglichkeiten auf, um Objekte in einer Datenbank zu erzeugen und zu verändern.

- Kapitel 6 beschreibt gebräuchliche Datentypen, die in SQL eingesetzt werden.
- Kapitel 7 listet gebräuchliche Operatoren und Funktionen in SQL auf.

Erweiterte Konzepte

- Die Kapitel 8 und 9 erläutern erweiterte Abfragekonzepte einschließlich Joins, Case-Ausdrücken, Fensterfunktionen usw.
- Kapitel 10 demonstriert Lösungen für einige der am häufigsten gesuchten SQL-Fragen.

Konventionen in diesem Buch

Folgende typografische Konventionen werden in diesem Buch verwendet:

Kursiv

Kennzeichnet neue Begriffe, URLs, E-Mail-Adressen, Dateinamen und Dateierweiterungen.

`Proportionalschrift`

Wird für Programmlistings benutzt und kennzeichnet innerhalb des Texts Programmelemente wie Variablen- oder Funktionsnamen, Datenbanken, Datentypen, Umgebungsvariablen, Ausdrücke und Schlüsselwörter.

`Proportionalschrift fett`

Zeigt Befehle oder andere Texte, die unverändert von der Benutzerin oder dem Benutzer eingetippt werden sollen, oder Werte, die durch den Kontext bestimmt sind.

Dieses Element kennzeichnet einen Tipp oder Vorschlag.

Dieses Element kennzeichnet einen allgemeinen Hinweis.

Dieses Element kennzeichnet eine Warnung.

Die Codebeispiele verwenden

Dieses Buch soll Ihnen bei Ihrer Arbeit helfen. Falls Beispielcode mit diesem Buch angeboten wird, können Sie diesen im Allgemeinen in Ihren Programmen und Dokumentationen einsetzen. Sie müssen uns nicht um Erlaubnis ersuchen, es sei denn, Sie reproduzieren einen bedeutsamen Teil des Codes. Zum Beispiel brauchen Sie keine Erlaubnis, wenn Sie ein Programm schreiben, das einige Codeausschnitte aus diesem Buch verwendet. Wenn Sie jedoch Beispiele aus O'Reilly-Büchern verkaufen oder vertreiben wollen, brauchen Sie eine Erlaubnis. Beantworten Sie eine Frage, indem Sie dieses Buch und Beispielcode daraus zitieren, brauchen Sie keine Erlaubnis. Nehmen Sie dagegen eine bedeutende Menge an Beispielcode aus diesem Buch in die Dokumentation Ihres Produkts auf, ist eine Erlaubnis erforderlich.

Wir wissen eine Quellenangabe zu schätzen, fordern sie aber im Allgemeinen nicht. Eine Quellenangabe enthält üblicherweise Titel, Autor, Verlag und ISBN, zum Beispiel: »SQL Pocket Guide by Alice Zhao (O'Reilly). Copyright 2021 Alice Zhao, 978-1-492-209040-3.«

Falls Sie das Gefühl haben, dass Ihr Einsatz der Codebeispiele nicht durch die oben genannten Erlaubnisse abgedeckt wird, schreiben Sie uns bitte an *permissions@oreilly.com*.

Danksagungen

Ich danke Jonathan Gennick, dem Erstautor dieses Buchs. Außerdem danke ich Andy Kwan für sein Vertrauen in mich, Jonathans Arbeit fortzuführen.

Ich hätte dieses Buch ohne die Hilfe meiner Lektorinnen und Lektoren Amelia Blevins, Jeff Bleiel und Caitlin Ghegan sowie meiner Fachkorrektorinnen und -korrektoren Alicia Nevels, Joan Wang, Scott Haines und Thomas Nield niemals fertigstellen können. Ich weiß die Zeit wirklich zu schätzen, die ihr aufgewandt habt, um jede Seite dieses Buchs gründlich zu lesen. Euer Feedback war unglaublich wertvoll.

Meinen Eltern danke ich, dass sie in mir die Liebe für das Lernen und die Kreativität genährt haben. Dank geht auch an meine Kinder Henry und Lily – eure Begeisterung für dieses Buch ist herzerwärmend. Und schließlich danke ich meinem Ehemann Ali – danke für all deine Hinweise zu diesem Buch, für deine Ermutigung und dafür, dass du mein größter Fan bist.

KAPITEL 1

SQL-Crashkurs

Dieses kurze Kapitel bietet Ihnen einen schnellen Einstieg in die grundlegende SQL-Terminologie und die SQL-Konzepte.

Was ist eine Datenbank?

Beginnen wir ganz von vorn. Eine *Datenbank* ist ein Ort, an dem man auf organisierte Art und Weise Daten ablegen kann. Es gibt viele Möglichkeiten, Daten zu organisieren, und entsprechend gibt es viele Datenbanken, unter denen man wählen kann. Die zwei Kategorien, in die Datenbanken fallen, nennen sich *SQL* und *NoSQL*.

SQL

SQL ist die Abkürzung für *Structured Query Language* (strukturierte Abfragesprache). Stellen Sie sich vor, Sie hätten eine App, die sich die Geburtstage all Ihrer Freunde merkt. Mit sehr hoher Wahrscheinlichkeit würden Sie SQL verwenden, um mit dieser App zu reden.

> *Deutsch:* »Hallo App. Wann ist der Geburtstag meines Mannes?«
> *SQL*: `SELECT * FROM birthdays`
> `WHERE person = 'husband';`

SQL-Datenbanken werden oft als *relationale Datenbanken* bezeichnet, weil sie aus Relationen bestehen, die üblicherweise Tabellen genannt werden. Viele Tabellen, die miteinander verbunden sind, bilden eine Datenbank. Abbildung 1-1 zeigt das Bild einer Relation in einer SQL-Datenbank.

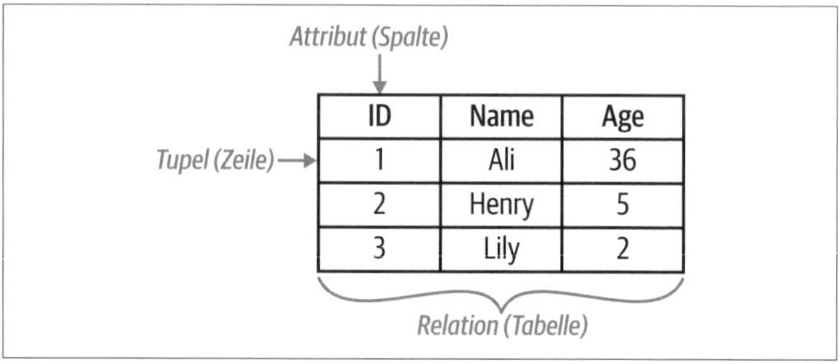

Abbildung 1-1: Eine Relation (auch bekannt als Tabelle) in einer SQL-Datenbank

Das Wichtigste, das man über SQL-Datenbanken wissen sollte, ist, dass sie vordefinierte *Schemata* erfordern. Stellen Sie sich ein Schema als die Art vor, in der die Daten in einer Datenbank organisiert oder strukturiert sind. Nehmen wir einmal an, Sie wollten eine Tabelle anlegen. Bevor Sie Daten in die Tabelle laden, muss die Struktur der Tabelle festgelegt werden, darunter solche Dinge wie die Spalten der Tabelle, ob diese Spalten Integer- oder Dezimalwerte enthalten usw.

Irgendwann jedoch kommt der Zeitpunkt, an dem sich die Daten nicht mehr auf diese strukturierte Weise organisieren lassen. Ihre Daten haben vielleicht unterschiedliche Felder. Oder möglicherweise brauchen Sie eine effektivere Methode, um eine große Menge an Daten zu speichern und abzurufen. Hier kommt NoSQL ins Spiel.

NoSQL

NoSQL steht für *Not only SQL* (nicht nur SQL). Ich werde in diesem Buch nicht näher darauf eingehen, wollte es aber erwähnen, da der Begriff seit den 2010er-Jahren an Popularität gewonnen hat und es wichtig ist, zu verstehen, dass es auch noch andere Wege gibt, um Daten zu speichern, als nur Tabellen.

NoSQL-Datenbanken werden oft als *nicht relationale Datenbanken* bezeichnet, und es gibt sie in allen Formen und Größen. Ihre wichtigsten Merkmale bestehen darin, dass sie dynamische Schemata haben (das heißt, ihre Schemata müssen nicht im Vorhinein starr festgelegt werden) und dass sie eine horizontale Skalierung erlauben (was bedeutet, dass die Daten sich über mehrere Rechner ausbreiten können).

Die beliebteste NoSQL-Datenbank ist *MongoDB*, die zu den dokumentenorientierten Datenbanken gehört. Abbildung 1-2 zeigt, wie Daten in MongoDB gespeichert werden. Sie werden bemerken, dass die Daten nicht mehr in einer strukturierten Tabelle vorliegen und die Anzahl der Felder (vergleichbar einer Spalte) für die einzelnen Dokumente (vergleichbar einer Zeile) variiert.

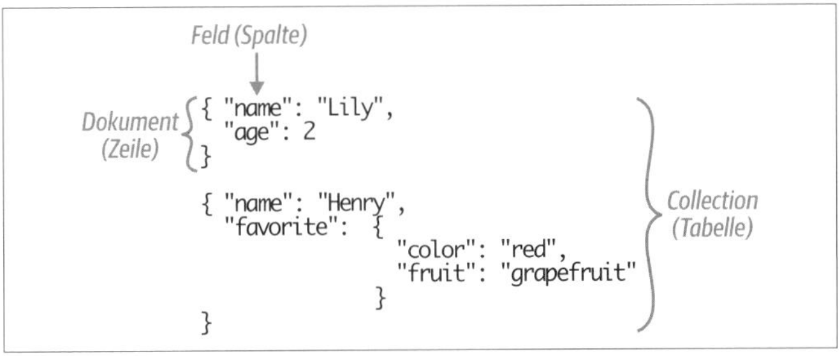

Abbildung 1-2: Eine Collection (eine Variante einer Tabelle) in MongoDB, einer NoSQL-Datenbank

Wie gesagt, der Schwerpunkt dieses Buchs liegt auf SQL-Datenbanken. Selbst mit der Einführung von NoSQL speichern die meisten Unternehmen die Mehrzahl ihrer Daten in Tabellen relationaler Datenbanken.

Datenbankmanagementsysteme (DBMS)

Sie haben vermutlich schon Begriffe wie *PostgreSQL* oder *SQLite* gehört und fragen sich vielleicht, worin diese sich von SQL unterscheiden. Es gibt zwei Typen von *Datenbankmanagementsystemen* (DBMS), also von Software, die benutzt wird, um mit einer Datenbank zu arbeiten.

Dazu gehören Dinge wie das Festlegen, wie Daten importiert und organisiert werden, aber auch Dinge wie die Handhabung des Zugriffs von Benutzern oder Programmen auf die Daten. Ein *relationales Datenbankmanagementsystem* (RDBMS) ist eine Software, die speziell für relationale Datenbanken oder Datenbanken, die aus Tabellen bestehen, gedacht ist.

Jedes RDBMS hat eine andere Implementierung von SQL, das heißt, die Syntax variiert leicht von Software zu Software. So würden Sie zum Beispiel in fünf unterschiedlichen RDBMS zehn Zeilen mit Daten ausgeben:

MySQL, PostgreSQL und SQLite

```
SELECT * FROM birthdays LIMIT 10;
```

Microsoft SQL Server

```
SELECT TOP 10 * FROM birthdays;
```

Oracle Database

```
SELECT * FROM birthdays WHERE ROWNUM <= 10;
```

SQL-Syntax mit Google suchen

Wenn Sie online nach SQL-Syntax suchen, sollten Sie immer das RDBMS, mit dem Sie arbeiten, in die Suche aufnehmen. Als ich SQL lernte, konnte ich beim besten Willen nicht herausfinden, weshalb mein aus dem Internet kopierter Code nicht funktionierte. Und genau das war der Grund!

Machen Sie dies.

Suche: *create table datetime* ***postgresql***

→ Ergebnis: `timestamp`

Suche: *create table datetime* ***microsoft sql server***

→ Ergebnis: `datetime`

Nicht das.

Suche: *create table datetime*

→ Ergebnis: Syntax könnte für irgendein RDBMS gelten.

Dieses Buch behandelt die SQL-Grundlagen zusammen mit den Nuancen von fünf beliebten Datenbankmanagementsystemen: Microsoft SQL Server, MySQL, Oracle Database, PostgreSQL und SQLite.

Manche sind proprietär, das heißt, sie gehören einem Unternehmen, und man muss Geld bezahlen, wenn man sie benutzen möchte. Andere sind Open Source, dürfen also kostenlos von allen verwendet werden. Tabelle 1-1 stellt die Unterschiede zwischen den einzelnen RDBMS dar.

Tabelle 1-1: Relationale Datenbankmanagementsysteme im Vergleich

RDBMS	Besitzer	Besondere Merkmale
Microsoft SQL Server	Microsoft	• Beliebtes proprietäres RDBMS. • Wird oft zusammen mit anderen Microsoft-Produkten verwendet, einschließlich Microsoft Azure dem .NET Framework. • Auf Windows-Plattformen verbreitet. • Wird auch als *MSSQL* oder *SQL Server* bezeichnet.
MySQL	Open Source	• Beliebtes Open-Source-RDBMS. • Wird oft zusammen mit Webprogrammiersprachen wie HTML/CSS/JavaScript eingesetzt. • Wurde von Oracle gekauft, ist aber weiterhin Open Source.
Oracle Database	Oracle	• Beliebtes proprietäres RDBMS. • Wird aufgrund seiner vielen verfügbaren Funktionen, Werkzeuge und Supportmöglichkeiten häufig in großen Unternehmen eingesetzt. • Wird oft einfach als *Oracle* bezeichnet.
PostgreSQL	Open Source	• Nimmt schnell an Popularität zu. • Wird oft zusammen mit Open-Source-Technologien wie Docker und Kubernetes eingesetzt. • Effizient und hervorragend für große Datenmengen geeignet.
SQLite	Open Source	• Die weltweit am häufigsten eingesetzte Datenbank-Engine. • Verbreitet auf iOS- und Android-Plattformen. • Leichtgewichtig und hervorragend für eine kleine Datenbank geeignet.

Ab sofort in diesem Buch:

- Microsoft SQL Server wird als *SQL Server* bezeichnet.
- Oracle Database wird als *Oracle* bezeichnet.

Installationsanweisungen und Codeausschnitte für die einzelnen RDBMS finden Sie in RDBMS Software in Kapitel 2.

Eine SQL-Abfrage

Ein verbreitetes Akronym in der SQL-Welt ist *CRUD*, das für *Create, Read, Update, and Delete* (Erzeugen, Lesen, Aktualisieren und Löschen) steht. Dabei handelt es sich um die vier wichtigsten Operationen, die in einer Datenbank zur Verfügung stehen.

SQL-Anweisungen

Menschen, die *Lese- und Schreibzugriff* auf eine Datenbank haben, dürfen alle vier Operationen ausführen. Sie können Tabellen anlegen und löschen, Daten in Tabellen aktualisieren und Daten aus Tabellen lesen. Mit anderen Worten, sie haben die ganze Macht.

Sie schreiben *SQL-Anweisungen* (auch SQL-Statements genannt), also allgemeinen SQL-Code, der geschrieben werden kann, um irgendeine der CRUD-Operationen auszuführen. Solche Menschen tragen oft Titel wie *Datenbankadministrator* (DBA) oder *Datenbankprogrammiererin*.

SQL-Abfragen

Diejenigen, die *Lesezugriff* auf eine Datenbank haben, dürfen nur eine Leseoperation ausführen, das heißt, sie können sich die Daten in den Tabellen anschauen.

Diese Menschen schreiben *SQL-Abfragen*. Dabei handelt es sich um einen spezielleren Typ der SQL-Anweisung. Abfragen dienen dem Suchen und Anzeigen von Daten. Das wird als »Lesen« der Daten bezeichnet. Manchmal nennt man diese Aktion auch *Abfragen von Tabellen*. Solche Menschen tragen oft Titel wie *Datenanalyst*, *Datenwissenschaftler* oder *Data Scientist*.

Die nächsten zwei Abschnitte bieten einen Schnelleinstieg in das Schreiben von SQL-Abfragen, da dies der Typ von SQL-Code ist, den Sie am häufigsten sehen werden. Weitere Einzelheiten zum Anlegen und Aktualisieren von Tabellen können Sie in Kapitel 5 finden.

Die SELECT-Anweisung

Die grundlegendste SQL-Abfrage (die in jeder SQL-Software funktioniert) ist:

```
SELECT * FROM my_table;
```

und bedeutet: Zeige mir alle Daten innerhalb der Tabelle namens `my_table` – alle Spalten und alle Zeilen.

SQL ist zwar »case-insensitive« (d.h., es ist egal, ob Sie Groß- oder Kleinbuchstaben verwenden, `SELECT` und `select` sind also äquivalent), Sie werden aber bemerken, dass manche Wörter komplett in Großbuchstaben geschrieben sind, andere dagegen nicht.

- Die komplett großgeschriebenen Wörter in der Abfrage werden *Schlüsselwörter* genannt, was bedeutet, dass SQL sie für das Ausführen irgendeiner Art von Operation auf den Daten reserviert hat.
- Alle anderen Wörter werden kleingeschrieben. Das schließt Tabellennamen, Spaltennamen usw. ein.

Die Großbuchstaben- und Kleinbuchstabenformate sind nicht zwingend vorgeschrieben. Die Konvention stellt aber einen guten Stil dar, der die Lesbarkeit des SQL-Codes verbessert.

Kommen wir wieder zu dieser Abfrage zurück:

```
SELECT * FROM my_table;
```

Nehmen wir einmal an, Sie wollten nicht alle Daten in ihrem aktuellen Zustand zurückgeben, sondern stattdessen:

- die Daten filtern
- die Daten sortieren

Dazu müssten Sie die `SELECT`-Anweisung so modifizieren, dass sie einige weitere *Klauseln* enthält, damit das Ergebnis z.B. so aussieht:

```
SELECT *
FROM my_table
WHERE column1 > 100
ORDER BY column2;
```

Näheres zu all den Klauseln finden Sie in Kapitel 4, merken Sie sich an dieser Stelle vor allem eins: Die Klauseln müssen immer in der gleichen Reihenfolge aufgelistet werden.

Merken Sie sich diese Reihenfolge

Alle SQL-Abfragen enthalten irgendeine Kombination dieser Klauseln. Auch wenn Sie sich sonst an nichts erinnern können, merken Sie sich diese Reihenfolge!

```
SELECT      -- anzuzeigende Spalten
FROM        -- Tabelle(n) wird (werden) geholt von
WHERE       -- Zeilen filtern
GROUP BY    -- Zeilen in Gruppen aufteilen
HAVING      -- gruppierte Zeilen filtern
ORDER BY    -- zu sortierende Spalten
```

Die zwei Bindestriche -- sind der Anfang eines Kommentars in SQL, was bedeutet, dass der nachfolgende Text nur der Dokumentation dient und der Code nicht ausgeführt wird.

Meist sind die `SELECT`- und `FROM`-Klauseln erforderlich und alle anderen Klauseln optional. Die Ausnahme: Wenn Sie eine bestimmte Datenbankfunktion auswählen, ist nur `SELECT` erforderlich.

Die klassische Eselsbrücke zum Merken der Reihenfolge der Klauseln lautet:

> *Sweaty Feet Will Give Horrible Odors.*

Falls Sie nicht jedes Mal an Schweißfüße denken wollen, wenn Sie eine Abfrage schreiben, dann nehmen Sie einfach die, die ich mir ausgedacht habe:

> *Start Fridays With Grandma's Homemade Oatmeal.*

Reihenfolge der Ausführung

Die Reihenfolge, in der SQL-Code ausgeführt wird, wird normalerweise nicht in einem SQL-Anfängerkurs gelehrt. Ich erkläre sie hier trotzdem, da mir dazu häufig Fragen gestellt wurden, wenn ich Menschen SQL beigebracht habe, die aus der Python-Programmierung kamen.

Eine vernünftige Annahme wäre, dass die Reihenfolge, in der Sie die Klauseln *schreiben*, die gleiche Reihenfolge ist, in der der Computer die Klauseln *ausführt*, doch das ist nicht der Fall. Nachdem eine Abfrage aufgerufen wurde, arbeitet sich der Computer in dieser Reihenfolge durch die Daten:

1. `FROM`
2. `WHERE`
3. `GROUP BY`
4. `HAVING`
5. `SELECT`
6. `ORDER BY`

Wenn Sie dies mit der Reihenfolge vergleichen, in der Sie die Klauseln geschrieben haben, werden Sie bemerken, dass `SELECT` an die fünfte Position gerückt ist. Die Erkenntnis ist im Prinzip die, dass SQL in dieser Reihenfolge arbeitet:

1. Sammelt alle Daten mit `FROM`.
2. Filtert die Datenzeilen mit `WHERE`.
3. Gruppiert Zeilen mit `GROUP BY`.
4. Filtert gruppierte Zeilen mit `HAVING`.
5. Legt anzuzeigende Spalten fest mit `SELECT`.
6. Ordnet die Ergebnisse neu an mit `ORDER BY`.

Ein Datenmodell

Ich würde den letzten Abschnitt des Crashkurses gern dafür nutzen, ein einfaches *Datenmodell* durchzugehen und auf einige Begriffe hinzuweisen, die Ihnen in Gesprächen über SQL begegnen können.

Ein Datenmodell ist eine Visualisierung, die zusammenfasst, wie alle Tabellen in einer Datenbank miteinander verwandt sind, und außerdem einige Details über die einzelnen Tabellen zeigt. Abbildung 1-3 ist ein einfaches Datenmodell einer Datenbank mit Schülernoten.

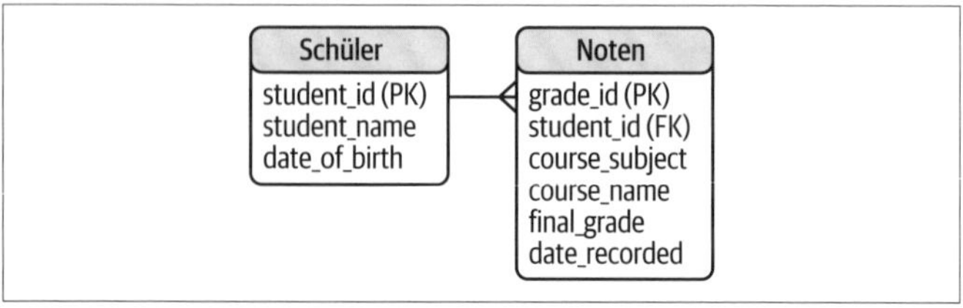

Abbildung 1-3: Ein Datenmodell der Schülernoten

Tabelle 1-2 listet die technischen Begriffe auf, die beschreiben, was in dem Datenmodell passiert.

Tabelle 1-2: Begriffe, die beschreiben, was in einem Datenmodell passiert

Begriff	Definition	Beispiel
Datenbank	Eine Datenbank ist ein Ort zum Abspeichern von Daten auf organisierte Weise.	Dieses Datenmodell zeigt alle Daten in der Datenbank der Schülernoten.
Tabelle	Tabellen werden aus Zeilen und Spalten zusammengesetzt. Im Datenmodell werden sie durch Rechtecke dargestellt.	Es gibt zwei Tabellen in der Datenbank der Schülernoten: `Students/Schüler` und `Grades/Noten`
Spalte	Eine Tabelle besteht aus mehreren Spalten, die manchmal auch als Attribute oder Felder bezeichnet werden. Jede Spalte enthält einen bestimmten Typ von Daten. Im Datenmodell sind alle Spalten einer Tabelle in dem jeweiligen Rechteck aufgeführt.	In der Tabelle `Students` befinden sich die Spalten `student_id`, `student_name` und `date_of_birth`.
Primärschlüssel	Ein *Primärschlüssel* identifiziert eindeutig jede Datenzeile in einer Tabelle. Ein Primärschlüssel kann aus einer oder mehreren Spalten in einer Tabelle zusammengesetzt werden. In einem Datenmodell wird er als `pk` (für *Primary Key*) oder mit einem Schlüsselsymbol gekennzeichnet.	In der Tabelle `Students` ist der Primärschlüssel die `student_id`-Spalte, was bedeutet, dass der `student_id`-Wert für jede Datenzeile anders ist.

Tabelle 1-2: Begriffe, die beschreiben, was in einem Datenmodell passiert (Fortsetzung)

Begriff	Definition	Beispiel
Fremdschlüssel	Ein *Fremdschlüssel* in einer Tabelle verweist auf einen Primärschlüssel in einer anderen Tabelle. Die zwei Tabellen können durch die gemeinsame Spalte miteinander verknüpft werden. Eine Tabelle kann mehrere Fremdschlüssel haben. Im Datenmodell ist der Fremdschlüssel mit `fk` (für *Foreign Key*) gekennzeichnet.	In der Tabelle `Grades` ist `student_id` ein Fremdschlüssel, was bedeutet, dass die Werte in dieser Spalte mit den Werten in der entsprechenden Primärschlüsselspalte in der Tabelle `Students` übereinstimmen.
Beziehung	Eine *Beziehung* (*Relationship*) beschreibt, wie die Zeilen in einer Tabelle zu den Zeilen in einer anderen Tabelle passen. In einem Datenmodell wird dies durch eine Linie mit Symbolen an den Enden dargestellt. Gebräuchliche Typen sind Eins-zu-eins- und Eins-zu-viele-Beziehungen.	In diesem Datenmodell haben die beiden Tabellen eine Eins-zu-viele-Beziehung, die durch die gegabelte Linie repräsentiert wird. Ein Schüler kann viele Noten haben, oder eine Zeile in der Tabelle `Students` wird auf mehrere Zeilen in der Tabelle `Grades` abgebildet.

Weitere Einzelheiten zu diesen Begriffen finden Sie in »Tabellen anlegen« auf Seite 104 in Kapitel 5.

Sie fragen sich vielleicht, warum wir so viel Zeit damit zubringen, ein Datenmodell zu lesen, statt endlich SQL-Code zu schreiben! Der Grund besteht darin, dass Sie häufig Abfragen schreiben werden, die eine ganze Reihe von Tabellen miteinander verknüpfen. Deshalb ist es eine gute Idee, sich mit dem Datenmodell vertraut zu machen, damit Sie wissen, wie alle verbunden sind.

Datenmodelle sind häufig in einem Dokumentationsrepository in einem Unternehmen zu finden. Sie könnten sich Datenmodelle ausdrucken, mit denen Sie häufig arbeiten – als schnelle und einfache Referenz und weil sie recht dekorativ sind.

Sie können außerdem Abfragen in einem RDBMS schreiben, um Informationen nachzuschlagen, die in einem Datenmodell enthalten sind, wie etwa die Tabellen in einer Datenbank, die Spalten einer Tabelle oder die Constraints (Bedingungen, Einschränkungen) einer Tabelle.

Und das war Ihr Crashkurs!

Der Rest dieses Buchs ist als Referenz gedacht und muss nicht in einer festen Reihenfolge von vorn nach hinten gelesen werden. Nutzen Sie diese, um Konzepte, Schlüsselwörter und Standards nachzuschlagen.

KAPITEL 2

Wo kann ich SQL-Code schreiben?

In diesem Kapitel schauen wir uns drei Stellen an, an denen Sie SQL-Code schreiben können:

RDBMS-Software
: Um SQL-Code zu schreiben, müssen Sie zuerst ein RDBMS wie MySQL, Oracle, PostgreSQL, SQL Server oder SQLite herunterladen. Die Feinheiten der einzelnen RDBMS werden in »RDBMS-Software« auf Seite 30 vorgestellt.

Datenbankwerkzeuge
: Nachdem Sie ein RDBMS heruntergeladen haben, ist es am einfachsten, SQL-Code über ein *Terminal-Fenster* zu schreiben, also im Prinzip ein Schwarz-Weiß-Fenster, in dem nur Text möglich ist. Die meisten Menschen bevorzugen allerdings stattdessen ein *Datenbankwerkzeug*, also eine benutzerfreundlichere Anwendung, die hinter den Kulissen mit einem RDBMS arbeitet.

  Ein Datenbankwerkzeug oder -modellierungswerkzeug besitzt eine *grafische Benutzeroberfläche* (GUI, *Graphical User Interface*), die es Anwendern erlaubt, Tabellen visuell zu analysieren und den SQL-Code einfacher zu bearbeiten. »Datenbankwerkzeuge« auf Seite 36 erklärt, wie man ein Datenbankwerkzeug mit einem RDBMS verbindet.

Andere Programmiersprachen
: SQL kann auch innerhalb vieler anderer Programmiersprachen geschrieben werden. Dieses Kapitel konzentriert sich besonders auf zwei: Python und R. Hierbei handelt es sich um beliebte Open-Source-Programmiersprachen, die von Datenwissenschaftlerinnen und Datenanalysten verwendet werden, die ebenfalls oft SQL-Code schreiben müssen.

Anstatt zwischen Python/R und einem RDBMS hin- und herzuwechseln, können Sie Python/R direkt mit einem RDBMS verbinden und den SQL-Code in Python/R schreiben. »Andere Programmiersprachen« auf Seite 39 zeigt Ihnen dies Schritt für Schritt.

RDBMS-Software

In diesem Abschnitt finden Sie Installationsanweisungen und kurze Codeausschnitte für die fünf RDBMS, die in diesem Buch behandelt werden.

Welches RDBMS sollte man wählen?

Falls Sie in einem Unternehmen arbeiten, das bereits ein RDBMS verwendet, müssen Sie dasselbe nehmen.

Arbeiten Sie an einem eigenen Projekt, müssen Sie selbst entscheiden, welches RDBMS Sie benutzen wollen. Schauen Sie einfach noch einmal zurück zu Tabelle 1-1 in Kapitel 1, um die Details der beliebtesten Systeme anzuschauen.

Schnellstart mit SQLite

Sie wollen so schnell wie möglich mit dem Schreiben von SQL-Code beginnen? SQLite ist das RDBMS, das sich am schnellsten einrichten lässt.

Verglichen mit den anderen RDBMS in diesem Buch ist es weniger sicher und kann auch nicht mit mehreren Benutzern arbeiten, aber es bietet eine grundlegende SQL-Funktionalität in einem kompakten Paket.

Aus diesem Grund habe ich SQLite an den Anfang der einzelnen Abschnitte dieses Kapitels gesetzt, da seine Einrichtung im Allgemeinen einfacher ist als die der anderen.

Was ist ein Terminal-Fenster?

Ich verweise in diesem Kapitel oft auf ein Terminal-Fenster, da es die einfachste Möglichkeit ist, nach dem Herunterladen mit dem RDBMS zu interagieren.

Ein *Terminal-Fenster* ist ein Programm auf Ihrem Computer, das üblicherweise einen schwarzen Hintergrund besitzt und nur Texteingaben zulässt. Wie das Programm genau heißt, hängt vom Betriebssystem ab:

- Unter Windows benutzen Sie das Programm *Eingabeaufforderung*.
- In macOS und Linux verwenden Sie das Programm *Terminal*.

Wenn Sie ein Terminal-Fenster geöffnet haben, sehen Sie einen *Befehlsprompt*, der wie ein > aussieht, gefolgt von einem blinkenden Kästchen. Das bedeutet, dass das Terminal bereit ist, Textbefehle des Benutzers entgegenzunehmen.

> In den nächsten Abschnitten gibt es Links zum Download von RDBMS-Installationsprogrammen für Windows, macOS und Linux.
>
> Auf macOS und Linux besteht eine Alternative zum Herunterladen eines Installers darin, stattdessen den Paketmanager Homebrew (*https://brew.sh*) zu verwenden. Nachdem Sie Homebrew installiert haben, können Sie einfache `brew install`-Befehle im Terminal ausführen, um alle RDBMS-Installationen zu erledigen.

SQLite

SQLite ist kostenlos und leichtgewichtig, was bedeutet, dass es auf Ihrem Computer nicht viel Platz beansprucht und außerordentlich schnell einzurichten ist. Für Windows und Linux kann SQLite Tools von SQLite Download Page (*https://oreil.ly/gNagl*) heruntergeladen werden. Auf macOS ist SQLite bereits installiert.

Am einfachsten starten Sie mit SQLite, indem Sie ein Terminal-Fenster öffnen und `sqlite3` eintippen. Allerdings wird bei dieser Vorgehensweise alles im Speicher erledigt. Das heißt, Änderungen werden nicht gespeichert, wenn Sie SQLite schließen.

```
> sqlite3
```

Falls Sie möchten, dass Ihre Änderungen gespeichert werden, sollten Sie beim Öffnen eine Verbindung zu einer Datenbank herstellen. Die folgende Syntax erledigt das für Sie:

```
> sqlite3 my_new_db.db
```

Der Befehlsprompt für SQLite sieht so aus:

```
sqlite>
```

Hier ein bisschen Code, um ein paar Dinge auszuprobieren:

```
sqlite> CREATE TABLE test (id int, num int);
sqlite> INSERT INTO test VALUES (1, 100), (2, 200);
sqlite> SELECT * FROM test LIMIT 1;

1|100
```

Zum Anzeigen der Datenbanken und Tabellen sowie zum Beenden von SQLite dienen folgende Befehle:

```
sqlite> .databases
sqlite> .tables
sqlite> .quit
```

Falls Sie Spaltennamen in Ihrer Ausgabe sehen wollen, tippen Sie:

```
sqlite> .headers on
```

Um sie wieder auszublenden, tippen Sie:

```
sqlite> .headers off
```

MySQL

MySQL ist kostenlos, auch wenn es nun der Firma Oracle gehört. MySQL Community Server kann von der Seite MySQL Community

Downloads (*https://oreil.ly/BkvOm*) heruntergeladen werden. Auf macOS und Linux können Sie die Installation alternativ auch mit Homebrew durchführen, indem Sie **brew install mysql** in das Terminal eintippen.

Der Befehlsprompt für MySQL sieht so aus:

```
mysql>
```

Hier ein bisschen Code, um ein paar Dinge auszuprobieren:

```
mysql> CREATE TABLE test (id int, num int);
mysql> INSERT INTO test VALUES (1, 100), (2, 200);
mysql> SELECT * FROM test LIMIT 1;

+------+------+
| id   | num  |
+------+------+
|    1 |  100 |
+------+------+
1 row in set (0.00 sec)
```

Um Datenbanken anzuzeigen und zu wechseln, Tabellen anzuzeigen und MySQL zu beenden, verwenden Sie folgende Befehle:

```
mysql> show databases;
mysql> connect another_db;
mysql> show tables;
mysql> quit
```

Oracle

Oracle ist proprietär und läuft auf Windows- und Linux-Maschinen. Oracle Database Express Edition, die kostenlose Ausgabe, kann von der Seite Oracle Database XE Downloads (*https://oreil.ly/FGoXw*) heruntergeladen werden.

Der Befehlsprompt für Oracle sieht so aus:

```
SQL>
```

Hier ein bisschen Code, um ein paar Dinge auszuprobieren:

```
SQL> CREATE TABLE test (id int, num int);
SQL> INSERT INTO test VALUES (1, 100);
SQL> INSERT INTO test VALUES (2, 200);
SQL> SELECT * FROM test WHERE ROWNUM <=1;
```

```
        ID        NUM
---------- ----------
         1        100
```

Um Datenbanken, alle Tabellen (einschließlich der Systemtabellen) sowie vom Benutzer erzeugte Tabellen anzuzeigen und Oracle zu beenden, verwenden Sie folgende Befehle:

```
SQL> SELECT * FROM global_name;
SQL> SELECT table_name FROM all_tables;
SQL> SELECT table_name FROM user_tables;
SQL> quit
```

PostgreSQL

PostgreSQL ist kostenlos und wird oft zusammen mit anderen Open-Source-Technologien eingesetzt. PostgreSQL kann von der Seite PostgreSQL Downloads (*https://oreil.ly/8MyzC*) heruntergeladen werden. Auf macOS und Linux können Sie die Installation alternativ mit Homebrew durchführen, indem Sie **`brew install postgresql`** im Terminal eintippen.

Der Befehlsprompt für PostgreSQL sieht so aus:

```
postgres=#
```

Hier ein bisschen Code, um ein paar Dinge auszuprobieren:

```
postgres=# CREATE TABLE test (id int, num int);
postgres=# INSERT INTO test VALUES (1, 100),
  (2, 200);
postgres=# SELECT * FROM test LIMIT 1;

 id | num
----+-----
  1 | 100
(1 row)
```

Um Datenbanken anzuzeigen, Datenbanken zu wechseln, Tabellen anzuzeigen und PostgreSQL zu beenden, tippen Sie folgende Befehle ein:

```
postgres=# \l
postgres=# \c another_db
postgres=# \d
postgres=# \q
```

Falls Sie einmal `postgres-#` sehen, bedeutet dies, dass Sie ein Semikolon am Ende einer SQL-Anweisung vergessen haben. Tippen Sie ; ein, und Sie sollten wieder `postgres=#` sehen.

Sollten Sie dagegen : sehen, sind Sie automatisch im Texteditor vi gelandet. Diesen verlassen Sie, indem Sie q eintippen.

SQL Server

SQL Server ist proprietär (gehört Microsoft) und läuft auf Windows- und Linux-Maschinen. Er kann auch über Docker installiert werden. SQL Server Express, die kostenlose Variante, können Sie von der Seite Microsoft SQL Server Downloads (*https://oreil.ly/zAxh9*) herunterladen.

Der Befehlsprompt für SQL Server sieht so aus:

```
1>
```

Hier ein bisschen Code, um ein paar Dinge auszuprobieren:

```
1> CREATE TABLE test (id int, num int);
2> INSERT INTO test VALUES (1, 100), (2, 200);
3> go
1> SELECT TOP 1 * FROM test;
2> go
id          num
---------- ----------
         1        100

(1 row affected)
```

Um Datenbanken anzuzeigen und zu wechseln, Tabellen anzuzeigen und SQL Server zu beenden, verwenden Sie folgende Befehle:

```
1> SELECT name FROM master.sys.databases;
2> go
1> USE another_db;
2> go
1> SELECT * FROM information_schema.tables;
2> go
1> quit
```

In *SQL Server* wird SQL-Code erst dann ausgeführt, wenn Sie auf einer neuen Zeile den Befehl **go** eintippen.

Datenbankwerkzeuge

Anstatt direkt mit einem RDBMS zu arbeiten, verwenden die meisten Menschen ein Datenbankwerkzeug oder ein Datenbanktool, das mit der Datenbank interagiert. Ein Datenbankwerkzeug besitzt eine hübsche grafische Oberfläche, die es Ihnen erlaubt, in einer benutzerfreundlichen Umgebung zu zeigen, zu klicken und SQL-Code zu schreiben.

Hinter den Kulissen verwendet ein Datenbankwerkzeug einen *Datenbanktreiber*, also eine Software, die dem Datenbankwerkzeug dabei hilft, mit einer Datenbank zu reden. Abbildung 2-1 zeigt die offensichtlichen Unterschiede zwischen dem direkten Zugriff auf eine Datenbank über ein Terminal-Fenster und dem indirekten Zugriff über ein Datenbankwerkzeug.

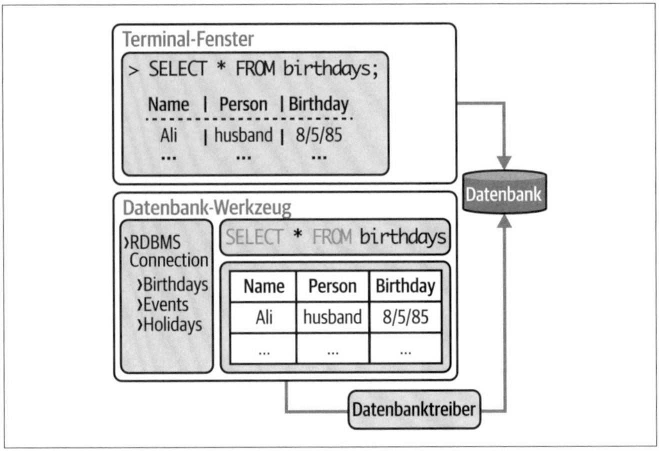

Abbildung 2-1: Zugriff auf ein RDBMS über ein Terminal-Fenster und über ein Datenbankwerkzeug

Es gibt eine ganze Reihe von Datenbankwerkzeugen. Manche arbeiten speziell mit einem einzigen RDBMS zusammen, während andere für mehrere RDBMS geeignet sind. Tabelle 2-1 listet die einzelnen RDBMS mit jeweils einem der beliebtesten Datenbankwerkzeuge für dieses spezielle RDBMS auf. Alle Datenbankwerkzeuge in der Tabelle können kostenlos heruntergeladen und eingesetzt werden. Es gibt natürlich auch noch viele proprietäre Datenbankwerkzeuge.

Tabelle 2-1: Vergleich von Datenbankwerkzeugen

RDBMS	Datenbankwerkzeug	Details
SQLite	DB Browser for SQLite	• Anderer Entwickler als SQLite. • Eine von vielen Werkzeugoptionen für SQLite.
MySQL	MySQL Workbench	• Gleicher Entwickler wie MySQL.
Oracle	Oracle SQL Developer	• Entwickelt von Oracle.
PostgreSQL	pgAdmin	• Andere Anbieter als PostgreSQL. • Im PostgreSQL-Installationspaket enthalten.
SQL Server	SQL Server Management Studio	• Entwickelt von Microsoft.
Multiple	DBeaver	• Eine der vielen Werkzeugoptionen für das Verbinden mit einer Vielzahl von RDBMS (einschließlich der fünf bereits aufgeführten).

Ein Datenbankwerkzeug mit einer Datenbank verbinden

Wenn Sie ein Datenbankwerkzeug starten, besteht der erste Schritt immer darin, eine Verbindung zu einer Datenbank herzustellen. Das kann auf verschiedene Weisen geschehen:

Option 1: Anlegen einer neuen Datenbank

Sie können eine brandneue Datenbank erzeugen, indem Sie eine CREATE-Anweisung schreiben:

```
CREATE DATABASE my_new_db;
```

Hinterher erzeugen Sie Tabellen zum Füllen der Datenbank. Näheres finden Sie in »Tabellen anlegen« auf Seite 104 in Kapitel 5.

Option 2: Öffnen einer Datenbankdatei
Sie haben vielleicht eine Datei mit der Erweiterung *.db* bekommen oder heruntergeladen:

```
my_new_db.db
```

Diese *.db*-Datei enthält bereits eine Reihe von Tabellen. Sie können sie ganz einfach in einem Datenbankwerkzeug öffnen und dann beginnen, mit der Datenbank zu arbeiten.

Option 3: Verbinden mit einer vorhandenen Datenbank
Vielleicht wollen Sie mit einer Datenbank arbeiten, die sich entweder auf Ihrem Computer oder auf einem *entfernten Server* befindet, also auf einem Computer, der irgendwo anders steht. Das ist heutzutage mit *Cloud Computing* äußerst verbreitet, etwa wenn Menschen Server benutzen, die Unternehmen wie Amazon, Google oder Microsoft gehören.

Datenbankverbindungsfelder

Um eine Verbindung zu einer Datenbank herzustellen, müssen Sie die folgenden Felder in einem Datenbankwerkzeug ausfüllen:

Host
Wo sich die Datenbank befindet.

- Liegt die Datenbank auf Ihren Computer, sollte dies *local host* oder *127.0.0.1* sein.
- Befindet sich die Datenbank auf einem entfernten Server, dann muss das die IP-Adresse dieses Computers sein, zum Beispiel: *123.45.678.90*.

Port
Wie die Verbindung zum RDBMS hergestellt wird.

In diesem Feld müsste bereits eine vorgegebene Portnummer stehen, die Sie nicht ändern sollten. Es gibt für jedes RDBMS eine andere Portnummer.

- MySQL: *3306*
- Oracle: *1521*
- PostgreSQL: *5432*
- SQL Server: *1433*

Datenbank
: Der Name der Datenbank, zu der Sie eine Verbindung herstellen wollen.

Benutzername
: Ihr Benutzername für die Datenbank.

  In diesem Feld steht vielleicht schon ein vorgegebener Benutzername. Falls Sie sich nicht erinnern können, einen Benutzernamen eingestellt zu haben, lassen Sie den vorgegebenen Wert stehen.

Passwort
: Das Passwort, das mit dem Benutzernamen verknüpft ist.

  Falls Sie sich nicht erinnern können, ein Passwort für Ihren Benutzernamen angegeben zu haben, versuchen Sie, dieses Feld leer zu lassen.

> Für SQLite würden Sie nicht diese fünf Felder ausfüllen, sondern in den Dateipfad der *.db*-Datenbankdatei gehen, mit der Sie sich verbinden wollen.

Nachdem Sie die Datenbankverbindungsfelder korrekt ausgefüllt haben, sollten Sie Zugang zur Datenbank bekommen. Sie können nun das Datenbankwerkzeug benutzen, um die Tabellen und Felder zu suchen, an denen Sie interessiert sind, und SQL-Code zu schreiben.

Andere Programmiersprachen

SQL kann auch in einer Reihe anderer Programmiersprachen geschrieben werden. Dieses Kapitel konzentriert sich auf zwei beliebte Open-Source-Sprachen: Python und R.

Als Datenwissenschaftler oder Datenanalystin werden Sie Ihre Analysen vermutlich in Python oder R durchführen und auch SQL-Abfragen schreiben müssen, um Daten aus einer Datenbank abzurufen.

Ein einfacher Datenanalyse-Workflow

1. Schreiben einer B Aufzählung 1SQL-Abfrage in einem Datenbankwerkzeug.
2. Exportieren der Ergebnisse als *.csv*-Datei.
3. Importieren der *.csv*-Datei nach Python oder R.
4. Fortsetzen der Analyse in Python oder R.

Die gezeigte Herangehensweise eignet sich gut für einen schnellen, einmaligen Export. Falls Sie jedoch Ihre SQL-Abfrage laufend bearbeiten müssen oder mit mehreren Abfragen arbeiten, kann das schnell sehr lästig werden.

Ein besserer Datenanalyse-Workflow

1. Verbinden von Python oder R mit einer Datenbank.
2. Schreiben von SQL-Abfragen in Python oder R.
3. Fortsetzen der Analyse in Python oder R.

Dieser zweite Ansatz erlaubt Ihnen, alle Abfragen und Analysen in einem einzigen Werkzeug durchzuführen, was hilfreich ist, wenn Sie Ihre Abfragen während der Analyse verändern und anpassen müssen. Im Rest dieses Kapitels lernen Sie den Code für die einzelnen Schritte dieses zweiten Workflows kennen.

Python mit einer Datenbank verbinden

Es sind drei Schritte nötig, um Python mit einer Datenbank zu verbinden:

1. Installieren eines Datenbanktreibers für Python.
2. Einrichten einer Datenbankverbindung in Python.
3. Schreiben von SQL-Code in Python.

Schritt 1: Installieren eines Datenbanktreibers für Python

Ein Datenbanktreiber ist eine Software, die Python dabei hilft, mit einer Datenbank zu reden. Es gibt viele Treiberoptionen, für die man sich entscheiden kann. Tabelle 2-2 enthält Code für die Installation eines populären Treibers für jedes RDBMS.

Dies ist eine einmalige Installation, die Sie entweder über ein **`pip install`** oder ein **`conda install`** durchführen. Der folgende Code muss in einem Terminal-Fenster ausgeführt werden.

Tabelle 2-2: Installieren eines Treibers für Python mittels pip oder conda

RDBMS	Option	Code
SQLite	n/a	keine Installation nötig (Python 3 enthält sqlite3)
MySQL	pip	`pip install mysql-connector-python`
	conda	`conda install -c conda-forge mysql-connector-python`
Oracle	pip	`pip install cx_Oracle`
	conda	`conda install -c conda-forge cx_oracle`
PostgreSQL	pip	`pip install psycopg2`
	conda	`conda install -c conda-forge psycopg2`
SQL Server	pip	`pip install pyodbc`
	conda	`conda install -c conda-forge pyodbc`

Schritt 2: Einrichten einer Datenbankverbindung in Python

Um eine Datenbankverbindung einzurichten, müssen Sie zuerst den Ort und den Namen der Datenbank kennen, zu der Sie eine Verbindung herstellen wollen, sowie Ihren Benutzernamen und Ihr Passwort. Näheres finden Sie im Abschnitt »Datenbankverbindungsfelder« auf Seite 38.

Tabelle 2-3 enthält den Python-Code, den Sie jedes Mal ausführen müssen, wenn Sie SQL-Code in Python schreiben wollen. Sie können ihn an den Anfang Ihres Python-Skripts setzen.

Tabelle 2-3: Python-Code zum Einrichten einer Datenbankverbindung

RDBMS	Code
SQLite	`import sqlite3` `conn = sqlite3.connect('my_new_db.db')`

MySQL	`import mysql.connector`
	`conn = mysql.connector.connect(`
	`host='localhost',`
	`database='my_new_db',`
	`user='alice',`
	`password='password')`

Oracle	`# Verbinden mit Oracle Express Edition`
	`import cx_Oracle`
	`conn = cx_Oracle.connect(dsn='localhost/XE',`
	`user='alice',`
	`password='password')`

PostgreSQL	`import psycopg2`
	`conn = psycopg2.connect(host='localhost',`
	`database='my_new_db',`
	`user='alice',`
	`password='password')`

SQL Server	`# Verbinden mit SQL Server Express`
	`import pyodbc`
	`conn = pyodbc.connect(driver='{SQL Server}',`
	`host='localhost\SQLEXPRESS',`
	`database='my_new_db',`
	`user='alice',`
	`password='password')`

Nicht alle Argumente sind erforderlich. Wenn Sie ein Argument komplett weglassen, wird der Vorgabewert benutzt. So ist zum Beispiel der vorgegebene Host `localhost`, also Ihr eigener Computer. Wurde weder ein Benutzername und noch ein Passwort eingerichtet, können diese Argumente weggelassen werden.

Passwortsicherheit in Python

Der gezeigte Code ist gut zum Testen einer Verbindung zu einer Datenbank. Im wirklichen Leben sollten Sie aber Ihr Passwort nicht in ein Skript schreiben, sodass alle es sehen können.

Es gibt mehrere Möglichkeiten, das zu vermeiden, darunter:

- Generieren eines SSH-Schlüssels
- Einrichten von Umgebungsvariablen
- Anlegen einer Konfigurationsdatei

Diese Möglichkeiten erfordern allerdings Zusatzwissen zu Computern oder Dateiformaten.

Die empfohlene Herangehensweise: Erzeugen Sie eine separate Python-Datei.

Das einfachste Vorgehen besteht meiner Meinung nach darin, Ihren Benutzernamen und Ihr Passwort in einer separaten Python-Datei zu speichern und diese Datei dann in Ihrem Datenbankverbindungsskript aufzurufen. Das ist zwar weniger sicher als die anderen Möglichkeiten, bietet aber den schnellsten Einstieg.

Legen Sie dazu zuerst mit dem folgenden Code eine *db_config.py*-Datei an:

```
usr = "alice"
pwd = "password"
```

Importieren Sie die Datei *db_config.py*, wenn Sie Ihre Datenbankverbindung einrichten. Im folgenden Beispiel wird der Oracle-Code aus Tabelle 2-3 so modifiziert, dass er die *db_config.py*-Werte statt der fest eingestellten Benutzer- und Passwortwerte verwendet (die Änderungen sind fett gedruckt):

```
import cx_Oracle
import db_config

conn = cx_Oracle.connect(dsn='localhost/XE',
       user=db_config.usr,
       password=db_config.pwd)
```

Schritt 3: Schreiben von SQL-Code in Python

Sobald die Datenbankverbindung steht, können Sie damit beginnen, SQL-Abfragen in Ihrem Python-Code zu schreiben.

Schreiben Sie eine einfache Abfrage, um Ihre Datenbankverbindung zu testen:

```
cursor = conn.cursor()
cursor.execute('SELECT * FROM test;')
```

```
result = cursor.fetchall()
print(result)

[(1, 100),
 (2, 200)]
```

> Wenn Sie cx_Oracle in Python verwenden, entfernen Sie das Semikolon (;) am Ende der Abfragen, da Sie ansonsten eine Fehlermeldung erhalten.

Speichern Sie die Ergebnisse einer Abfrage als pandas-Dataframe:

```
# pandas muss bereits installiert sein.
import pandas as pd

df = pd.read_sql('''SELECT * FROM test;''', conn)
print(df)
print(type(df))

   id  num
0   1  100
1   2  200
<class 'pandas.core.frame.DataFrame'>
```

Schließen Sie die Verbindung, wenn Sie mit der Datenbank fertig sind:

```
cursor.close()
conn.close()
```

Es ist immer eine gute Praxis, die Datenbankverbindung zu schließen, um Ressourcen zu sparen.

SQLAlchemy für Python-Liebhaber

Eine andere beliebte Methode, um eine Verbindung zu einer Datenbank herzustellen, nutzt das SQLAlchemy-Paket in Python. Dies ist ein *Object Relational Mapper* (ORM), der Datenbankdaten in Python-Objekte verwandelt und Ihnen damit erlaubt, Ihren Code in reinem Python zu schreiben, statt die SQL-Syntax zu verwenden.

Stellen Sie sich vor, Sie wollten alle Tabellennamen in einer Datenbank sehen. (Der folgende Code ist PostgreSQL-spezifisch, aber SQLAlchemy funktioniert mit jedem RDBMS.)

Ohne SQLAlchemy:

```
pd.read_sql("""SELECT tablename
            FROM pg_catalog.pg_tables
            WHERE schemaname='public'""", conn)
```

Mit SQLAlchemy:

```
conn.table_names()
```

Wenn Sie SQLAlchemy benutzen, kommt das `conn`-Objekt mit einer `table_names()`-Python-Methode, die Sie sich vermutlich leichter merken können als die SQL-Syntax. Während SQLAlchemy saubereren Python-Code liefert, bremst es allerdings die Leistung aus, weil es zusätzliche Zeit erfordert, die Daten in Python-Objekte zu verwandeln.

Um SQLAlchemy in Python zu benutzen:

1. Sie müssen bereits einen Datenbanktreiber (wie `psycopg2`) installiert haben.
2. Tippen Sie in einem Terminal-Fenster **`pip install sqlalchemy`** oder **`conda install -c conda-forge sqlalchemy`** ein, um SQLAlchemy zu installieren.
3. Führen Sie den folgenden Code in Python aus, um eine SQLAlchemy-Verbindung aufzubauen. (Der folgende Code ist PostgreSQL-spezifisch.) Die SQLAlchemy-Dokumentation (*https://oreil.ly/QadLc*) enthält Code für andere RDBMS und Treiber:

```
from sqlalchemy import create_engine
conn = create_engine('postgresql+psycopg2://
       alice:password@localhost:5432/my_new_db')
```

R mit einer Datenbank verbinden

Es sind drei Schritte erforderlich, um R mit einer Datenbank zu verbinden:

1. Installieren eines Datenbanktreibers für R
2. Einrichten einer Datenbankverbindung in R
3. Schreiben von SQL-Code in R

Schritt 1: Installieren eines Datenbanktreibers für R

Ein Datenbanktreiber ist eine Software, die R hilft, mit einer Datenbank zu kommunizieren. Es gibt viele Treiberoptionen, aus denen Sie wählen können. Tabelle 2-4 enthält Code zum Installieren eines beliebten Treibers für jedes RDBM.

Die Installation ist eine einmalige Sache. Der folgende Code muss in R ausgeführt werden.

Tabelle 2-4: Installieren eines Treibers für R

RDBMS	Code
SQLite	`install.packages("RSQLite")`
MySQL	`install.packages("RMySQL")`

Oracle	Das `ROracle`-Paket kann von der Oracle ROracle Downloads-Seite (*https://oreil.ly/Hgp6p*) heruntergeladen werden.
	`setwd("folder_where_you_downloaded_ROracle")`
	`# Anpassen des Namens der .zip-Datei entsprechend der neuesten Version`
	`install.packages("ROracle_1.3-2.zip", repos=NULL)`

PostgreSQL	`install.packages("RPostgres")`
SQL Server	Unter Windows ist das `odbc`-(*Open Database Connectivity*-)Paket vorinstalliert. Auf macOS und Linux kann es von der Microsoft ODBC-Seite (*https://oreil.ly/xrSP6*) heruntergeladen werden. `install.packages("odbc")`

Schritt 2: Einrichten einer Datenbankverbindung in R

Um eine Datenbankverbindung einzurichten, müssen Sie zuerst den Ort und den Namen der Datenbank kennen, zu der Sie eine Verbindung herstellen wollen, sowie Ihren Benutzernamen und Ihr Passwort. Näheres finden Sie im Abschnitt »Datenbankverbindungsfelder« auf Seite 38.

Tabelle 2-5 enthält den R-Code, den Sie immer dann ausführen müssen, wenn Sie SQL-Code in R schreiben wollen. Sie können ihn an den Anfang Ihres R-Skripts setzen.

Tabelle 2-5: R-Code zum Einrichten einer Datenbankverbindung

<table>
<tr><th>RDBMS</th><th>Code</th></tr>
<tr><td>SQLite</td><td><pre>library(DBI)
con <- dbConnect(RSQLite::SQLite(),
                 "my_new_db.db")</pre></td></tr>
<tr><td>MySQL</td><td><pre>library(RMySQL)
con <- dbConnect(RMySQL::MySQL(),
                 host="localhost",
                 dbname="my_new_db",
                 user="alice",
                 password="password")</pre></td></tr>
<tr><td>Oracle</td><td><pre>library(ROracle)
drv <- dbDriver("Oracle")
con <- dbConnect(drv, "alice", "password",
                 dbname="my_new_db")</pre></td></tr>
<tr><td>PostgreSQL</td><td><pre>library(RPostgres)
con <- dbConnect(RPostgres::Postgres(),
                 host="localhost",
                 dbname="my_new_db",
                 user="alice",
                 password="password")</pre></td></tr>
<tr><td>SQL Server</td><td><pre>library(DBI)
con <- DBI::dbConnect(odbc::odbc(),
            Driver="SQL Server",
            Server="localhost\\SQLEXPRESS",
            Database="my_new_db",
            User="alice",
            Password="password",
            Trusted_Connection="True")</pre></td></tr>
</table>

Nicht alle Argumente sind zwingend erforderlich. Wenn Sie ein Argument komplett weglassen, wird der Vorgabewert verwendet.

- Der vorgegebene Host ist zum Beispiel `localhost`, also Ihr eigener Computer.
- Falls weder ein Benutzername noch ein Passwort eingerichtet wurde, können diese Argumente weggelassen werden.

Passwortsicherheit in R

Der gezeigte Code ist gut zum Testen einer Verbindung zu einer Datenbank. Im wirklichen Leben sollten Sie jedoch Ihr Passwort nicht in einem Skript speichern, in dem alle es sehen können.

Es gibt mehrere Möglichkeiten, dies zu vermeiden, einschließlich:

- Verschlüsseln der Zugangsdaten mit dem Paket `keyring`
- Anlegen einer Konfigurationsdatei mit dem Paket `config`
- Einrichten von Umgebungsvariablen mit einer *.Renviron*-Datei
- Aufzeichnen von Benutzer und Passwort als globale Option in R mit dem Befehl `options`

Die empfohlene Herangehensweise: Aufforderung an den Benutzer, das Passwort einzugeben.

Das einfachste Vorgehen besteht meiner Meinung nach darin, RStudio nach Ihrem Passwort fragen zu lassen.

Statt:

```
con <- dbConnect(...,
    password="password",
    ...)
```

machen Sie das:

```
install.packages("rstudioapi")
con <- dbConnect(...,
    password=rstudioapi::askForPassword("Password?"),
    ...)
```

Schritt 3: Schreiben von SQL-Code in R

Sobald die Datenbankverbindung steht, können Sie damit beginnen, SQL-Abfragen in Ihrem R-Code zu schreiben.

Anzeigen aller Tabellen in der Datenbank:

```
dbListTables(con)

[1] "test"
```

Fügen Sie für *SQL Server* den Schemanamen hinzu, um die Anzahl der angezeigten Tabellen zu begrenzen – `dbListTables(con, schema="dbo")`. `dbo` steht für den Datenbankbesitzer (*Database Owner*) und ist das vorgegebene Schema in SQL Server.

Werfen Sie einen Blick auf die Tabelle `test` in der Datenbank:

```
dbReadTable(con, "test")

  id num
1  1 100
2  2 200
```

Bei *Oracle* ist die Groß- und Kleinschreibung bei Tabellennamen wichtig. Da Oracle Tabellennamen automatisch in Großbuchstaben umwandelt, müssen Sie wahrscheinlich stattdessen Folgendes ausführen: `dbReadTable(con, "TEST")`.

Schreiben Sie eine einfache Abfrage und lassen Sie ein Dataframe ausgeben:

```
df <- dbGetQuery(con, "SELECT * FROM test
                       WHERE id = 2")
print(df); class(df)

  id num
1  2 200
[1] "data.frame"
```

Schließen Sie die Verbindung, wenn Sie mit der Datenbank fertig sind.

```
dbDisconnect(con)
```

Es ist immer eine gute Praxis, die Datenbankverbindung zu schließen, um Ressourcen zu sparen.

KAPITEL 3

Die Sprache SQL

Dieses Kapitel behandelt die SQL-Grundlagen einschließlich ihrer Standards, Schlüsselbegriffe und Teilsprachen und beantwortet außerdem die folgenden Fragen:

- Was ist ANSI SQL, und wie unterscheidet es sich von SQL?
- Was ist ein Schlüsselwort im Vergleich zu einer Klausel?
- Sind Großschreibung und Whitespace wichtig?
- Was gibt es noch jenseits der SELECT-Anweisung?

Vergleich mit anderen Sprachen

Manche Menschen im Technologiebereich betrachten SQL nicht als echte Programmiersprache.

SQL bedeutet zwar *Structured Query Language*, also »strukturierte Abfragesprache«, es lässt sich aber trotzdem nicht genauso verwenden wie zum Beispiel die beliebten Programmiersprachen Python, Java oder C++. Mit diesen Sprachen können Sie Code schreiben, der einem Computer genau die Schritte vorgibt, mit denen er eine Aufgabe erledigen kann. Dies wird als *imperative Programmierung* bezeichnet.

Falls Sie in Python eine Liste von Werten summieren wollen, können Sie dem Computer genau mitteilen, *wie* Sie das haben wollen. Der folgende Beispielcode geht Eintrag für Eintrag eine Liste durch und addiert jeden Wert zu einem laufenden Gesamtwert, sodass am Ende die Gesamtsumme berechnet wurde:

```
calories = [90, 240, 165]
total = 0
for c in calories:
    total += c
print(total)
```

In SQL sagen Sie dem Computer nicht genau, *wie* Sie etwas machen wollen, sondern beschreiben nur, *was* erledigt werden soll, also in diesem Fall das Berechnen der Summe. Hinter den Kulissen knobelt SQL aus, wie es den Code optimal ausführen könnte. Dies wird als *deklarative Programmierung* bezeichnet.

```
SELECT SUM(calories)
FROM workouts;
```

Die wichtigste Erkenntnis ist hier, dass es sich bei SQL nicht um eine *allgemein einsetzbare Programmiersprache* wie Python, Java oder C++ handelt, die für eine Vielzahl von Anwendungen eingesetzt werden kann. Stattdessen ist SQL eine *spezialisierte Programmiersprache*, die spezifisch darauf ausgerichtet ist, Daten in einer relationalen Datenbank zu verarbeiten.

Erweiterungen für SQL

In seinem Kern ist SQL eine deklarative Sprache, es gibt aber Erweiterungen, die der Sprache erlauben, mehr zu tun:

- *Oracle* bietet die *Procedural Language SQL* (PL/SQL).
- *SQL Server* enthält *Transact SQL* (T-SQL).

Mit diesen Erweiterungen ist es Ihnen möglich, Dinge zu tun wie etwa das Zusammenfassen von SQL-Code zu Prozeduren, Funktionen und mehr. Die Syntax folgt nicht den ANSI-Standards, macht aber SQL viel leistungsfähiger.

ANSI-Standards

Das *American National Standards Institute* (ANSI) ist eine US-amerikanische Organisation, die Standards zu allem Möglichen dokumentiert, vom Trinkwasser bis zu Schrauben und Muttern.

SQL wurde 1986 zu einem ANSI-Standard. 1989 veröffentlichte man ein sehr ausführliches, mehrere Hundert Seiten langes Dokument mit Spezifikationen darüber, was eine Datenbanksprache können muss und wie dies erreicht werden sollte. Alle paar Jahre werden die Standards aktualisiert. Daher werden Sie Begriffe hören wie ANSI-89 und ANSI-92, mit denen verschiedene Gruppen von SQL-Standards bezeichnet werden, die 1989 bzw. 1992 hinzugefügt wurden. Der neueste Standard ist ANSI SQL2016.

SQL versus ANSI SQL versus MySQL versus ...

SQL ist die allgemeine Bezeichnung für die Structured Query Language.

ANSI SQL bezeichnet SQL-Code, der den ANSI-Standards folgt und in jedem relationalen Datenbankmanagementsystem (RDBMS) läuft.

MySQL ist eine der vielen RDBMS-Optionen. Innerhalb von MySQL können Sie sowohl ANSI-Code als auch MySQL-spezifischen SQL-Code schreiben.

Weitere RDBMS-Optionen sind *Oracle*, *PostgreSQL*, *SQL Server*, *SQLite* und andere.

Selbst mit den Standards sind keine zwei RDBMS exakt gleich. Obwohl sich einige um vollständige ANSI-Konformität bemühen, sind sie alle doch nur teilweise ANSI-konform. Jeder Hersteller entscheidet am Ende, welche Standards er implementiert und welche Zusatzmerkmale er einbaut, die nur innerhalb seiner Software funktionieren.

Sollte ich den Standards folgen?

Der meiste grundlegende SQL-Code, den Sie schreiben, hält sich an die ANSI-Standards. Falls Sie auf Code treffen, der etwas Komplexes mithilfe einfacher, aber Ihnen nicht vertrauter Schlüsselwörter durchführt, operiert dieser mit hoher Wahrscheinlichkeit außerhalb der Standards.

Wenn Sie ausschließlich in einem einzigen RDBMS wie *Oracle* oder *SQL Server* arbeiten, dann ist es völlig in Ordnung, nicht den ANSI-Standards zu folgen und alle Merkmale und Eigenschaften der Software auszunutzen.

Problematisch wird es, wenn Sie Code aus einem RDBMS in einem anderen RDBMS einsetzen wollen. Nicht-ANSI-Code läuft wahrscheinlich nicht in dem neuen RDBMS und muss dann umgeschrieben werden.

Nehmen wir einmal an, Sie hätten die folgende Abfrage, die in Oracle funktioniert. Sie entspricht nicht den ANSI-Standards, weil die Funktion DECODE nur in Oracle zur Verfügung steht und nicht in anderer Software. Wenn ich die Abfrage nach SQL Server kopiere, läuft der Code nicht:

```
-- Oracle-spezifischer Code
SELECT item, DECODE (flag, 0, 'No', 1, 'Yes')
             AS Yes_or_No
FROM items;
```

Die folgende Abfrage hat die gleiche Logik, verwendet aber stattdessen eine CASE-Anweisung, die dem ANSI-Standard entspricht. Deshalb funktioniert sie in Oracle, SQL Server und anderen Programmen:

```
-- Code, der in jedem RDBMS funktioniert
SELECT item, CASE WHEN flag = 0 THEN 'No'
             ELSE 'Yes' END AS Yes_or_No
FROM items;
```

Welchen Standard sollte ich wählen?

Die folgenden zwei Codeblöcke führen einen Join durch und verwenden dabei zwei unterschiedliche Standards. ANSI-89 war der erste allgemein übernommene Standard, gefolgt von ANSI-92, in dem es einige große Änderungen gab.

```
-- ANSI-89
SELECT c.id, c.name, o.date
FROM customer c, order o
```

```
WHERE c.id = o.id;
-- ANSI-92
SELECT c.id, c.name, o.date
FROM customer c INNER JOIN order o
ON c.id = o.id;
```

Wenn Sie neuen SQL-Code schreiben, würde ich immer empfehlen, entweder den neuesten Standard einzusetzen (momentan ist das ANSI SQL2016) oder die Syntax zu verwenden, die in der Dokumentation des RDBMS angegeben ist, in dem Sie arbeiten.

Sie müssen sich jedoch trotzdem der früheren Standards bewusst sein, da Ihnen mit Sicherheit irgendwann einmal älterer Code begegnen wird, falls es Ihr Unternehmen schon ein paar Jahre oder Jahrzehnte gibt.

SQL-Begriffe

Hier ist ein Block mit SQL-Code, der anzeigt, wie viele Verkäufe die einzelnen Angestellten im Jahr 2021 abgewickelt haben. Wir werden mithilfe dieses Codeblocks eine Reihe von SQL-Begriffen erklären.

```
-- Abgeschlossene Verkäufe im Jahr 2021
SELECT e.name, COUNT(s.sale_id) AS num_sales
FROM employee e
  LEFT JOIN sales s ON e.emp_id = s.emp_id
WHERE YEAR(s.sale_date) = 2021
  AND s.closed IS NOT NULL
GROUP BY e.name;
```

Schlüsselwörter und Funktionen

Schlüsselwörter und Funktionen sind in SQL verwendete Begriffe.

Schlüsselwörter

Ein *Schlüsselwort* (man kann auch Keyword sagen) ist ein Text, der in SQL bereits eine bestimmte Bedeutung besitzt. Alle Schlüsselwörter in diesem Codeblock hier werden fett dargestellt:

```
SELECT e.name, COUNT(s.sale_id) AS num_sales
FROM employee e
  LEFT JOIN sales s ON e.emp_id = s.emp_id
WHERE YEAR(s.sale_date) = 2021
  AND s.closed IS NOT NULL
GROUP BY e.name;
```

> **SQL ist die Groß- und Kleinschreibung egal**
>
> Schlüsselwörter werden aus Gründen der besseren Lesbarkeit üblicherweise komplett großgeschrieben. Allerdings ist SQL selbst die Groß- und Kleinschreibung egal. Das bedeutet, dass ein großgeschriebenes `WHERE` und ein kleingeschriebenes `where` bei der Ausführung des Codes dasselbe bedeuten.

Funktionen

Eine *Funktion* ist eine besondere Art von Schlüsselwort. Sie nimmt keine oder mehrere Eingaben entgegen, macht irgendetwas damit und liefert eine Ausgabe zurück. In SQL stehen hinter einer Funktion üblicherweise runde Klammern, das ist allerdings nicht immer der Fall. Die zwei Funktionen in dem oben gezeigten Code sind hier fett gedruckt:

```
SELECT e.name, COUNT(s.sale_id) AS num_sales
FROM employee e
  LEFT JOIN sales s ON e.emp_id = s.emp_id
WHERE YEAR(s.sale_date) = 2021
  AND s.closed IS NOT NULL
GROUP BY e.name;
```

Es gibt vier Kategorien von Funktionen: numerische Funktionen, Strings, Zeitangaben und andere:

- `COUNT()` ist eine numerische Funktion. Sie nimmt eine Spalte entgegen und gibt die Anzahl der nicht leeren Zeilen zurück (also Zeilen, die einen Wert enthalten).
- `YEAR()` ist eine Datumsfunktion. Sie nimmt eine Spalte eines Datums oder einer Zeitangabe entgegen, extrahiert das Jahr und gibt den Wert als neue Spalte zurück.

Eine Liste der gebräuchlichen Funktionen finden Sie in Tabelle 7-2.

Bezeichner und Aliasse

Bezeichner und Aliasse sind Begriffe, die der Benutzer definiert.

Bezeichner

Ein *Bezeichner* ist der Name eines Datenbankobjekts wie etwa einer Tabelle oder einer Spalte. Alle Bezeichner in dem oben gezeigten Codeblock sind hier fett dargestellt:

```
SELECT e.name, COUNT(s.sale_id) AS num_sales
FROM employee e
  LEFT JOIN sales s ON e.emp_id = s.emp_id
WHERE YEAR(s.sale_date) = 2021
  AND s.closed IS NOT NULL
GROUP BY e.name;
```

Bezeichner sollten mit einem Buchstaben (a bis `z` oder `A` bis `Z`) beginnen, gefolgt von einer beliebigen Kombination aus Buchstaben, Zahlen und Unterstrichen (_). Manche Programme erlauben auch noch andere Zeichen wie `@`, `#` und `$`.

Aus Gründen der Lesbarkeit sind Bezeichner üblicherweise kleingeschrieben, während Schlüsselwörter Großbuchstaben verwenden, obwohl der Code unabhängig von der Schreibweise ausgeführt wird.

> Idealerweise gibt man Bezeichnern nicht den gleichen Namen wie bereits existierenden Schlüsselwörtern. So würden Sie zum Beispiel eine Spalte nicht `COUNT` nennen, da es bereits ein entsprechendes Schlüsselwort in SQL gibt.
>
> Falls Sie das trotzdem machen wollen, vermeiden Sie Ärger, indem Sie den Bezeichner in doppelte Anführungszeichen einschließen. Anstatt also eine Spalte `COUNT` zu nennen, können Sie den Namen `"COUNT"` verwenden. Am besten ist es jedoch, wenn Sie einen völlig anderen Namen wählen, wie etwa `num_sales`.
>
> *MySQL* benutzt Backticks (``) anstelle von doppelten Anführungszeichen ("") zum Schließen von Bezeichnern.

Aliasse

Ein *Alias* benennt eine Spalte oder Tabelle temporär, nämlich nur für die Dauer der Abfrage. Mit anderen Worten, die neuen Aliasnamen werden in den Ergebnissen der Abfrage angezeigt, doch in den Tabellen, aus denen Sie etwas abfragen, bleiben unverändert die ursprünglichen Spaltennamen. Alle Aliasse in dem Codeblock sind hier fett gedruckt:

```
SELECT e.name, COUNT(s.sale_id) AS num_sales
FROM employee e
  LEFT JOIN sales s ON e.emp_id = s.emp_id
WHERE YEAR(s.sale_date) = 2021
  AND s.closed IS NOT NULL
GROUP BY e.name;
```

Standard ist es, `AS` zu verwenden, wenn man Spalten umbenennt (`AS num_sales`), und keinen zusätzlichen Text zu schreiben, wenn man Tabellen umbenennt (e). Technisch gesehen, funktionieren beide Syntaxvarianten sowohl bei Spalten als auch bei Tabellen.

Neben Spalten und Tabellen sind Aliasse auch nützlich, wenn Sie temporär eine Unterabfrage benennen wollen.

Anweisungen und Klauseln

Dies sind Methoden, um Teilmengen des SQL-Codes zu bezeichnen.

Anweisungen

Eine *Anweisung* beginnt mit einem Schlüsselwort und endet mit einem Semikolon. Dieser ganze Codeblock wird `SELECT`-Anweisung genannt, weil er mit dem Schlüsselwort `SELECT` beginnt.

```
SELECT e.name, COUNT(s.sale_id) AS num_sales
FROM employee e
  LEFT JOIN sales s ON e.emp_id = s.emp_id
WHERE YEAR(s.sale_date) = 2021
  AND s.closed IS NOT NULL
GROUP BY e.name;
```

Viele Datenbankwerkzeuge, die eine grafische Benutzeroberfläche anbieten, verlangen kein Semikolon (;) am Ende einer Anweisung.

Die SELECT-Anweisung ist der beliebteste Typ von SQL-Anweisung. Oft wird sie stattdessen als Abfrage bezeichnet, da sie Daten in einer Datenbank sucht. Andere Typen von Anweisungen werden in »Teilsprachen« auf Seite 63 behandelt.

Klauseln

Eine *Klausel* ist eine Möglichkeit, sich auf einen bestimmten Abschnitt einer Anweisung zu beziehen. Hier ist unsere ursprüngliche SELECT-Anweisung:

```
SELECT e.name, COUNT(s.sale_id) AS num_sales
FROM employee e
  LEFT JOIN sales s ON e.emp_id = s.emp_id
WHERE YEAR(s.sale_date) = 2021
  AND s.closed IS NOT NULL
GROUP BY e.name;
```

Diese Anweisung enthält vier wichtige Klauseln:

- SELECT-Klausel

  ```
  SELECT e.name, COUNT(s.sale_id) AS num_sales
  ```

- FROM-Klausel

  ```
  FROM employee e
    LEFT JOIN sales s ON e.emp_id = s.emp_id
  ```

- WHERE-Klausel

  ```
  WHERE YEAR(s.sale_date) = 2021
    AND s.closed IS NOT NULL
  ```

- GROUP BY-Klausel

  ```
  GROUP BY e.name;
  ```

Im Gespräch werden Sie häufig hören, dass jemand über den Abschnitt einer Anweisung sagt: »Schau dir mal die Tabellen in der FROM-Klausel an.« Das ist eine hilfreiche Methode, um einen speziellen Abschnitt des Codes näher zu betrachten.

Diese Anweisung enthält tatsächlich mehr als die vier aufgelisteten Klauseln. In der Grammatik ist eine Klausel Teil eines Satzes, der ein Subjekt und ein Verb enthält. Sie könnten daher das Folgende:

```
LEFT JOIN sales s ON e.emp_id = s.emp_id
```

als `LEFT JOIN`-Klausel bezeichnen, wenn Sie noch spezieller auf den Codeabschnitt eingehen wollen, den Sie vor sich haben.

Die sechs beliebtesten Klauseln sind `SELECT`, `FROM`, `WHERE`, `GROUP BY`, `HAVING` und `ORDER BY`, sie werden daher ausführlich in Kapitel 4 behandelt.

Ausdrücke und Prädikate

Dies sind Kombinationen aus Funktionen, Bezeichnern und mehr.

Ausdrücke

Man kann sich einen *Ausdruck* als eine Formel vorstellen, die einen Wert ergibt. Ein Ausdruck in dem Codeblock war:

```
COUNT(s.sale_id)
```

Dieser Ausdruck enthält eine Funktion (`COUNT`) und einen Bezeichner (`s.sale_id`). Zusammen bilden sie einen Ausdruck, der dafür sorgt, dass die Anzahl der Verkäufe gezählt werden.

Andere Beispiele für Ausdrücke sind:

- `s.sale_id + 10` ist ein numerischer Ausdruck, der einfache mathematische Operationen umfasst.
- `CURRENT_DATE` ist ein Ausdruck für eine Zeitangabe, in diesem Fall einfach eine einzelne Funktion, die das aktuelle Datum zurückgibt.

Prädikate

Ein *Prädikat* ist ein logischer Vergleich, der einen von drei Werten ergibt: `TRUE`/`FALSE`/`UNKNOWN`. Manchmal werden sie auch als *bedingte Anweisungen* bezeichnet. Die drei Prädikate in dem Codeblock sind hier fett gedruckt:

```
SELECT e.name, COUNT(s.sale_id) AS num_sales
FROM employee e
  LEFT JOIN sales s ON e.emp_id = s.emp_id
WHERE YEAR(s.sale_date) = 2021
  AND s.closed IS NOT NULL
GROUP BY e.name;
```

Sie werden an diesen Beispielen einige Dinge bemerken:

- Das Gleichheitszeichen (=) ist der beliebteste Operator zum Vergleichen von Werten.
- `NULL` steht für keinen Wert. Wenn Sie prüfen wollen, ob ein Feld keinen Wert enthält, würden Sie nicht `= NULL`, sondern `IS NULL` schreiben.

Kommentare, Anführungszeichen und Whitespace

Dies sind Interpunktionszeichen, die in SQL eine Bedeutung besitzen.

Kommentare

Ein *Kommentar* ist ein Text, der beim Ausführen des Codes ignoriert wird, wie etwa:

```
-- Abgeschlossene Verkäufe im Jahr 2021
```

Es ist sinnvoll, in Ihren Code Kommentare aufzunehmen, damit andere Menschen (und Ihr künftiges Ich), die den Code später anschauen, schnell die Absicht des Codes verstehen, ohne alles lesen zu müssen.

Zum Auskommentieren ...

- ... einer einzelnen Zeile Text:

  ```
  -- Dies sind meine Kommentare
  ```

- ... mehrerer Zeilen Text:

  ```
  /* Dies sind
  meine Kommentare */
  ```

Anführungszeichen

Sie können in SQL zwei Arten von Anführungszeichen benutzen, das einzelne Anführungszeichen und das doppelte Anführungszeichen.

```
SELECT "Diese Spalte"
FROM my_table
WHERE name = 'Bob';
```

Einzelne Anführungszeichen: Strings

Schauen Sie sich `'Bob'` an. Wenn Sie sich auf einen String-Wert beziehen, verwenden Sie einfache Anführungszeichen. In der Praxis werden Sie viel mehr einfache als doppelte Anführungszeichen sehen.

Doppelte Anführungszeichen: Bezeichner

Schauen Sie sich `"Diese Spalte"` an. Doppelte Anführungszeichen werden benutzt, wenn man sich auf einen Bezeichner bezieht. In diesem Fall sind die doppelten Anführungszeichen wegen des Leerzeichens zwischen `Diese` und `Spalte` notwendig, damit `Diese Spalte` als Spaltenname interpretiert wird. Ohne die doppelten Anführungszeichen würde SQL wegen des Leerzeichens einen Fehler werfen. Tatsächlich ist es am besten, wenn man beim Benennen von Spalten _ anstelle eines Leerzeichens verwendet. Auf diese Weise vermeidet man den Einsatz doppelter Anführungszeichen.

> *MySQL* verwendet zum Einschließen von Bezeichnern Backticks (``) anstelle von doppelten Anführungszeichen ("").

Whitespace

SQL ist es egal, wie viele Leerzeichen Sie zwischen die Begriffe setzen. Unabhängig davon, ob es ein Leerzeichen, ein Tabulator oder ein Zeilenumbruch ist, führt SQL die Abfrage vom ersten Schlüsselwort bis zum Semikolon am Ende der Anweisung aus. Die folgenden beiden Abfragen sind äquivalent.

```
SELECT * FROM my_table;
SELECT *
  FROM my_table;
```

Für einfache SQL-Abfragen wird der Code oft auf eine einzige Zeile geschrieben. Bei längeren Abfragen, die Dutzende oder sogar Hunderte Zeilen Code umfassen, gibt es neue Zeilen für neue Klauseln, Tabulatoren beim Auflisten vieler Spalten oder Tabellen usw.

Ziel ist es, lesbaren Code zu erhalten. Sie müssen also entscheiden (oder sich an Ihre Unternehmensrichtlinien halten), wie Sie Ihren Code anordnen, damit er sauber aussieht und schnell überflogen werden kann.

Teilsprachen

In SQL können viele Arten von Anweisungen geschrieben werden. Sie alle gehören zu einer von fünf Teilsprachen, die in Tabelle 3-1 aufgeführt sind.

Tabelle 3-1: SQL-Teilsprachen

Teilsprache	Beschreibung	Gebräuchliche Befehle	Referenzabschnitte
Data Query Language (DQL)	Dies ist die Sprache, mit der die meisten Menschen vertraut sind. Diese Anweisungen werden verwendet, um Informationen aus einem Datenbankobjekt, etwa einer Tabelle, abzurufen. Oft bezeichnet man sie als SQL-Abfragen.	`SELECT`	Der größte Teil dieses Buchs befasst sich mit DQL.

Data Definition Language (DDL)	Mit dieser Sprache wird ein Datenbankobjekt, wie etwa eine Tabelle oder ein Index, definiert oder erzeugt.	`CREATE`
		`ALTER`
		`DROP`
			Erzeugen, Aktualisieren und Löschen

Data Manipulation Language (DML)	Dies ist die Sprache, mit der Daten in einer Datenbank manipuliert oder modifiziert werden.	`INSERT`
		`UPDATE`
		`DELETE`
			Erzeugen, Aktualisieren und Löschen

Data Control Language (DCL)	Mit dieser Sprache wird der Zugriff auf Daten in einer Datenbank kontrolliert. Manchmal bezeichnet man das als Zugriffsrechte oder -privilegien.	`GRANT` `REVOKE`	Wird nicht behandelt.
Transaction Control Language (TCL)	Dies ist die Sprache, mit der Transaktionen in einer Datenbank verwaltet oder permanente Änderungen an einer Datenbank durchgeführt werden.	`COMMIT` `ROLLBACK`	Transaktionsmanagement

Die meisten Datenanalysten und Datenwissenschaftlerinnen schreiben zwar DQL-`SELECT`-Anweisungen, um Tabellen abzufragen, Sie sollten aber wissen, dass auch Datenbankadministratoren Code in anderen Teilsprachen schreiben, um eine Datenbank zu pflegen.

Die Sprache SQL – Zusammenfassung

- ANSI SQL ist standardisierter SQL-Code, der in allen Datenbankprogrammen läuft. Viele RDBMS verfügen über Erweiterungen, die nicht den Standards entsprechen, aber die Funktionalität ihrer Software erweitern.
- Schlüsselwörter sind Begriffe, die in SQL reserviert sind und eine besondere Bedeutung haben.
- Klauseln beziehen sich auf bestimmte Abschnitte einer Anweisung. Gebräuchliche Klauseln sind `SELECT`, `FROM`, `WHERE`, `GROUP BY`, `HAVING` und `ORDER BY`.
- Groß- und Kleinschreibung sowie Whitespace spielen in SQL für die Ausführung des Codes keine Rolle, erhöhen aber die Lesbarkeit.
- Zusätzlich zu `SELECT`-Anweisungen gibt es Befehle zum Definieren von Objekten, zum Manipulieren von Daten und mehr.

KAPITEL 4

SQL-Abfragen: Die Grundlagen

Eine SELECT-Anweisung, die üblicherweise aus sechs Klauseln besteht, bezeichnet man auch als Abfrage. Die einzelnen Klauseln werden jeweils in einem eigenen Abschnitt dieses Kapitels näher behandelt:

1. `SELECT`
2. `FROM`
3. `WHERE`
4. `GROUP BY`
5. `HAVING`
6. `ORDER BY`

Der letzte Abschnitt in diesem Kapitel befasst sich mit der LIMIT-Klausel, die von *MySQL*, *PostgreSQL* und *SQLite* unterstützt wird.

Die Codebeispiele in diesem Kapitel beziehen sich auf vier Tabellen:

`waterfall`
: Wasserfälle auf der Oberen Halbinsel von Michigan

`owner`
: Besitzer der Wasserfälle

`county`
: Counties, in denen sich die Wasserfälle befinden

`tour`
: Touren, die an mehreren Wasserfällen haltmachen

Hier ist eine Beispielabfrage, die unsere sechs wichtigsten Klauseln verwendet. Sie wird gefolgt von den Abfrageergebnissen, die man auch als *Ergebnismenge* bezeichnet.

```
-- Touren mit zwei oder mehr öffentlichen Wasserfällen
SELECT   t.name AS tour_name,
         COUNT(*) AS num_waterfalls
FROM     tour t LEFT JOIN waterfall w
         ON t.stop = w.id
WHERE    w.open_to_public = 'y'
GROUP BY t.name
HAVING   COUNT(*) >= 2
ORDER BY tour_name;

tour_name  num_waterfalls
---------- ---------------
M-28                     6
Munising                 6
US-2                     4
```

Eine Datenbank *abzufragen*, bedeutet, Daten aus einer Datenbank, meist aus einer oder mehreren Tabellen, abzurufen oder zu beziehen.

> Es ist auch möglich, einen *View* statt einer Tabelle abzufragen. Views sehen wie Tabellen aus und werden aus Tabellen abgeleitet, enthalten selbst aber keine Daten. Mehr zu Views finden Sie in »Views« auf Seite 136 in Kapitel 5.

Die SELECT-Klausel

Die SELECT-Klausel gibt die Spalten an, die eine Anweisung für Sie zurückliefern soll.

In der SELECT-Klausel folgt auf das Schlüsselwort SELECT eine Liste mit Spaltennamen und/oder Ausdrücken, die durch Kommata voneinander getrennt sind. Jeder Spaltenname und/oder Ausdruck wird dann zu einer Spalte in den Ergebnissen.

Spalten auswählen

Die einfachste SELECT-Klausel listet einen oder mehrere Spaltennamen aus den Tabellen in der FROM-Klausel auf:

```
SELECT id, name
FROM owner;
```

```
id    name
----- ----------------
    1 Pictured Rocks
    2 Michigan Nature
    3 AF LLC
    4 MI DNR
    5 Horseshoe Falls
```

Alle Spalten auswählen

Um alle Spalten aus einer Tabelle zurückzuliefern, können Sie einen einzelnen Asterisk verwenden, anstatt alle Spaltennamen anzugeben:

```
SELECT *
FROM owner;
```

```
id    name             phone        type
----- ---------------- ------------ --------
    1 Pictured Rocks   906.387.2607 public
    2 Michigan Nature  517.655.5655 private
    3 AF LLC                        private
    4 MI DNR           906.228.6561 public
    5 Horseshoe Falls  906.387.2635 private
```

> Der Asterisk ist eine hilfreiche Abkürzung, wenn Sie Abfragen testen, weil Sie sich damit eine Menge Tipparbeit ersparen. Allerdings ist es riskant, den Asterisk in Ihrem Produktionscode einzusetzen, weil sich die Spalten in einer Tabelle mit der Zeit ändern können, sodass Ihr Code fehlerhaft wird, wenn es weniger oder mehr Spalten gibt als erwartet.

Ausdrücke auswählen

Sie können nicht nur einfach Spalten auflisten, sondern auch komplexere Ausdrücke in der `SELECT`-Klausel angeben, um sich in den Ergebnissen bestimmte Spalten ausgeben zu lassen.

Die folgende Anweisung enthält einen Ausdruck zum Berechnen eines Bevölkerungsrückgangs von 10%, gerundet auf null Dezimalstellen:

```
SELECT name, ROUND(population * 0.9, 0)
FROM county;

name       ROUND(population * 0.9, 0)
---------- ---------------------------
Alger                             8876
Baraga                            7871
Ontonagon                         7036
...
```

Funktionen auswählen

Ausdrücke in der SELECT-Liste beziehen sich üblicherweise auf Spalten in den Tabellen, aus denen Sie die Daten beziehen, es gibt aber auch Ausnahmen. So ist zum Beispiel eine gebräuchliche Funktion, die sich nicht auf irgendwelche Tabellen bezieht, die Funktion, die das aktuelle Datum zurückgibt:

```
SELECT CURRENT_DATE;

CURRENT_DATE
-------------
2021-12-01
```

Der gezeigte Code funktioniert in *MySQL*, *PostgreSQL* und *SQLite*. Äquivalenten Code für andere RDBMS gibt es in »Datum/Zeit-Funktionen« auf Seite 213 in Kapitel 7.

> Die meisten Abfragen enthalten sowohl eine SELECT- als auch eine FROM-Klausel, doch für bestimmte Datenbankfunktionen wie etwa CURRENT_DATE ist nur die SELECT-Klausel erforderlich.

Es ist auch möglich, Ausdrücke in die SELECT-Klausel einzusetzen, die *Unterabfragen* sind (das sind Abfragen, die in andere Abfragen geschachtelt sind). Mehr dazu finden Sie in »Unterabfragen auswählen« auf Seite 72.

Aliasse für Spalten

Der Zweck eines *Spaltenalias* besteht darin, einer Spalte oder einem Ausdruck, die bzw. der in der SELECT-Klausel aufgeführt ist, einen temporären Namen zu geben. Dieser temporäre Name oder Spaltenalias wird dann in den Ergebnissen als Spaltenname angezeigt.

Beachten Sie, dass diese Namensänderung nicht von Bestand ist, da die Spaltennamen in den Originaltabellen unverändert bleiben. Der Alias existiert nur in der Abfrage.

Dieser Code zeigt drei Spalten an.

```
SELECT id, name,
       ROUND(population * 0.9, 0)
FROM county;

id    name       ROUND(population * 0.9, 0)
----- ---------- ---------------------------
    2 Alger                             8876
    6 Baraga                            7871
    7 Ontonagon                         7036
...
```

Nehmen wir einmal an, wir wollten die Spaltennamen in den Ergebnissen umbenennen. `id` ist zu uneindeutig, und wir würden der Spalte gern einen aussagekräftigeren Namen geben. `ROUND(population * 0.9, 0)` ist zu lang und der Name soll einfacher sein.

Um einen Spaltenalias zu erzeugen, setzen Sie hinter einen Spaltennamen oder Ausdruck entweder einen Aliasnamen oder das Schlüsselwort `AS` und einen Aliasnamen.

```
-- alias_name
SELECT id county_id, name,
       ROUND(population * 0.9, 0) estimated_pop
FROM county;
```

oder:

```
-- AS alias_name
SELECT id AS county_id, name,
       ROUND(population * 0.90, 0) AS estimated_pop
FROM county;

county_id  name       estimated_pop
---------- ---------- --------------
         2 Alger                8876
         6 Baraga               7871
         7 Ontonagon            7036
...
```

Beide Möglichkeiten werden in der Praxis eingesetzt, um Aliasse zu erzeugen. In der SELECT-Klausel ist die zweite Option beliebter, weil das Schlüsselwort AS es visuell leichter macht, Spaltennamen und Aliasse in einer langen Liste aus Spaltennamen zu unterscheiden.

> Ältere Versionen von *PostgreSQL* verlangen die Verwendung von AS, wenn ein Spaltenalias erzeugt werden soll.

Auch wenn Spaltenaliasse nicht notwendig sind, werden sie beim Arbeiten mit Ausdrücken doch dringend empfohlen, um den Spalten in den Ergebnissen vernünftige Namen zu geben.

Aliasse mit Groß- und Kleinschreibung sowie Interpunktion

Wie die Spaltenaliasse county_id und estimated_pop zeigen, besteht die Konvention, beim Benennen von Spaltenaliassen Kleinbuchstaben zu verwenden sowie für Leerzeichen Unterstriche zu setzen.

Sie können auch Aliasse erzeugen, die Großbuchstaben, Leerzeichen und Interpunktionszeichen enthalten. Verwenden Sie hierzu doppelte Anführungszeichen, wie dieses Beispiel demonstriert:

```
SELECT id AS "Waterfall #",
  name AS "Waterfall Name"
FROM waterfall;

Waterfall #  Waterfall Name
-----------  --------------
          1 Munising Falls
          2 Tannery Falls
          3 Alger Falls
...
```

Spalten qualifizieren

Nehmen wir einmal an, Sie schrieben eine Abfrage, die Daten aus zwei Tabellen bezieht, die beide eine Spalte namens name enthalten. Falls Sie nur name in der SELECT-Klausel angeben, weiß der Code nicht, welche Tabelle Sie meinen.

Um dieses Problem zu lösen, können Sie einen Spaltennamen durch seinen Tabellennamen *qualifizieren*. Mit anderen Worten, Sie geben einer Spalte mithilfe der *Punktnotation* ein Präfix, um näher zu bestimmen, zu welcher Tabelle sie gehört, wie in `table_name.column_name`.

Im folgenden Beispiel wird eine einzelne Tabelle abgefragt. Es ist also eigentlich nicht nötig, die Spalten hier zu qualifizieren, es dient lediglich der Demonstration. Und so würden Sie eine Spalte durch ihren Tabellennamen qualifizieren:

```
SELECT owner.id, owner.name
FROM owner;
```

> Falls Sie in SQL einen Fehler erhalten, wenn Sie einen *mehrdeutigen Spaltennamen* referenzieren, bedeutet dies, dass mehrere Tabellen in Ihrer Abfrage eine Spalte desselben Namens enthalten und Sie nicht angegeben haben, auf welche Tabelle/Spalte Sie sich beziehen. Sie können den Fehler beheben, indem Sie den Spaltennamen qualifizieren.

Tabellen qualifizieren

Wenn Sie einen Spaltennamen anhand seines Tabellennamens qualifizieren, können Sie auch diese Tabelle anhand ihres Datenbank- oder Schemanamens qualifizieren. Die folgende Abfrage bezieht Daten speziell aus der `owner`-Tabelle im `sqlbook`-Schema:

```
SELECT sqlbook.owner.id, sqlbook.owner.name
FROM sqlbook.owner;
```

Der gezeigte Code ist recht lang, da `sqlbook.owner` mehrmals wiederholt wird. Um sich das Tippen zu ersparen, können Sie einen *Tabellenalias* angeben. Das folgende Beispiel gibt der Tabelle `owner` den Alias `o`:

```
SELECT o.id, o.name
FROM sqlbook.owner o;
```

oder:

```
SELECT o.id, o.name
FROM owner o;
```

Spaltenaliasse versus Tabellenaliasse

Spaltenaliasse werden innerhalb der SELECT-Klausel definiert, um eine Spalte in den Ergebnissen umzubenennen. Es ist üblich, AS zu verwenden, wird aber nicht verlangt.

```
-- Spaltenalias
SELECT num AS new_col
FROM my_table;
```

Tabellenaliasse werden innerhalb der FROM-Klausel definiert, um einen temporären Namen für eine Tabelle zu erzeugen. Es ist üblich, AS wegzulassen, obwohl es auch mit AS funktioniert.

```
-- Tabellenalias
SELECT *
FROM my_table mt;
```

Unterabfragen auswählen

Eine *Unterabfrage* ist eine Abfrage, die in eine andere Abfrage geschachtelt ist. Unterabfragen können in verschiedenen Klauseln zu finden sein, einschließlich der SELECT-Klausel.

Im folgenden Beispiel wollen wir zusätzlich zu id, name und population auch die durchschnittliche Bevölkerungszahl aller Counties sehen. Indem wir eine Unterabfrage einfügen, erzeugen wir eine neue Spalte in den Ergebnissen für die durchschnittliche Bevölkerungszahl.

```
SELECT id, name, population,
       (SELECT AVG(population) FROM county)
       AS average_pop
FROM county;

id    name       population  average_pop
----- ---------- ----------- ------------
    2 Alger             9862        18298
    6 Baraga            8746        18298
    7 Ontonagon         7818        18298
...
```

Ein paar Anmerkungen:

- Eine Unterabfrage muss in runde Klammern eingeschlossen sein.
- Wenn man eine Unterabfrage in der SELECT-Klausel schreibt, wird dringend empfohlen, einen Spaltenalias anzugeben, was mit average_pop hier geschehen ist. Auf diese Weise trägt die Spalte in den Ergebnissen einen einfachen Namen.
- Es gibt nur einen Wert in der Spalte average_pop, der in allen Zeilen wiederholt wird. Wenn man eine Unterabfrage in die SELECT-Klausel einfügt, muss das Ergebnis der Unterabfrage eine einzelne Spalte und entweder keine oder eine Zeile zurückgeben, wie in der folgenden Unterabfrage demonstriert wird, die die durchschnittliche Bevölkerungszahl berechnet.

  ```
  SELECT AVG(population) FROM county;

  AVG(population)
  ---------------
            18298
  ```

- Falls die Unterabfrage keine Zeilen zurückliefert, wird die neue Spalte mit NULL-Werten gefüllt.

Nichtkorrelierte versus korrelierte Unterabfragen

Das gezeigte Beispiel ist eine *nichtkorrelierte Unterabfrage*, was bedeutet, dass die Unterabfrage sich nicht auf die äußere Abfrage bezieht. Die Unterabfrage kann für sich allein, also unabhängig von der äußeren Abfrage, ausgeführt werden.

Die andere Art von Unterabfrage wird *korrelierte Unterabfrage* genannt und ist eine, die sich auf die Werte in der äußeren Abfrage bezieht. Sie verlangsamt oft signifikant die Verarbeitungszeit, sodass es am besten ist, die Abfrage umzuschreiben und stattdessen einen JOIN zu verwenden. Es folgt ein Beispiel einer korrelierten Unterabfrage mit effizienterem Code.

Leistungsprobleme mit korrelierten Unterabfragen

Die folgende Abfrage gibt die Anzahl der Wasserfälle der einzelnen Besitzer aus. Beachten Sie, dass sich der o.id = w.owner_id-Schritt in der Unterabfrage auf die owner-Tabelle in der äußeren Abfrage bezieht, wodurch dies zu einer korrelierten Unterabfrage wird.

```
SELECT o.id, o.name,
       (SELECT COUNT(*) FROM waterfall w
       WHERE o.id = w.owner_id) AS num_waterfalls
FROM owner o;

id    name              num_waterfalls
----- ---------------  --------------
    1 Pictured Rocks                 3
    2 Michigan Nature                3
    3 AF LLC                         1
    4 MI DNR                         1
    5 Horseshoe Falls                0
```

Eine bessere Vorgehensweise wäre es, die Abfrage mit einem Join umzuschreiben. Auf diese Weise werden die Tabellen zuerst zusammengefasst, bevor der Rest der Abfrage ausgeführt wird. Das geht viel schneller, als für jede Datenzeile immer wieder eine Unterabfrage auszuführen. Mehr zu Joins finden Sie in »Tabellen mit Joins zusammenbringen« auf Seite 262 in Kapitel 9.

```
SELECT   o.id, o.name,
         COUNT(w.id) AS num_waterfalls
FROM     owner o LEFT JOIN waterfalls w
         ON o.id = w.owner_id
GROUP BY o.id, o.name

id    name              num_waterfalls
----- ---------------  --------------
    1 Pictured Rocks                 3
    2 Michigan Nature                3
    3 AF LLC                         1
    4 MI DNR                         1
    5 Horseshoe Falls                0
```

DISTINCT

Wenn eine Spalte in der SELECT-Klausel aufgeführt ist, werden standardmäßig alle Zeilen zurückgeliefert. Um expliziter zu sein, können Sie das Schlüsselwort ALL einfügen, aber das ist wirklich optional. Die folgenden Abfragen liefern jede type/open_to_public-Kombination zurück.

```
SELECT o.type, w.open_to_public
FROM owner o
JOIN waterfall w ON o.id = w.owner_id;
```

oder:

```
SELECT ALL o.type, w.open_to_public
FROM owner o
JOIN waterfall w ON o.id = w.owner_id;

type     open_to_public
-------- ---------------
public   y
public   y
public   y
private  y
private  y
private  y
private  y
public   y
```

Falls Sie doppelt auftretende Zeilen aus den Ergebnissen entfernen wollen, können Sie das Schlüsselwort DISTINCT benutzen. Die folgende Abfrage liefert eine Liste der eindeutigen type/open_to_public-Kombinationen zurück.

```
SELECT DISTINCT o.type, w.open_to_public
FROM owner o
JOIN waterfall w ON o.id = w.owner_id;

type     open_to_public
-------- ---------------
public   y
private  y
```

COUNT und DISTINCT

Um die Anzahl der eindeutigen Werte in einer *einzigen Spalte* zu zählen, können Sie die Schlüsselwörter COUNT und DISTINCT innerhalb der SELECT-Klausel kombinieren. Die folgende Abfrage liefert die Anzahl der eindeutigen type-Werte zurück.

```
SELECT COUNT(DISTINCT type) AS unique
FROM owner;

unique
-------
      2
```

Um die Anzahl der eindeutigen Kombinationen aus *mehreren Spalten* zu zählen, können Sie eine `DISTINCT`-Abfrage als Unterabfrage verpacken und dann einen `COUNT` auf der Unterabfrage ausführen. Die folgende Abfrage liefert die Anzahl der eindeutigen `type/open_to_public`-Kombinationen zurück.

```
SELECT COUNT(*) AS num_unique
FROM (SELECT DISTINCT o.type, w.open_to_public
      FROM owner o JOIN waterfall w
      ON o.id = w.owner_id) my_subquery;

num_unique
-----------
         2
```

MySQL und *PostgreSQL* unterstützen die Verwendung der `COUNT(DISTINCT)`-Syntax auf mehreren Spalten. Die folgenden zwei Abfragen sind äquivalent zur gezeigten Abfrage, brauchen aber keine Unterabfrage:

```
-- MySQL-Äquivalent
SELECT COUNT(DISTINCT o.type, w.open_to_public)
       AS num_unique
       FROM owner o JOIN waterfall w
            ON o.id = w.owner_id;

-- PostgreSQL-Äquivalent
SELECT COUNT(DISTINCT (o.type, w.open_to_public))
       AS num_unique
       FROM owner o JOIN waterfall w
            ON o.id = w.owner_id;

num_unique
-----------
         2
```

Die FROM-Klausel

Die `FROM`-Klausel wird verwendet, um die Quelle der Daten festzulegen, die Sie beziehen wollen. Der einfachste Fall ist das Benennen einer einzelnen Tabelle oder eines einzelnen View in der `FROM`-Klausel der Abfrage.

```
SELECT name
FROM waterfall;
```

Sie können eine Tabelle oder einen View mittels der Punktnotation entweder mit einem Datenbank- oder einem Schemanamen qualifizieren. Die folgende Abfrage bezieht Daten speziell aus der waterfall-Tabelle im sqlbook-Schema:

```
SELECT name
FROM sqlbook.waterfall;
```

Aus mehreren Tabellen

Anstatt uns nur auf eine Tabelle zu beschränken, wollen Sie oft Daten aus mehreren Tabellen holen. Die gebräuchlichste Methode hierfür ist die Verwendung einer JOIN-Klausel innerhalb der FROM-Klausel. Die folgende Abfrage bezieht Daten aus den Tabellen waterfall und tour und zeigt sie in einer einzigen Ergebnistabelle an.

```
SELECT *
FROM waterfall w JOIN tour t
     ON w.id = t.stop;

id    name               ... name       stop  ...
----- ---------------        ---------- -----
    1 Munising Falls         M-28           1
    1 Munising Falls         Munising       1
    2 Tannery Falls          Munising       2
    3 Alger Falls            M-28           3
    3 Alger Falls            Munising       3
...
```

Schauen wir uns die einzelnen Teile des Codeblocks genauer an.

Tabellenaliasse

```
waterfall w JOIN tour t
```

Den Tabellen waterfall und tour werden die Tabellenaliasse w und t gegeben. Dies sind temporäre Namen für die Tabellen in der Abfrage. Tabellenaliasse sind in einer JOIN-Klausel nicht erforderlich, helfen aber dabei, Tabellennamen abzukürzen, die in den ON- und SELECT-Klauseln referenziert werden müssen.

JOIN ... ON ...

```
waterfall w JOIN tour t
ON w.id = t.stop
```

Diese zwei Tabellen werden mit dem Schlüsselwort `JOIN` zusammengezogen. Einer `JOIN`-Klausel folgt immer eine `ON`-Klausel, die festlegt, wie die Tabellen miteinander verknüpft werden sollen. In diesem Fall muss die `id` des Wasserfalls in der Tabelle `waterfall` dem `stop` bei dem Wasserfall in der `tour`-Tabelle entsprechen.

> Es kann sein, dass die `FROM`-, `JOIN`- und `ON`-Klauseln auf unterschiedlichen Zeilen stehen oder eingerückt sind. Das ist nicht erforderlich, verbessert aber die Lesbarkeit – vor allem wenn Sie viele Tabellen miteinander verbinden.

Ergebnistabelle

Das Ergebnis einer Abfrage kommt immer in einer einzigen Tabelle. Die Tabelle `waterfall` hat zwölf Spalten, und die Tabelle `tour` hat drei Spalten. Nachdem diese Tabellen zusammengefasst wurden, hat die Ergebnistabelle 15 Spalten.

```
id    name            ... name      stop ...
----- --------------      --------- -----
    1 Munising Falls      M-28          1
    1 Munising Falls      Munising      1
    2 Tannery Falls       Munising      2
    3 Alger Falls         M-28          3
    3 Alger Falls         Munising      3
...
```

Sie sehen vermutlich, dass es in der Ergebnistabelle zwei Spalten mit dem Namen `name` gibt. Die erste stammt aus der `waterfall`-Tabelle, die zweite aus der `tour`-Tabelle. Um sie in der `SELECT`-Klausel referenzieren zu können, müssen Sie die Spaltennamen qualifizieren.

```
SELECT w.name, t.name
FROM waterfall w JOIN tour t
    ON w.id = t.stop;
```

```
name             name
---------------  ---------
Munising Falls   M-28
Munising Falls   Munising
Tannery Falls    Munising
...
```

Damit Sie die beiden Spalten unterscheiden können, sollten Sie für die Spaltennamen auch noch Aliasse vergeben.

```
SELECT w.name AS waterfall_name,
       t.name AS tour_name
FROM waterfall w JOIN tour t
     ON w.id = t.stop;

waterfall_name   tour_name
---------------  ----------
Munising Falls   M-28
Munising Falls   Munising
Tannery Falls    Munising
Alger Falls      M-28
Alger Falls      Munising
...
```

JOIN-Variationen

Falls in dem vorhergehenden Beispiel ein Wasserfall nicht in einer der Touren aufgeführt ist, erscheint er auch nicht in der Ergebnistabelle. Um alle Wasserfälle in den Ergebnissen zu erhalten, müssen Sie eine andere Art von Join verwenden.

> **JOIN ist standardmäßig ein INNER JOIN**
>
> Dieses Beispiel verwendet das einfache Schlüsselwort `JOIN`, um die Daten aus den zwei Tabellen zusammenzuziehen. Besser ist es jedoch, ausdrücklich die Art von Join anzugeben, die Sie benutzen. `JOIN` allein bedeutet standardmäßig immer ein `INNER JOIN`. Das bedeutet, dass nur Einträge, die in beiden Tabellen stehen, in den Ergebnissen zurückgeliefert werden.

In SQL kommt eine Vielzahl an Join-Typen zum Einsatz. Diese werden in »Tabellen mit Joins zusammenbringen« auf Seite 262 in Kapitel 9 ausführlicher behandelt.

Aus Unterabfragen

Eine Unterabfrage ist eine Abfrage, die in eine andere Abfrage geschachtelt ist. Unterabfragen innerhalb der `FROM`-Klausel sollten unabhängige `SELECT`-Anweisungen sein. Das bedeutet, dass sie sich überhaupt nicht auf die äußere Abfrage beziehen und allein ausgeführt werden können.

> Eine Unterabfrage innerhalb der `FROM`-Klausel ist auch als *abgeleitete Tabelle* bekannt, weil die Unterabfrage im Prinzip für die Dauer der Abfrage wie eine Tabelle agiert.

Die folgende Abfrage listet alle Wasserfälle auf, die sich in öffentlicher Hand befinden. Der Unterabfrageteil ist fett gedruckt.

```
SELECT w.name AS waterfall_name,
       o.name AS owner_name
FROM (SELECT * FROM owner WHERE type = 'public') o
     JOIN waterfall w
     ON o.id = w.owner_id;

waterfall_name  owner_name
--------------- ---------------
Little Miners   Pictured Rocks
Miners Falls    Pictured Rocks
Munising Falls  Pictured Rocks
Wagner Falls    MI DNR
```

Wichtig ist es, die Reihenfolge zu verstehen, in der die Abfrage ausgeführt wird.

Schritt 1: Ausführen der Unterabfrage

Der Inhalt der Unterabfrage wird zuerst ausgeführt. Sie können sehen, dass dies eine Tabelle ergibt, in der nur die staatlichen Besitzer stehen:

```
SELECT * FROM owner WHERE type = 'public';

id    name            phone         type
----- --------------- ------------- -------
    1 Pictured Rocks  906.387.2607  public
    4 MI DNR          906.228.6561  public
```

Wenn Sie sich noch einmal die Originalabfrage anschauen, bemerken Sie, dass auf die Unterabfrage sofort der Buchstabe `o` folgt. Dies ist der temporäre Name oder Alias, den wir den Ergebnissen der Unterabfrage zuweisen.

> Aliasse sind für Unterabfragen innerhalb der `FROM`-Klausel in *MySQL*, *PostgreSQL* und *SQL Server* notwendig, nicht jedoch in Oracle und SQLite.

Schritt 2: Ausführen der gesamten Abfrage

Als Nächstes können Sie sich das so vorstellen, dass der Buchstabe `o` den Platz der Unterabfrage einnimmt. Die Abfrage wird nun wie üblich ausgeführt.

```
SELECT w.name AS waterfall_name,
       o.name AS owner_name
FROM o JOIN waterfall w
     ON o.id = w.owner_id;

waterfall_name  owner_name
--------------- ---------------
Little Miners   Pictured Rocks
Miners Falls    Pictured Rocks
Munising Falls  Pictured Rocks
Wagner Falls    MI DNR
```

Unterabfragen versus WITH-Klausel

Eine Alternative zum Schreiben einer Unterabfrage ist es, stattdessen einen allgemeinen Tabellenausdruck (*Common Table Expression*, CTE) mittels einer `WITH`-Klausel zu schreiben. Der Vorteil der `WITH`-Klausel besteht darin, dass die Unterabfrage gleich zu Anfang genannt wird, was saubereren Code ergibt und außerdem die Möglichkeit bietet, die Unterabfrage mehrmals zu referenzieren.

```
WITH o AS (SELECT * FROM owner
           WHERE type = 'public')

SELECT w.name AS waterfall_name,
       o.name AS owner_name
FROM o JOIN waterfall w
     ON o.id = w.owner_id;
```

Die WITH-Klausel wird von *MySQL 8.0+* (ab 2018), *PostgreSQL*, *Oracle*, *SQL Server* und *SQLite* unterstützt. »Common Table Expressions« auf Seite 282 in Kapitel 9 bietet weitere Beispiele für diese Technik.

Wieso sollte man eine Unterabfrage in der FROM-Klausel benutzen?

Der größte Vorteil der Verwendung von Unterabfragen besteht darin, dass Sie ein großes Problem in kleinere Probleme verwandeln können. Hier sind zwei Beispiele:

Beispiel 1: Mehrere Schritte, um Ergebnisse zu erhalten

Nehmen wir einmal an, Sie wollten die durchschnittliche Anzahl der Halts einer Tour ermitteln. Zuerst müssten Sie feststellen, wie oft die einzelnen Touren jeweils einen Halt einlegen. Anschließend berechnen Sie den Durchschnitt der Ergebnisse.

Die folgende Abfrage ermittelt die Anzahl der Halts der einzelnen Touren:

```
SELECT name, MAX(stop) as num_stops
FROM tour
GROUP BY name;

name      num_stops
--------- ----------
M-28              11
Munising           6
US-2              14
```

Sie könnten dann die Abfrage in eine Unterabfrage umwandeln und eine weitere Abfrage um diese herum schreiben, um den Durchschnitt zu ermitteln:

```
SELECT AVG(num_stops) FROM
(SELECT name, MAX(stop) as num_stops
FROM tour
GROUP BY name) tour_stops;

AVG(num_stops)
-----------------
10.3333333333333
```

Beispiel 2: Tabelle in FROM-Klausel ist zu groß

Das ursprüngliche Ziel bestand darin, alle Wasserfälle aufzulisten, die in öffentlicher Hand sind. Das lässt sich tatsächlich ohne Unterabfrage und stattdessen mit einem Join erledigen:

```
SELECT w.name AS waterfall_name,
       o.name AS owner_name
FROM   owner o
       JOIN waterfall w ON o.id = w.owner_id
WHERE  o.type = 'public';

waterfall_name  owner_name
--------------- ---------------
Little Miners   Pictured Rocks
Miners Falls    Pictured Rocks
Munising Falls  Pictured Rocks
Wagner Falls    MI DNR
```

Nehmen wir einmal an, dass die Abfrage sehr lange für ihre Verarbeitung braucht. Das kann passieren, wenn Sie riesige Tabellen zusammenführen (wir sprechen hier von Tabellen mit einer Zeilenanzahl im zweistelligen Millionenbereich). Es gibt mehrere Möglichkeiten, die Abfrage so umzuschreiben, dass sie schneller läuft. Eine dieser Möglichkeiten ist eine Unterabfrage.

Da wir nur an staatlichen Eigentümern interessiert sind, können wir zuerst eine Unterabfrage schreiben, die alle Privatbesitzer herausfiltert. Die kleinere `owner`-Tabelle würde dann mit der `waterfall`-Tabelle zusammengeführt werden, was weniger Zeit beansprucht und dieselben Ergebnisse liefert.

```
SELECT w.name AS waterfall_name,
       o.name AS owner_name
FROM   (SELECT * FROM owner
       WHERE type = 'public') o
       JOIN waterfall w ON o.id = w.owner_id;
```

```
waterfall_name   owner_name
---------------  ---------------
Little Miners    Pictured Rocks
Miners Falls     Pictured Rocks
Munising Falls   Pictured Rocks
Wagner Falls     MI DNR
```

Das sind nur zwei Beispiele dafür, wie man eine größere Abfrage mithilfe von Unterabfragen in kleinere Schritte zerlegen kann.

Die WHERE-Klausel

Die `WHERE`-Klausel dient dazu, die Abfrageergebnisse auf die Zeilen zu beschränken, die uns wirklich interessieren. Oder einfacher gesagt: Dies ist die Stelle, an der wir Daten filtern können. Sie wollen nur ganz selten alle Zeilen einer Tabelle anzeigen. Meist reichen Ihnen die Zeilen, die bestimmte Kriterien erfüllen.

> Wenn Sie eine Tabelle mit Millionen von Zeilen untersuchen, sollten Sie niemals ein `SELECT * FROM my_table;` verwenden, weil das unnötig lange für die Ausführung braucht.
>
> Stattdessen ist es eine gute Idee, die Daten vorher zu filtern. Zwei Methoden sind hier gebräuchlich:
>
> *Filtern anhand einer Spalte in der* `WHERE`*-Klausel*
>
> Besser noch, filtern Sie anhand einer Spalte, die bereits indiziert wurde, um die Datenabfrage noch mehr zu beschleunigen.
>
> ```
> SELECT *
> FROM my_table
> WHERE year_id = 2021;
> ```
>
> *Anzeigen der obersten Zeilen der Daten mit der LIMIT-Klausel (oder* `WHERE ROWNUM <= 10` *in Oracle oder* `SELECT TOP 10 *` *in SQL Server)*
>
> ```
> SELECT *
> FROM my_table
> LIMIT 10;
> ```

Die folgende Abfrage sucht alle Wasserfälle, die nicht das Wort *Falls* im Namen haben. Mehr zum Schlüsselwort LIKE finden Sie in Kapitel 7.

```
SELECT id, name
FROM waterfall
WHERE name NOT LIKE '%Falls%';

id    name
----- ----------------
    7 Little Miners
   14 Rapid River Fls
```

Der fett dargestellte Abschnitt wird oft als bedingte Anweisung oder Prädikat bezeichnet. Das Prädikat nimmt einen logischen Vergleich für jede Datenzeile vor, der TRUE/FALSE/UNKNOWN ergibt.

Die waterfall-Tabelle enthält 16 Zeilen. Für jede Zeile wird geprüft, ob der Wasserfallname *Falls* enthält. Ist *Falls* nicht enthalten, ist das name NOT LIKE '%Falls%'-Prädikat TRUE, und die Zeile wird in den Ergebnissen zurückgeliefert. Das war in den zwei gezeigten Zeilen der Fall.

Mehrere Prädikate

Es ist möglich, mehrere Prädikate mit *Operatoren* wie AND oder OR zu kombinieren. Das folgende Beispiel zeigt Wasserfälle ohne *Falls* in ihren Namen, die außerdem keinen Besitzer haben:

```
SELECT id, name
FROM waterfall
WHERE name NOT LIKE '%Falls%'
      AND owner_id IS NULL;

id    name
----- ----------------
   14 Rapid River Fls
```

Näheres zu Operatoren finden Sie in Operatoren in Kapitel 7.

Auf Unterabfragen filtern

Eine Unterabfrage ist eine Abfrage, die in eine andere Abfrage geschachtelt ist. Häufig findet man sie im Zusammenhang mit der WHERE-Klausel. Das folgende Beispiel ruft öffentlich zugängliche Wasserfälle ab, die sich im County Alger befinden:

```
SELECT w.name
FROM   waterfall w
WHERE  w.open_to_public = 'y'
       AND w.county_id IN (
           SELECT c.id FROM county c
           WHERE c.name = 'Alger');

name
---------------
Munising Falls
Tannery Falls
Alger Falls
...
```

> Anders als Unterabfragen in der SELECT-Klausel oder der FROM-Klausel erfordern Unterabfragen in der WHERE-Klausel keinen Alias. Tatsächlich erhalten Sie eine Fehlermeldung, falls Sie einen Alias einsetzen.

Warum sollte man eine Unterabfrage in der WHERE-Klausel benutzen?

Das ursprüngliche Ziel war es, die öffentlich zugänglichen Wasserfälle abzufragen, die im County Alger liegen. Würden Sie diese Abfrage von Grund auf neu schreiben, würden Sie vermutlich folgendermaßen starten:

```
SELECT w.name
FROM   waterfall w
WHERE  w.open_to_public = 'y';
```

An dieser Stelle haben Sie alle Wasserfälle, die öffentlich zugänglich sind. Nun müssen Sie versuchen, diejenigen zu finden, die speziell im County Alger liegen. Sie wissen, dass die waterfall-Tabelle keine Spalte mit County-Namen hat, die county-Tabelle dagegen schon.

Sie haben zwei Möglichkeiten, um den County-Namen in die Ergebnisse zu bekommen. Entweder Sie schreiben eine Unterabfrage in der WHERE-Klausel, die speziell die Alger-County-Informationen abruft, oder Sie fassen die Tabellen waterfall und county zusammen:

```
-- Unterabfrage in WHERE-Klausel
SELECT w.name
FROM   waterfall w
WHERE  w.open_to_public = 'y'
       AND w.county_id IN (
           SELECT c.id FROM county c
           WHERE c.name = 'Alger');
```

oder:

```
-- JOIN-Klausel
SELECT w.name
FROM   waterfall w INNER JOIN county c
       ON w.county_id = c.id
WHERE  w.open_to_public = 'y'
       AND c.name = 'Alger';

name
--------------
Munising Falls
Tannery Falls
Alger Falls
...
```

Die zwei Abfragen liefern die gleichen Ergebnisse. Der Vorteil der ersten Herangehensweise besteht darin, dass Unterabfragen oft leichter zu verstehen sind als Joins. Die zweite Vorgehensweise hat dagegen den Vorteil, dass Joins üblicherweise schneller ausgeführt werden als Unterabfragen.

Funktionierend > Optimieren

Beim Schreiben von SQL-Code gibt es oft mehrere Möglichkeiten, das Gleiche zu erreichen.

Ihre oberste Priorität sollte es immer sein, *funktionierenden* Code zu schreiben. Es ist egal, wenn er sehr lange für die Ausführung braucht oder hässlich ist ... er funktioniert!

Falls Sie Zeit haben, besteht der nächste Schritt darin, den Code zu *optimieren*. Sie können seine Leistung verbessern, indem Sie ihn etwa mit einem Join umschreiben, oder Sie machen ihn mit Einrückungen und Großschreibungen lesbarer usw.

Setzen Sie sich nicht unter Druck, von Anfang an den absolut optimalen Code zu schreiben, sondern bemühen Sie sich zunächst um Code, der funktioniert. Eleganter Code kommt dann mit zunehmender Erfahrung.

Andere Möglichkeiten, Daten zu filtern

Die `WHERE`-Klausel ist nicht die einzige Stelle in einer `SELECT`-Anweisung zum Filtern von Datenzeilen.

- `FROM`-Klausel: Wenn man Tabellen miteinander verbindet, gibt die `ON`-Klausel an, wie sie verknüpft werden sollen. Hier können Sie Bedingungen festlegen, mit denen Sie die Datenzeilen einschränken, die durch die Abfrage zurückgeliefert werden (siehe »Tabellen mit Joins zusammenbringen« auf Seite 262 in Kapitel 9 für nähere Informationen).
- `HAVING`-Klausel: Wenn es Aggregationen in der `SELECT`-Anweisung gibt, dann geben Sie in der `HAVING`-Klausel an, wie die Aggregationen gefiltert werden sollen (siehe »Die HAVING-Klausel« auf Seite 92 für weitere Einzelheiten).
- `LIMIT`-Klausel: Um eine bestimmte Anzahl von Zeilen anzuzeigen, können Sie die `LIMIT`-Klausel verwenden. In *Oracle* wird dies mit `WHERE ROWNUM` erledigt und in *SQL Server* mit `SELECT TOP` (siehe »Die LIMIT-Klausel« auf Seite 97 in diesem Kapitel für weitere Einzelheiten).

Die GROUP BY-Klausel

Zweck der `GROUP BY`-Klausel ist es, Zeilen in Gruppen zu sammeln und die Zeilen innerhalb der Gruppen irgendwie zusammenzufassen, sodass am Ende nur eine Zeile pro Gruppe zurückgegeben wird. Man bezeichnet das manchmal als »Slicing« der Zeilen und als »Rollup« der Zeilen in den einzelnen Gruppen.

Die folgende Abfrage ermittelt die Anzahl der Wasserfälle in den einzelnen Touren:

```
SELECT   t.name AS tour_name,
         COUNT(*) AS num_waterfalls
FROM     waterfall w INNER JOIN tour t
         ON w.id = t.stop
GROUP BY t.name;

tour_name  num_waterfalls
---------- ---------------
M-28                     6
Munising                 6
US-2                     4
```

Es gibt hier zwei Teile, die für uns hier interessant sind:

- *Das Sammeln der Zeilen*, das in der GROUP BY-Klausel erfolgt.
- *Das Zusammenfassen der Zeilen* innerhalb der Gruppen, das in der SELECT-Klausel festgelegt wird.

Schritt 1: Das Sammeln der Zeilen

In der GROUP BY-Klausel:

```
GROUP BY t.name
```

geben wir an, dass wir gern alle Datenzeilen anschauen und die Wasserfälle der M-28-Tour in eine Gruppe setzen würden, alle Wasserfälle der Munising-Tour in eine Gruppe und so weiter. Hinter den Kulissen werden die Daten folgendermaßen gruppiert:

```
tour_name  waterfall_name
---------- ----------------
M-28       Munising Falls
M-28       Alger Falls
M-28       Scott Falls
M-28       Canyon Falls
M-28       Agate Falls
M-28       Bond Falls

Munising   Munising Falls
Munising   Tannery Falls
Munising   Alger Falls
Munising   Wagner Falls
Munising   Horseshoe Falls
```

```
Munising   Miners Falls

US-2       Bond Falls
US-2       Fumee Falls
US-2       Kakabika Falls
US-2       Rapid River Fls
```

Schritt 2: Das Zusammenfassen der Zeilen

In der SELECT-Klausel:

```
SELECT t.name AS tour_name,
       COUNT(*) AS num_waterfalls
```

geben wir an, dass wir für jede Gruppe oder für jede Tour die Datenzeilen in der Gruppe zählen wollen. Da jede Zeile einen Wasserfall repräsentiert, würde dies die Gesamtanzahl der Wasserfälle in den jeweiligen Touren repräsentieren.

Die COUNT()-Funktion ist offiziell als *Aggregatfunktion* bekannt oder als eine Funktion, die viele Zeilen mit Daten in einem einzelnen Wert zusammenfasst. Weitere Aggregatfunktionen finden Sie in »Aggregatfunktionen« auf Seite 190 in Kapitel 7.

> In diesem Beispiel liefert COUNT(*) die Anzahl der Wasserfälle entlang der einzelnen Touren zurück. Das funktioniert hier aber nur, weil jede Datenzeile in den Tabellen waterfall und tour einen einzelnen Wasserfall repräsentiert.
>
> Wäre einer der Wasserfälle in mehreren Zeilen aufgeführt, würde COUNT(*) einen größeren Wert liefern als erwartet. In diesem Fall könnten Sie stattdessen möglicherweise COUNT(DISTINCT waterfall_name) verwenden, um die eindeutigen Wasserfälle zu finden. Näheres dazu erfahren Sie in COUNT und DISTINCT.
>
> Die wichtigste Erkenntnis hier ist, dass Sie die Ergebnisse der Aggregatfunktion unbedingt noch einmal überprüfen müssen, um sicherzugehen, dass sie die Daten auch wirklich so zusammenfasst, wie Sie es vorgesehen haben.

Nachdem nun mit der GROUP BY-Klausel die Gruppen erzeugt wurden, wird die Aggregatfunktion einmal auf jede Gruppe angewendet:

```
tour_name  COUNT(*)
---------- ---------
M-28               6
M-28
M-28
M-28
M-28
M-28

Munising           6
Munising
Munising
Munising
Munising
Munising

US-2               4
US-2
US-2
US-2
```

Alle Spalten, auf die die Aggregatfunktion nicht angewendet wurde, in diesem Fall also die Spalte tour_name, werden in einem Wert zusammengefasst:

```
tour_name  COUNT(*)
---------- ---------
M-28               6
Munising           6
US-2               4
```

Dieses Zusammenfassen vieler Zeilen in einer Gesamtzeile bedeutet, dass die SELECT-Klausel beim Anwenden einer GROUP BY-Klausel *nur* dies enthalten sollte:

- Alle Spalten, die in der GROUP BY-Klausel aufgelistet sind: t.name
- Aggregationen: COUNT(*)

```
SELECT t.name AS tour_name,
       COUNT(*) AS num_waterfalls
```

```
...
GROUP BY t.name;
```

Geschieht das nicht, erhalten Sie entweder eine Fehlermeldung, oder es werden unkorrekte Werte zurückgeliefert.

> ### GROUP BY in der Praxis
>
> Folgende Schritte sollten Sie unternehmen, wenn Sie ein `GROUP BY` nutzen:
>
> 1. Stellen Sie fest, welche Spalte(n) Sie verwenden wollen, um Ihre Daten (z. B. den Namen der Tour) herauszulösen oder zu gruppieren.
> 2. Stellen Sie fest, wie Sie die Daten in den einzelnen Zeilen zusammenfassen wollen (z. B. Zählen der Wasserfälle in den einzelnen Touren).
>
> Wenn Sie dies entschieden haben:
>
> 1. Listen Sie in der `SELECT`-Klausel die Spalte(n) auf, anhand deren Sie gruppieren wollen (z. B. den Namen der Tour), und die Aggregation(en), die Sie in den einzelnen Gruppen berechnen wollen (z. B. Anzahl der Wasserfälle).
> 2. Listen Sie in der `GROUP BY`-Klausel alle Spalten auf, die keine Aggregationen sind (z. B. den Namen der Tour).

Komplexere Gruppierungssituationen, einschließlich `ROLLUP`, `CUBE` und `GROUPING SETS`, finden Sie in »Gruppieren und Zusammenfassen« auf Seite 235 in Kapitel 8.

Die HAVING-Klausel

Die `HAVING`-Klausel setzt Restriktionen auf die Zeilen, die von einer `GROUP BY`-Abfrage zurückgeliefert werden. Mit anderen Worten, sie erlaubt Ihnen, die Ergebnisse zu filtern, nachdem ein `GROUP BY` angewandt wurde.

Eine HAVING-Klausel folgt immer unmittelbar auf eine GROUP BY-Klausel. Ohne GROUP BY-Klausel kann es keine HAVING-Klausel geben.

Dies ist eine Abfrage, die die Anzahl der Wasserfälle auf jeder Tour mittels einer GROUP BY-Klausel auflistet:

```
SELECT   t.name AS tour_name,
         COUNT(*) AS num_waterfalls
FROM     waterfall w INNER JOIN tour t
         ON w.id = t.stop
GROUP BY t.name;

tour_name  num_waterfalls
---------- --------------
M-28                    6
Munising                6
US-2                    4
```

Nehmen wir einmal an, wir wollten nur die Touren auflisten, die exakt sechs Halts haben. Dazu würden Sie eine HAVING-Klausel hinter der GROUP BY-Klausel einfügen:

```
SELECT   t.name AS tour_name,
         COUNT(*) AS num_waterfalls
FROM     waterfall w INNER JOIN tour t
         ON w.id = t.stop
GROUP BY t.name
HAVING   COUNT(*) = 6;

tour_name  num_waterfalls
---------- --------------
M-28                    6
Munising                6
```

WHERE versus HAVING

Aufgabe beider Klauseln ist das Filtern von Daten. Falls Sie versuchen:

- auf bestimmten Spalten zu filtern, schreiben Sie Ihre Bedingung in die WHERE-Klausel.
- auf Aggregationen zu filtern, schreiben Sie Ihre Bedingungen in die HAVING-Klausel.

Der Inhalt von WHERE- und HAVING-Klauseln kann nicht vertauscht werden:

- Setzen Sie niemals eine Bedingung mit einer Aggregation in die WHERE-Klausel. Sie erhalten einen Fehler.
- Setzen Sie niemals eine Bedingung in die HAVING-Klausel, die keine Aggregation betrifft. Solche Bedingungen werden in der WHERE-Klausel viel effizienter ausgewertet.

Sie werden bemerken, dass sich die HAVING-Klausel auf die Aggregation COUNT(*) bezieht:

```
SELECT COUNT(*) AS num_waterfalls
...
HAVING COUNT(*) = 6;
```

und nicht den Alias:

```
# Code läuft nicht
SELECT COUNT(*) AS num_waterfalls
...
HAVING num_waterfalls = 6;
```

Das liegt an der Ausführungsreihenfolge der Klauseln. Die SELECT-Klausel steht vor der HAVING-Klausel. Allerdings wird die SELECT-Klausel tatsächlich *nach* der HAVING-Klausel ausgeführt.

Das bedeutet, dass der Alias num_waterfalls in der SELECT-Klausel zu dem Zeitpunkt, an dem die HAVING-Klausel ausgeführt wird, noch nicht existiert. Die HAVING-Klausel muss sich stattdessen auf die reine Aggregation COUNT(*) beziehen.

MySQL und *SQLite* sind Ausnahmen und erlauben Aliasse (num_waterfalls) in der HAVING-Klausel.

Die ORDER BY-Klausel

Die `ORDER BY`-Klausel wird verwendet, um anzugeben, wie die Ergebnisse einer Abfrage sortiert werden sollen.

Die folgende Abfrage liefert eine Liste mit Eigentümern und Wasserfällen zurück, die unsortiert ist:

```
SELECT COALESCE(o.name, 'Unknown') AS owner,
       w.name AS waterfall_name
FROM   waterfall w
       LEFT JOIN owner o ON w.owner_id = o.id;

owner            waterfall_name
---------------- ---------------
Pictured Rocks   Munising Falls
Michigan Nature  Tannery Falls
AF LLC           Alger Falls
MI DNR           Wagner Falls
Unknown          Horseshoe Falls
...
```

Die COALESCE-Funktion

Die `COALESCE`-Funktion ersetzt alle `NULL`-Werte in einer Spalte durch einen anderen Wert. In diesem Fall wandelte sie die `NULL`-Werte in der Spalte `o.name` in den Text `Unknown` um.

Würde die `COALESCE`-Funktion hier nicht verwendet werden, wären Wasserfälle ohne Besitzer nicht in den Ergebnissen aufgetaucht. Stattdessen steht bei ihnen nun, dass sie einen unbekannten Besitzer haben, also `Unknown`. Sie können daher in die Ergebnisse einsortiert werden.

Mehr dazu finden Sie in Kapitel 7.

Die folgende Abfrage liefert die gleiche Liste zurück, nun jedoch zuerst alphabetisch nach dem Besitzer und dann nach dem Wasserfall sortiert:

```
SELECT   COALESCE(o.name, 'Unknown') AS owner,
         w.name AS waterfall_name
FROM     waterfall w
         LEFT JOIN owner o ON w.owner_id = o.id
```

```
ORDER BY owner, waterfall_name;

owner            waterfall_name
---------------- ---------------
AF LLC           Alger Falls
MI DNR           Wagner Falls
Michigan Nature  Tannery Falls
Michigan Nature  Twin Falls #1
Michigan Nature  Twin Falls #2
...
```

Die Standardsortierung erfolgt in aufsteigender Reihenfolgt, das heißt, Text verläuft von A nach Z, und Zahlen verlaufen von der niedrigsten zur höchsten. Sie können die Schlüsselwörter ASCENDING und DESCENDING (die als ASC und DESC abgekürzt werden können) verwenden, um die Sortierung auf den einzelnen Spalten zu kontrollieren.

Das Folgende ist eine Modifizierung der vorherigen Sortierung, allerdings werden dieses Mal die Namen der Besitzer in umgekehrter Reihenfolge sortiert:

```
SELECT COALESCE(o.name, 'Unknown') AS owner,
       w.name AS waterfall_name
...
ORDER BY owner DESC, waterfall_name ASC;

owner            waterfall_name
---------------- ---------------
Unknown          Agate Falls
Unknown          Bond Falls
Unknown          Canyon Falls
...
```

Sie können nach Spalten und Ausdrücken sortieren, die nicht in Ihrer SELECT-Liste stehen:

```
SELECT   COALESCE(o.name, 'Unknown') AS owner,
         w.name AS waterfall_name
FROM     waterfall w
         LEFT JOIN owner o ON w.owner_id = o.id
ORDER BY o.id DESC, w.id;

owner            waterfall_name
---------------- ---------------
MI DNR           Wagner Falls
```

```
AF LLC            Alger Falls
Michigan Nature   Tannery Falls
...
```

Sie können auch nach numerischer Spaltenposition sortieren:

```
SELECT COALESCE(o.name, 'Unknown') AS owner,
       w.name AS waterfall_name
...
ORDER BY 1 DESC, 2 ASC;
```

```
owner             waterfall_name
----------------  --------------
Unknown           Agate Falls
Unknown           Bond Falls
Unknown           Canyon Falls
...
```

Da die Zeilen einer SQL-Tabelle ungeordnet sind, könnten die Ergebnisse jedes Mal, wenn Sie eine Abfrage ausführen, in einer anderen Reihenfolge angezeigt werden – es sei denn, Sie fügen eine ORDER BY-Klausel hinzu.

ORDER BY kann nicht in einer Unterabfrage verwendet werden

Von den sechs Hauptklauseln kann nur ORDER BY nicht in einer Unterabfrage verwendet werden. Leider können Sie das Ordnen der Zeilen einer Unterabfrage nicht erzwingen.

Um dieses Problem zu umgehen, müssten Sie Ihre Abfrage mit einer anderen Logik neu schreiben, damit Sie nicht versucht sind, eine ORDER BY-Klausel in der Unterabfrage zu verwenden, und eine ORDER BY-Klausel nur in die äußere Abfrage einfügen.

Die LIMIT-Klausel

Wenn man sich schnell mal eine Tabelle anschauen möchte, ist es ganz praktisch, die Anzahl der ausgegebenen Zeilen zu beschränken und nicht die ganze Tabelle anzuzeigen.

MySQL, *PostgreSQL* und *SQLite* unterstützen die LIMIT-Klausel. *Oracle* und *SQL Server* verwenden eine andere Syntax mit derselben Funktionalität:

```
-- MySQL, PostgreSQL und SQLite
SELECT *
FROM owner
LIMIT 3;

-- Oracle
SELECT *
FROM owner
WHERE ROWNUM <= 3;

-- SQL Server
SELECT TOP 3 *
FROM owner;

id  name             phone         type
--- ---------------- ------------- --------
  1 Pictured Rocks   906.387.2607  public
  2 Michigan Nature  517.655.5655  private
  3 AF LLC                         private
```

Eine andere Möglichkeit, die Anzahl der zurückgegebenen Zeilen zu beschränken, besteht darin, auf einer Spalte in der WHERE-Klausel zu filtern. Die Filterung wird sogar noch schneller ausgeführt, wenn die Spalte indiziert ist.

KAPITEL 5

Erzeugen, Aktualisieren und Löschen

Der größte Teil dieses Buchs behandelt, wie Daten mit SQL-Abfragen aus einer Datenbank gelesen werden. Das Lesen ist eine der vier grundlegenden Datenbankoperationen des Erzeugens (*Create*), Lesens (*Read*), Aktualisierens (*Update*) und Löschens (*Delete*), die auch mit dem Akronym CRUD zusammengefasst werden.

Dieses Kapitel konzentriert sich auf die verbleibenden drei Operationen für Datenbanken, Tabellen, Indizes und Views. Darüber hinaus wird im Abschnitt Transaktionsmanagement behandelt, wie mehrere Befehle als eine einzige Einheit ausgeführt werden können.

Datenbanken

Eine *Datenbank* ist ein Ort zum Ablegen von Daten auf organisierte Art und Weise.

Innerhalb einer Datenbank können Sie *Datenbankobjekte* erzeugen. Dabei handelt es sich um Dinge, die Daten speichern oder referenzieren. Zu den üblichen Datenbankobjekten gehören Tabellen, Constraints, Indizes und Views.

Ein *Datenmodell* oder *Schema* beschreibt, wie Datenbankobjekte in einer Datenbank organisiert werden.

Abbildung 5-1 zeigt eine Datenbank, die viele Tabellen enthält. Die Spezifika, die angeben, wie die Tabellen definiert sind (dass z. B. die Tabelle `Sales` fünf Spalten enthält) und wie sie miteinander verbunden sind (dass z. B. die Spalte `customer_id` in der Tabelle `Sales` der Spalte `customer_id` in der Tabelle `Customer` entspricht), sind Teil des *Schemas* der Datenbank.

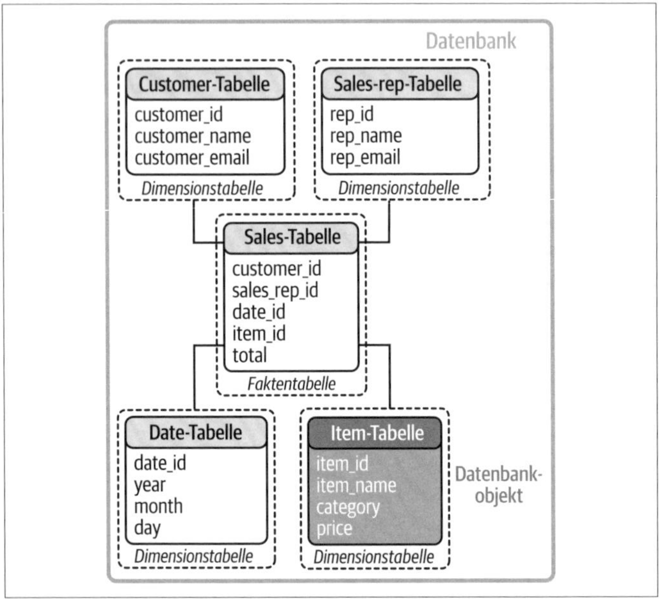

Abbildung 5-1: Eine Datenbank, die ein Sternschema enthält

Die Tabellen in Abbildung 5-1 sind in einem *Sternschema* angeordnet, das eine einfache Methode bildet, die Tabellen in einer Datenbank zu organisieren. Das Sternschema enthält eine *Faktentabelle* in der Mitte und ist von *Dimensionstabellen* (auch *Lookup-Tabellen*) umgeben. Die Faktentabelle verzeichnet durchgeführte Transaktionen (in diesem Fall Verkäufe) zusammen mit den IDs der zusätzlichen Informationen, die in den Dimensionstabellen ausführlicher dargestellt sind.

Datenmodell versus Schema

Beim Entwerfen einer Datenbank werden Sie zuerst ein *Datenmodell* entwickeln, das im Prinzip auf einem hohen Niveau darstellt, wie Sie Ihre Datenbank organisieren wollen. Es könnte wie das in Abbildung 5-1 aussehen und Tabellennamen, wie sie miteinander verbunden sind usw. enthalten.

Wenn Sie bereit sind, loszulegen, dann erstellen Sie ein *Schema*, also die Umsetzung des Datenmodells in eine Datenbank. In der Software, in der Sie arbeiten, legen Sie die Tabellen, Constraints, Primär- und Fremdschlüssel usw. fest.

> Die Definition eines Schemas variiert ein wenig bei einigen RDBMS.
>
> In *MySQL* ist ein Schema das Gleiche wie eine Datenbank, und die beiden Begriffe können synonym verwendet werden.
>
> In *Oracle* besteht ein Schema aus den Datenbankobjekten, die einem bestimmten Benutzer gehören, sodass die Begriffe *Schema* und *Benutzer* synonym verwendet werden können.

Namen vorhandener Datenbanken anzeigen

Alle Datenbankobjekte befinden sich in Datenbanken, sodass es ein erster guter Schritt ist, festzustellen, welche Datenbanken momentan existieren. Tabelle 5-1 zeigt den Code zum Anzeigen der Namen aller vorhandenen Datenbanken in den einzelnen RDBMS.

Tabelle 5-1: Code zum Anzeigen der Namen vorhandener Datenbanken

RDBMS	**Code**
MySQL	`SHOW databases;`
Oracle	`SELECT * FROM global_name;`
PostgreSQL	`\l`
SQL Server	`SELECT name FROM master.sys.databases;`
SQLite	`.database` (oder suchen Sie im Dateibrowser nach *.db*-Dateien)

> *SQLite*: Bei den meisten RDBMS-Programmen liegen die Datenbanken innerhalb des RDBMS. Bei SQLite dagegen sind die Datenbanken außerhalb von SQLite als *.db*-Dateien gespeichert. Um eine Datenbank zu benutzen, müssen Sie eine *.db*-Datei angeben, wenn Sie SQLite starten:
>
> ```
> > sqlite3 existing_db.db
> ```

Namen der aktuellen Datenbank anzeigen

Sie wollen vielleicht den Namen der Datenbank bestätigen, in der Sie sich gerade befinden, bevor Sie irgendwelche Abfragen schreiben. Tabelle 5-2 zeigt den Code zum Anzeigen des Namens der Datenbank, in der Sie gerade sind, für die einzelnen RDBMS.

Tabelle 5-2: Code zum Anzeigen des Namens der aktuellen Datenbank

RDBMS	Code
MySQL	`SELECT database();`
Oracle	`SELECT * FROM global_name;`
PostgreSQL	`SELECT current_database();`
SQL Server	`SELECT db_name();`
SQLite	`.database`

> Ihnen ist vielleicht aufgefallen, dass der Code für die aktuelle Datenbank bei Oracle und SQLite der gleiche ist wie für das Anzeigen der vorhandenen Datenbank.
>
> Eine Instanz von *Oracle* kann sich zeitgleich nur mit einer einzigen Datenbank verbinden. Und normalerweise wechseln Sie die Datenbanken nicht.
>
> Bei *SQLite* können Sie zeitgleich nur eine einzige Datenbankdatei öffnen und mit ihr arbeiten.

Zu einer anderen Datenbank wechseln

Vielleicht möchten Sie einmal Daten aus einer anderen Datenbank verwenden oder zu einer neu angelegten Datenbank wechseln. Tabelle 5-3 zeigt den Code zum Wechseln zu einer anderen Datenbank in den einzelnen RDBMS.

Tabelle 5-3: Code zum Wechseln zu einer anderen Datenbank

RDBMS	Code
MySQL, SQL Server	`USE another_db;`

Tabelle 5-3: Code zum Wechseln zu einer anderen Datenbank (Fortsetzung)

RDBMS	Code
PostgreSQL	`\c another_db`
SQLite	`.open another_db`

Eine Datenbank erzeugen

Falls Sie `CREATE`-Rechte besitzen, können Sie eine neue Datenbank anlegen. Falls nicht, dürfen Sie nur in einer vorhandenen Datenbank arbeiten. Tabelle 5-4 zeigt den Code zum Erzeugen einer Datenbank in den einzelnen RDBMS.

Tabelle 5-4: Code zum Erzeugen einer Datenbank

RDBMS	Code
MySQL, Oracle, PostgreSQL, SQL Server	`CREATE DATABASE my_new_db;`
SQLite	`> sqlite3 my_new_db.db`

Oracle: Es sind einige zusätzliche Schritte (in Bezug auf Instanzen, Umgebungsvariablen usw.) im Zusammenhang mit der `CREATE DATABASE`-Anweisung in Oracle erforderlich, die Sie in der Oracle-Dokumentation unter *https://oreil.ly/lXKOF* finden.

SQLite: Das Symbol > ist kein Zeichen, das Sie selbst eintippen, sondern es zeigt nur an, dass dies Kommandozeilencode ist und kein SQL-Code.

Eine Datenbank löschen

Falls Sie `DELETE`-Rechte besitzen, können Sie eine Datenbank löschen. Tabelle 5-5 zeigt den Code zum Löschen einer Datenbank in den einzelnen RDBMS.

Wenn Sie eine Datenbank löschen, verlieren Sie alle Daten in der Datenbank. *Es gibt kein Undo oder Widerrufen*, es sei denn, Sie haben ein Backup angelegt. Ich empfehle Ihnen, diesen Befehl wirklich nur dann auszuführen, wenn Sie zu 100 % sicher sind, dass Sie die Datenbank nicht mehr benötigen.

Tabelle 5-5: Code zum Löschen einer Datenbank

RDBMS	Code
MySQL, Oracle, PostgreSQL, SQL Server	`DROP DATABASE my_new_db;`
SQLite	Löschen der *.db*-Datei im Dateibrowser

Oracle: Es sind einige zusätzliche Schritte (in Bezug auf das Mounten usw.) hinsichtlich der `DROP DATABASE`-Anweisung in Oracle erforderlich, die Sie in der Oracle-Dokumentation unter *https://oreil.ly/v0Tjd* finden.

In einigen RDBMS können Sie die Datenbank nicht löschen, in der Sie sich gerade befinden. Sie müssten erst zu einer anderen Datenbank wechseln, etwa der Standarddatenbank, bevor Sie die Datenbank löschen können:

- In *PostgreSQL* ist die Standarddatenbank `postgres`:

```
\c postgres
DROP DATABASE my_new_db;
```

- In *SQL Server* ist die Standarddatenbank `master`:

```
USE master;
go
DROP DATABASE my_new_db;
go
```

Tabellen anlegen

Tabellen bestehen aus Zeilen und Spalten und speichern alle Daten in einer Datenbank. In SQL gibt es einige weitere Anforderungen für Tabellen:

- Jede Zeile einer Tabelle sollte eindeutig sein.
- Alle Daten in einer Spalte müssen vom selben Datentyp sein (Integer, Text usw.).

> In *SQLite* müssen die Daten in einer Spalte *nicht* alle vom selben Datentyp sein. SQLite ist insofern flexibler, als jedem Wert ein Datentyp zugewiesen ist statt einer ganzen Spalte.
>
> Um mit anderen RDBMS kompatibel zu sein, unterstützt SQLite Spalten mit Datentypzuweisungen. Diese *Typaffinitäten* sind empfohlene Datentypen für die Spalten und nicht zwingend erforderlich.

Eine einfache Tabelle anlegen

Es sind zwei Schritte nötig, um in SQL eine Tabelle anzulegen. Sie müssen zuerst die Struktur einer Tabelle definieren, bevor Sie Daten in sie laden:

1. Eine Tabelle erzeugen.

   Der folgende Code erzeugt eine leere Tabelle namens `my_simple_table` mit drei Spalten: `id`, `country` und `name`. Alle Werte in der ersten Spalte (`id`) müssen Integer sein, die anderen beiden Spalten (`country`, `name`) dürfen bis zu 2 und bis zu 15 Zeichen enthalten:

   ```
   CREATE TABLE my_simple_table (
      id INTEGER,
      country VARCHAR(2),
      name VARCHAR(15)
   );
   ```

   Weitere Datentypen neben `INTEGER` und `VARCHAR` sind in Kapitel 6 aufgeführt.

2. Zeilen einfügen.

   a. Eine einzelne Datenzeile einfügen.

      Der folgende Code fügt eine Zeile mit Daten in die Spalten `id`, `country` und `name` ein:

      ```
      INSERT INTO my_simple_table (id, country, name)
      VALUES (1, 'US', 'Sam');
      ```

b. Mehrere Datenzeilen einfügen.

Tabelle 5-6 zeigt Ihnen für die einzelnen RDBMS, wie Sie statt nur einer Zeile gleichzeitig mehrere Datenzeilen in eine Tabelle einfügen.

Tabelle 5-6: Code zum Einfügen mehrerer Datenzeilen

RDBMS	Code

MySQL, PostgreSQL, SQL Server, SQLite	`INSERT INTO my_simple_table`
	`       (id, country, name)`
	`VALUES (2, 'US', 'Selena'),`
	`       (3, 'CA', 'Shawn'),`
	`       (4, 'US', 'Sutton');`

Oracle	`INSERT ALL`
	`   INTO my_simple_table (id, country, name)`
	`                 VALUES (2, 'US', 'Selena')`
	`   INTO my_simple_table (id, country, name)`
	`                 VALUES (3, 'CA', 'Shawn')`
	`   INTO my_simple_table (id, country, name)`
	`                 VALUES (4, 'US', 'Sutton')`
	`SELECT * FROM dual;`

Nach dem Einfügen der Daten würde die Tabelle so aussehen:

```
SELECT * FROM my_simple_table;

id  country  name
--- -------- -------
  1 US       Sam
  2 US       Selena
  3 CA       Shawn
  4 US       Sutton
```

Wenn man Zeilen mit Daten einfügt, muss die Reihenfolge der Werte genau der Anordnung der Spalten entsprechen.

Lässt man Werte in irgendeiner Spalte der Spaltenliste weg, nehmen sie den Vorgabewert NULL an, es sei denn, es wurde ein anderer Vorgabewert festgelegt.

Sie brauchen CREATE-Rechte, um eine Tabelle anzulegen. Wenn Sie beim Ausführen des gezeigten Codes eine Fehlermeldung erhalten, haben Sie nicht die Berechtigung, ihn auszuführen, und müssen mit Ihrem Datenbankadministrator reden.

Namen vorhandener Tabellen anzeigen

Vor dem Anlegen einer Tabelle sollten Sie nachschauen, ob der Tabellenname bereits existiert. Tabelle 5-7 zeigt für die einzelnen RDBMS den Code zum Anzeigen der Namen vorhandener Tabellen in der Datenbank.

Tabelle 5-7: Code zum Anzeigen der Namen vorhandener Tabellen

RDBMS	Code
MySQL	`SHOW tables;`

Oracle	`-- Alle Tabellen einschließlich der Systemtabellen`
	`SELECT table_name FROM all_tables;`
	
	`-- Alle benutzererzeugten Tabellen`
	`SELECT table_name FROM user_tables;`

PostgreSQL	`\dt`
SQL Server	`SELECT table_name` `FROM information_schema.tables;`
SQLite	`.tables`

Erzeugen einer Tabelle, die noch nicht existiert

In *MySQL*, *PostgreSQL* und *SQLite* können Sie mit den Schlüsselwörtern `IF NOT EXISTS` prüfen, ob Tabellen schon existieren, wenn Sie eine Tabelle anlegen:

```
CREATE TABLE IF NOT EXISTS my_simple_table (
   id INTEGER,
   country VARCHAR(2),
   name VARCHAR(15)
);
```

Existiert der Tabellenname noch nicht, wird eine neue Tabelle erzeugt. Gibt es den Tabellennamen bereits, würden Sie ohne das `IF NOT EXISTS` eine Fehlermeldung erhalten. Mit `IF NOT EXISTS` wird einfach keine neue Tabelle erzeugt, und Sie vermeiden außerdem die Fehlermeldung.

Wollen Sie eine vorhandene Tabelle ersetzen, haben Sie zwei Möglichkeiten:

- Sie könnten DROP TABLE einsetzen, um die vorhandene Tabelle vollständig zu löschen und dann eine neue anzulegen.
- Sie könnten die vorhandene Tabelle *trunkieren*, was bedeutet, dass Sie das Schema (also die Struktur) der Tabelle behalten, aber die Daten aus ihr entfernen. Dazu können Sie DELETE FROM nutzen, um die Daten aus der Tabelle zu löschen.

Eine Tabelle mit Constraints erzeugen

Ein *Constraint* ist eine Regel, die angibt, welche Daten in eine Tabelle eingefügt werden können. Der folgende Code erzeugt zwei Tabellen und mehrere Constraints (fett gedruckt):

```
CREATE TABLE another_table (
   country VARCHAR(2) NOT NULL,
   name VARCHAR(15) NOT NULL,
   description VARCHAR(50),
   CONSTRAINT pk_another_table
      PRIMARY KEY (country, name)
);

CREATE TABLE my_table (
   id INTEGER NOT NULL,
   country VARCHAR(2) DEFAULT 'CA'
      CONSTRAINT chk_country
      CHECK (country IN ('CA','US')),
   name VARCHAR(15),
   cap_name VARCHAR(15),
   CONSTRAINT pk
      PRIMARY KEY (id),
   CONSTRAINT fk1
      FOREIGN KEY (country, name)
      REFERENCES another_table (country, name),
   CONSTRAINT unq_country_name
      UNIQUE (country, name),
   CONSTRAINT chk_upper_name
      CHECK (cap_name = UPPER(name))
);
```

Das Schlüsselwort CONSTRAINT benennt das Constraint für den künftigen Gebrauch und ist optional. Sie sollten es vermeiden, für eine Spalte und ein Constraint denselben Namen zu verwenden.

Für einen schnellen Zugriff auf die Constraint-Abschnitte: NOT NULL, DEFAULT, CHECK, UNIQUE, PRIMARY KEY, FOREIGN KEY.

Constraint: NULL-Werte in einer Spalte verbieten mit NOT NULL

In einer SQL-Tabelle werden Zellen ohne Wert durch den Begriff NULL ersetzt. Sie können für jede Spalte festlegen, ob NULL-Werte erlaubt sind oder nicht:

```
CREATE TABLE my_table (
   id INTEGER NOT NULL,
   country VARCHAR(2) NULL,
   name VARCHAR(15)
);
```

Das NOT NULL-Constraint auf der Spalte id bedeutet, dass diese Spalte keine NULL-Werte zulässt. Mit anderen Worten, es dürfen in diese Spalte keine fehlenden Werte eingefügt werden, da Sie ansonsten eine Fehlermeldung erhalten.

Das NULL-Constraint auf der Spalte country bedeutet, dass die Spalte NULL-Werte erlaubt. Falls Sie Daten in die Tabelle einfügen und die Spalte country weglassen, wird kein Wert eingefügt, sondern die Zelle wird durch einen NULL-Wert ersetzt.

Wenn Sie NULL oder NOT NULL nicht explizit festlegen, wird die Spalte name standardmäßig NULL. Das heißt, es sind NULL-Werte erlaubt.

Constraint: Standardwerte in einer Spalte einstellen mit DEFAULT

Wenn Sie Daten in eine Tabelle einfügen, werden fehlende Werte durch den Begriff NULL ersetzt. Um fehlende Werte durch einen anderen Wert zu ersetzen, nutzen Sie das Constraint DEFAULT. Der folgende Code verwandelt alle fehlenden country-Werte in CA:

```
CREATE TABLE my_table (
   id INTEGER,
   country VARCHAR(2) DEFAULT 'CA',
   name VARCHAR(15)
);
```

Constraint: Werte in einer Spalte beschränken mit CHECK

Sie können die Werte beschränken, die in einer Spalte zulässig sind. Dazu verwenden Sie das Constraint CHECK. Der folgende Code erlaubt nur die Werte CA und US in der country-Spalte.

Sie können das Schlüsselwort CHECK unmittelbar hinter den Spaltennamen und den Datentyp setzen:

```
CREATE TABLE my_table (
   id INTEGER,
   country VARCHAR(2) CHECK
      (country IN ('CA', 'US')),
   name VARCHAR(15)
);
```

Oder Sie platzieren das Schlüsselwort CHECK hinter die ganzen Spaltennamen und Datentypen:

```
CREATE TABLE my_table (
   id INTEGER,
   country VARCHAR(2),
   name VARCHAR(15),
   CHECK (country IN ('CA','US'))
);
```

Sie können außerdem eine Logik einfügen, die mehrere Spalten überprüft:

```
CREATE TABLE my_table (
   id INTEGER,
   country VARCHAR(2),
   name VARCHAR(15),
   CONSTRAINT chk_id_country
   CHECK (id > 100 AND country IN ('CA','US'))
);
```

Constraint: Eindeutige Werte in einer Spalte verlangen mit UNIQUE

Sie können bestimmen, dass die Werte einer Spalte eindeutig sind, indem Sie das Constraint UNIQUE einsetzen.

Setzen Sie das Schlüsselwort UNIQUE unmittelbar hinter den Spaltennamen und den Datentyp:

```
CREATE TABLE my_table (
   id INTEGER UNIQUE,
```

```
    country VARCHAR(2),
    name VARCHAR(15)
);
```

Es ist aber ebenfalls möglich, das Schlüsselwort UNIQUE hinter die ganzen Spaltennamen und Datentypen zu platzieren:

```
CREATE TABLE my_table (
    id INTEGER,
    country VARCHAR(2),
    name VARCHAR(15),
    UNIQUE (id)
);
```

Sie können auch eine Logik einfügen, die erzwingt, dass die Kombination aus mehreren Spalten eindeutig ist. Der folgende Code erfordert eindeutige country/name-Kombinationen. Das bedeutet, eine Zeile kann CA/Emma enthalten und eine andere US/Emma:

```
CREATE TABLE my_table (
    id INTEGER,
    country VARCHAR(2),
    name VARCHAR(15),
    CONSTRAINT unq_country_name
    UNIQUE (country, name)
);
```

Eine Tabelle mit Primär- und Fremdschlüsseln erzeugen

Primär- und Fremdschlüssel sind besondere Typen von Constraints, die eindeutig Datenzeilen identifizieren.

Einen Primärschlüssel festlegen

Ein *Primärschlüssel* identifiziert eindeutig jede Datenzeile in einer Tabelle. Er kann aus einer oder mehreren Spalten in einer Tabelle bestehen. Jede Tabelle sollte einen Primärschlüssel haben.

Sie können die Schlüsselwörter PRIMARY KEY unmittelbar hinter den Spaltennamen und den Datentyp setzen:

```
CREATE TABLE my_table (
    id INTEGER PRIMARY KEY,
```

```
    country VARCHAR(2),
    name VARCHAR(15)
);
```

Oder Sie platzieren die Schlüsselwörter PRIMARY KEY hinter die ganzen Spaltennamen und Datentypen:

```
CREATE TABLE my_table (
    id INTEGER,
    country VARCHAR(2),
    name VARCHAR(15),
    PRIMARY KEY (id)
);
```

So legen Sie einen Primärschlüssel fest, der aus mehreren Spalten besteht (einen sogenannten *zusammengesetzten Schlüssel*):

```
CREATE TABLE my_table (
    id INTEGER NOT NULL,
    country VARCHAR(2),
    name VARCHAR(15) NOT NULL,
    CONSTRAINT pk_id_name
    PRIMARY KEY (id, name)
);
```

Wenn Sie einen PRIMARY KEY erzeugen, erlegen Sie der/den Spalte(n) folgende Constraints auf: Sie dürfen keine NULL-Werte enthalten (NOT NULL), und die Werte müssen eindeutig sein (UNIQUE).

Best Practices für Primärschlüssel

Jede Tabelle sollte einen Primärschlüssel besitzen. Dies stellt sicher, dass jede Zeile eindeutig identifiziert werden kann.

Es wird empfohlen, dass Primärschlüssel aus ID-Spalten bestehen, etwa (country_id, name_id) statt (country, name). Technisch gesehen, könnten mehrere Zeilen die gleiche Kombination aus country und name haben. Indem Sie Spalten hinzufügen, die eindeutige IDs enthalten (101, 102 usw.), ist die Kombination aus country_id und name_id garantiert eindeutig.

Primärschlüssel sollten unveränderlich sein. Auf diese Weise kann eine bestimmte Zeile in einer Tabelle immer durch denselben Primärschlüssel identifiziert werden.

Einen Fremdschlüssel festlegen

Ein *Fremdschlüssel* in einer Tabelle bezieht sich auf einen Primärschlüssel in einer anderen Tabelle. Die zwei Tabellen können durch die gemeinsame Spalte miteinander verbunden werden. Eine Tabelle kann null oder mehr Fremdschlüssel besitzen.

Abbildung 5-2 zeigt ein Datenmodell aus zwei Tabellen: der `customers`-Tabelle, die den Primärschlüssel `id` hat, und der `orders`-Tabelle, die den Primärschlüssel `o_id` hat. Aus Sicht von `customers` entspricht ihre `order_id`-Spalte den Werten der `o_id`-Spalte, was `order_id` zum Fremdschlüssel macht, weil die Spalte sich auf einen Primärschlüssel in einer anderen Tabelle bezieht.

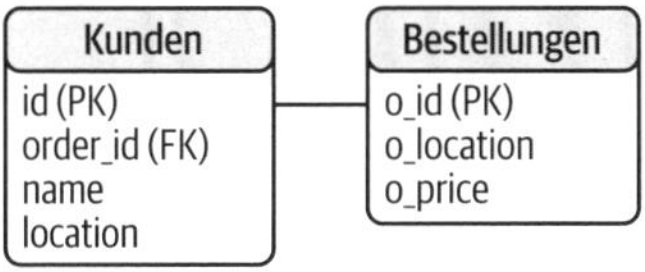

Abbildung 5-2: Zwei Tabellen mit Primärschlüsseln und einem Fremdschlüssel

Um einen Fremdschlüssel festzulegen, gehen Sie folgendermaßen vor:

1. Suchen Sie die Tabelle, die Sie referenzieren wollen, und identifizieren Sie den Primärschlüssel.

   In diesem Fall referenzieren wir `orders`, speziell die Spalte `o_id`:

   ```
   CREATE TABLE orders (
      o_id INTEGER PRIMARY KEY,
      o_location VARCHAR(20),
      o_price DECIMAL(6,2)
   );
   ```

2. Legen Sie eine Tabelle mit einem Fremdschlüssel an, der den Primärschlüssel in der anderen Tabelle referenziert.

   In diesem Fall erzeugen wir die Tabelle `customers`, in der die Spalte `order_id` auf den Primärschlüssel `o_id` in der Tabelle `orders` verweist:

```
CREATE TABLE customers (
 id INTEGER PRIMARY KEY,
 order_id INTEGER,
 name VARCHAR(15),
 location VARCHAR(20),
 FOREIGN KEY (order_id)
 REFERENCES orders (o_id)
);
```

Um einen Fremdschlüssel festzulegen, der aus mehreren Spalten besteht, muss auch der Primärschlüssel aus mehreren Spalten bestehen:

```
CREATE TABLE orders (
   o_id INTEGER,
   o_location VARCHAR(20),
   o_price DECIMAL(6,2),
   PRIMARY KEY (o_id, o_location)
);
CREATE TABLE customers (
   id INTEGER PRIMARY KEY,
   order_id INTEGER,
   name VARCHAR(15),
   location VARCHAR(20),
   CONSTRAINT fk_id_name
   FOREIGN KEY (order_id, location)
   REFERENCES orders (o_id, o_location)
);
```

Der Fremdschlüssel (`order_id`) und der Primärschlüssel, den er referenziert (`o_id`), müssen vom selben Datentyp sein.

Eine Tabelle mit einem automatisch generierten Feld erzeugen

Falls Sie vorhaben, einen Datensatz ohne eindeutige ID-Spalte zu laden, sollten Sie am besten eine Spalte anlegen, die automatisch eine eindeutige ID generiert. Der Code in Tabelle 5-8 generiert in allen RDBMS automatisch fortlaufende Nummern (1, 2, 3 usw.) in der Spalte `u_id`.

Tabelle 5-8: Code zum automatischen Generieren einer eindeutigen ID

RDBMS — **Code**

MySQL

```
CREATE TABLE my_table (
   u_id INTEGER PRIMARY KEY AUTO_INCREMENT,
   country VARCHAR(2),
   name VARCHAR(15)
);
```

Oracle

```
CREATE TABLE my_table (
  u_id INTEGER GENERATED BY DEFAULT
               ON NULL AS IDENTITY,
  country VARCHAR2(2),
  name VARCHAR2(15)
);
```

PostgreSQL

```
CREATE TABLE my_table (
   u_id SERIAL,
   country VARCHAR(2),
   name VARCHAR(15)
);
```

SQL Server

```
-- u_id beginnt bei 1 und wird jeweils um 1 erhöht
CREATE TABLE my_table (
   u_id INTEGER IDENTITY(1,1),
   country VARCHAR(2),
   name VARCHAR(15)
);
```

SQLite

```
CREATE TABLE my_table (
   u_id INTEGER PRIMARY KEY AUTOINCREMENT,
   country VARCHAR(2),
   name VARCHAR(15)
);
```

In *Oracle* wird typischerweise `VARCHAR2` anstelle von `VARCHAR` verwendet. Beide sind in Bezug auf die Funktionalität identisch, doch `VARCHAR` könnte eines Tages verändert werden, sodass es sicherer ist, `VARCHAR2` zu benutzen.

SQLite rät von der Verwendung von `AUTOINCREMENT` ab, wenn es nicht absolut notwendig ist, da es zusätzliche Rechenressourcen erfordert. Der Code läuft dennoch ohne Fehler.

Die Ergebnisse einer Abfrage in eine Tabelle einfügen

Anstatt manuell Werte einzutippen, die in eine Tabelle eingefügt werden sollen, können Sie Daten aus einer oder mehreren existierenden Tabellen in eine neue Tabelle laden.

Hier ist eine Tabelle:

```
SELECT * FROM my_simple_table;

id  country  name
--- -------- -------
  1 US       Sam
  2 US       Selena
  3 CA       Shawn
  4 US       Sutton
```

Erzeugen Sie eine neue Tabelle mit zwei Spalten:

```
CREATE TABLE new_table_two_columns (
             id INTEGER,
             name VARCHAR(15)
);
```

Fügen Sie die Ergebnisse einer Abfrage in die neue Tabelle ein:

```
INSERT INTO new_table_two_columns
            (id, name)
SELECT id, name
FROM   my_simple_table
WHERE  id < 3;
```

Die neue Tabelle würde dann so aussehen:

```
SELECT * FROM new_table_two_columns;

id  name
--- -------
  1 Sam
  2 Selena
```

Sie können auch Werte aus einer vorhandenen Tabelle einfügen und dann andere Werte entweder hinzufügen oder modifizieren.

Erzeugen Sie eine neue Tabelle mit vier Spalten:

```
CREATE TABLE new_table_four_columns (
             id INTEGER,
```

```
            name VARCHAR(15),
            new_num_column INTEGER,
            new_text_column VARCHAR(30)
);
```

Fügen Sie die Ergebnisse aus einer Abfrage in die neue Tabelle ein und füllen Sie dann Werte für die neuen Spalten ein:

```
INSERT INTO new_table_four_columns
       (id, name, new_num_column, new_text_column)
SELECT id, name, 2017, 'stargazing'
FROM   my_simple_table
WHERE  id = 2;
```

Fügen Sie die Ergebnisse einer Abfrage in die neue Tabelle ein und ändern Sie einen Wert in der Zeile (in diesem Fall `id`):

```
INSERT INTO new_table_four_columns
       (id, name, new_num_column, new_text_column)
SELECT 3, name, 2017, 'wolves'
FROM   my_simple_table
WHERE  id = 2;
```

Die neue Tabelle würde dann so aussehen:

```
SELECT * FROM new_table_four_columns;

id  name    new_num_column  new_text_column
--- ------- --------------- ----------------
  2 Selena  2017            stargazing
  3 Selena  2017            wolves
```

Daten aus einer Textdatei in eine Tabelle einfügen

Sie wollen vielleicht einmal Daten aus einer *Textdatei* (Daten, die ohne besondere Formatierung als einfacher Text gespeichert sind) in eine Tabelle einfügen. Eine gebräuchliche Art von Textdatei ist eine *.csv*-Datei (*Comma Separated Values*, also kommaseparierte Werte). Textdateien können auch in Anwendungen außerhalb eines RDBMS geöffnet werden, z.B. in Excel, Notepad, TextEdit usw.

Der folgende Code zeigt, wie die Datei *my_data.csv* in eine Tabelle geladen wird.

Inhalt der Datei *my_data.csv*:

```
unique_id,canada_us,artist_name
5,"CA","Celine"
6,"CA","Michael"
7,"US","Stefani"
8,,"Olivia"
...
```

Anlegen einer Tabelle:

```
CREATE TABLE new_table (
   id INTEGER,
   country VARCHAR(2),
   name VARCHAR(15)
);
```

Der Code in Tabelle 5-9 lädt für die einzelnen RDBMS die Datei *my_data.csv* in die Tabelle `new_table`. Sie können beim Laden von Daten zusätzliche Einzelheiten über die Daten angeben, wie etwa:

- Die Daten sind durch Kommata getrennt (,).
- Textwerte sind in doppelte Anführungszeichen eingeschlossen ("").
- Jede neue (Tabellen-)Zeile befindet sich auf einer neuen (Text-) Zeile (\n).
- Die erste Zeile der Textdatei (die den Header enthält) soll ignoriert werden.

Tabelle 5-9: Code zum Einfügen von Daten aus einer .csv-Datei

RDBMS	Code

MySQL	`LOAD DATA LOCAL`
	`INFILE '<file_path>/my_data.csv'`
	`INTO TABLE new_table`
	`FIELDS TERMINATED BY ','`
	`ENCLOSED BY '"'`
	`LINES TERMINATED BY '\n'`
	`IGNORE 1 ROWS;`

Oracle	Das kann zwar auf der Kommandozeile mit `sqlldr` erledigt werden, besser ist es jedoch, Daten stattdessen über eine grafische Oberfläche wie SQL*Loader oder SQL Developer zu laden.

Tabelle 5-9: Code zum Einfügen von Daten aus einer .csv-Datei (Fortsetzung)

RDBMS	Code
PostgreSQL	`\copy new_table FROM '<file_path>/my_data.csv' DELIMITER ',' CSV HEADER`
SQL Server	`BULK INSERT new_table FROM '<file_path>/my_data.csv' WITH ( FORMAT = 'CSV', FIELDTERMINATOR = ',', FIELDQUOTE = '"', ROWTERMINATOR = '\n', FIRSTROW = 2, TABLOCK );`
SQLite	`.mode csv .import <file_path>/my_data.csv new_table --skip 1`

Nach dem Einfügen der Daten würde die Tabelle so aussehen:

```
SELECT * FROM new_table;

id  country  name
--- -------- --------
  5 CA       Celine
  6 CA       Michael
  7 US       Stefani
  8 NULL     Olivia
...
```

Beispieldateipfad zum Desktop

Falls sich *my_data.csv* auf Ihrem Desktop befindet, würde der Dateipfad auf den einzelnen Betriebssystemen so aussehen:

- Linux: */home/mein_Benutzername/Desktop/my_data.csv*
- macOS: */Users/mein_Benutzername/Desktop/my_data.csv*
- Windows: *C:\Users\mein_Benutzername\Desktop\my_data.csv*

Falls *MySQL* die Fehlermeldung ausgibt, dass das Laden lokaler Daten deaktiviert ist, können Sie es aktivieren, indem Sie die globale Variable `local_infile` aktualisieren, MySQL beenden und neu starten:

```
SET GLOBAL local_infile=1;
quit
```

Fehlende Daten und NULL-Werte

Jedes RDBMS interpretiert fehlende Daten aus einer *.csv*-Datei anders. Wenn die folgende Zeile in einer *.csv*-Datei:

```
8,,"Olivia"
```

in eine SQL-Tabelle eingefügt wird, würde der fehlende Wert zwischen `8` und `Olivia` ersetzt werden durch:

- einen `NULL`-Wert in *PostgreSQL* und *SQL Server*
- einen leeren String (`''`) in *MySQL* und *SQLite*

In *MySQL* und *SQLite* können Sie `\N` in einer *.csv*-Datei verwenden, um einen `NULL`-Wert in einer SQL-Tabelle darzustellen. Wenn diese Zeile in einer *.csv*-Datei:

```
8,\N,"Olivia"
```

in eine *MySQL*-Tabelle eingefügt wird, dann würde `\N` in der Tabelle durch einen `NULL`-Wert ersetzt werden.

Wird es in eine *SQLite*-Tabelle eingefügt, würde das `\N` fest in die Tabelle codiert werden. Sie könnten dann den Code

```
UPDATE new_table
SET country = NULL
WHERE country = '\N';
```

ausführen, um die `\N`-Platzhalter in der Tabelle durch `NULL`-Werte zu ersetzen.

Tabellen modifizieren

In diesem Abschnitt schauen wir uns an, wie Sie Tabellennamen, Spalten, Constraints und Daten in einer Tabelle ändern können.

Sie brauchen `ALTER`-Rechte, um eine Tabelle zu verändern. Falls Sie beim Ausführen des Codes aus diesem Abschnitt eine Fehlermeldung erhalten, haben Sie keine Berechtigung dazu und müssen mit Ihrem Datenbankadministrator sprechen.

Eine Tabelle oder Spalte umbenennen

Auch nachdem Sie eine Tabelle erzeugt haben, können Sie diese Tabelle und die Spalten darin umbenennen.

Wenn Sie eine Tabelle modifizieren, wird sie dauerhaft geändert. *Es gibt kein Undo oder Widerrufen*, es sei denn, Sie haben ein Backup angelegt. Überprüfen Sie Ihre Anweisungen genau, bevor Sie sie ausführen.

Eine Tabelle umbenennen

Der Code in Tabelle 5-10 zeigt für die einzelnen RDBMS, wie Sie eine Tabelle umbenennen.

Tabelle 5-10: Code zum Umbenennen einer Tabelle

RDBMS	Code
MySQL, Oracle, PostgreSQL, SQLite	`ALTER TABLE old_table_name` `RENAME TO new_table_name;`

SQL Server	`EXEC sp_rename`
	`'old_table_name',`
	
	`'new_table_name';`

Eine Spalte umbenennen

Der Code in Tabelle 5-11 zeigt für die einzelnen RDBMS, wie Sie eine Spalte umbenennen.

Tabelle 5-11: Code zum Umbenennen einer Spalte

RDBMS	Code

MySQL,
Oracle,
PostgreSQL,
SQLite
	`ALTER TABLE my_table`
	`      RENAME COLUMN old_column_name`
	`      TO new_column_name;`

SQL Server	`EXEC sp_rename 'my_table.old_column_name',` `               'new_column_name', 'COLUMN';`

Spalten anzeigen, hinzufügen und löschen

Nachdem Sie eine Tabelle angelegt haben, können Sie Spalten in dieser Tabelle anschauen, sie ihr hinzufügen und Spalten aus ihr löschen.

Die Spalten einer Tabelle anzeigen

Der Code in Tabelle 5-12 zeigt für die einzelnen RDBMS, wie Sie die Spalten einer Tabelle anzeigen.

Tabelle 5-12: Code zum Anzeigen der Spalten einer Tabelle

RDBMS	Code
MySQL, Oracle	`DESCRIBE my_table;`
PostgreSQL	`\d my_table`

SQL Server	`SELECT column_name`
	`FROM information_schema.columns`
	`WHERE table_name = 'my_table';`

SQLite	`pragma table_info(my_table);`

Spalten einer Tabelle hinzufügen

Der Code in Tabelle 5-13 zeigt für alle RDBMS, wie Sie einer Tabelle eine Spalte hinzufügen.

Tabelle 5-13: Code zum Hinzufügen einer Spalte zu einer Tabelle

RDBMS	Code

MySQL, PostgreSQL	`ALTER TABLE my_table`
	`ADD new_num_column INTEGER,`
	`ADD new_text_column VARCHAR(30);`

Oracle	`ALTER TABLE my_table ADD (`
	`new_num_column INTEGER,`
	`new_text_column VARCHAR(30));`

SQL Server	`ALTER TABLE my_table`
	`ADD new_num_column INTEGER,`
	`new_text_column VARCHAR(30);`

SQLite	`ALTER TABLE my_table`
	`ADD new_num_column INTEGER;`
	`ALTER TABLE my_table`
	`ADD new_text_column VARCHAR(30);`

Eine Spalte aus einer Tabelle löschen

Der Code in Tabelle 5-14 zeigt für die einzelnen RDBMS, wie Sie eine Spalte aus einer Tabelle löschen.

> Wenn eine Spalte irgendwelche Constraints aufweist, müssen Sie zuerst die Constraints löschen, bevor Sie die Spalte löschen.

Tabelle 5-14: Code zum Löschen einer Spalte aus einer Tabelle

RDBMS	Code

MySQL, PostgreSQL	`ALTER TABLE my_table`
	`DROP COLUMN new_num_column,`
	`DROP COLUMN new_text_column;`

Oracle	`ALTER TABLE my_table`
	`DROP COLUMN new_num_column;`
	`ALTER TABLE my_table`
	`DROP COLUMN new_text_column;`

SQL Server	`ALTER TABLE my_table`
	`DROP COLUMN new_num_column,`
	`new_text_column;`

SQLite	Beachten Sie die Schritte zur manuellen Modifikation in SQLite.

Manuelle Modifikationen in SQLite

SQLite unterstützt einige Tabellenmodifikationen nicht, wie etwa das Löschen von Spalten oder das Hinzufügen/Modifizieren/Löschen von Constraints.

Zur Umgehung des Problems können Sie entweder eine grafische Benutzeroberfläche verwenden, um Code zum Modifizieren einer Tabelle zu generieren, oder Sie legen manuell eine neue Tabelle an und kopieren die Daten dann dort hinein (siehe die folgenden Schritte).

1. Erzeugen Sie eine neue Tabelle mit den gewünschten Spalten und Constraints.

   ```
   CREATE TABLE my_table_2 (
      id INTEGER NOT NULL,
      country VARCHAR(2),
      name VARCHAR(30)
   );
   ```

2. Kopieren Sie die Daten aus der alten in die neue Tabelle.

   ```
   INSERT INTO my_table_2
   SELECT id, country, name
   FROM my_table;
   ```

3. Bestätigen Sie, dass die Daten in der neuen Tabelle angekommen sind.

   ```
   SELECT * FROM my_table_2;
   ```

4. Löschen Sie die alte Tabelle.

   ```
   DROP TABLE my_table;
   ```

5. Benennen Sie die neue Tabelle um.

   ```
   ALTER TABLE my_table_2 RENAME TO my_table;
   ```

Zeilen anzeigen, hinzufügen und löschen

Nachdem Sie eine Tabelle angelegt haben, können Sie Zeilen in der Tabelle anzeigen, sie ihr hinzufügen und Zeilen aus ihr löschen.

Zeilen einer Tabelle anzeigen

Um die Zeilen einer Tabelle anzuzeigen, schreiben Sie einfach eine SELECT-Anweisung:

```
SELECT * FROM my_table;
```

Zeilen einer Tabelle hinzufügen

Benutzen Sie INSERT INTO, um Zeilen mit Daten einer Tabelle hinzuzufügen:

```
INSERT INTO my_table
   (id, country, name)
VALUES (9, 'US', 'Charlie');
```

Zeilen aus einer Tabelle löschen

Verwenden Sie DELETE FROM, um Zeilen mit Daten aus einer Tabelle zu löschen:

```
DELETE FROM my_table
WHERE id = 9;
```

Lassen Sie die WHERE-Klausel weg, um alle Zeilen aus einer Tabelle zu löschen:

```
DELETE FROM my_table;
```

Das Löschen von Zeilen aus einer Tabelle wird auch als *Trunkieren* bezeichnet: Es entfernt alle Daten aus einer Tabelle, ohne die Tabellenstruktur zu verändern. Die Spaltennamen und Constraints der Tabelle existieren zwar noch, aber die Tabelle ist nun leer.

Um die Tabelle komplett loszuwerden, können Sie diese löschen.

Constraints anzeigen, hinzufügen und modifizieren

Ein *Constraint* ist eine Regel, die festlegt, welche Daten in eine Tabelle eingefügt werden dürfen. Mehr zu den verschiedenen Arten von Constraints finden Sie weiter oben in diesem Kapitel im Abschnitt »Eine Tabelle mit Constraints erzeugen« auf Seite 108.

Die Constraints einer Tabelle anzeigen

Der Code in Tabelle 5-15 zeigt für die einzelnen RDBMS, wie die Constraints einer Tabelle angezeigt werden können.

Tabelle 5-15: Code zum Anzeigen der Constraints einer Tabelle

RDBMS	Code
MySQL	`SHOW CREATE TABLE my_table;`

Oracle	`SELECT *`
	`FROM user_cons_columns`
	`WHERE table_name = 'MY_TABLE';`

PostgreSQL	`\d my_table`

SQL Server	`-- Auflisten der Constraints (mit Ausnahme der vorgegebenen Constraints)`
	`SELECT table_name,`
	`       constraint_name,`
	`       constraint_type`
	`FROM information_schema.table_constraints`
	`WHERE table_name = 'my_table';`
	
	`-- Auflisten aller vorgegebenen Constraints`
	`SELECT OBJECT_NAME(parent_object_id),`
	`       COL_NAME(parent_object_id,`
	`       parent_column_id),`
	`       definition`
	`FROM sys.default_constraints`
	`WHERE OBJECT_NAME(parent_object_id) =`
	`      'my_table';`

SQLite	`.schema my_table`

Oracle speichert Tabellen- und Spaltennamen komplett in Großbuchstaben, wenn Sie den Spaltennamen nicht in doppelte Anführungszeichen setzen. Sofern Sie in einer SQL-Anweisung Bezug auf einen Tabellen- oder Spaltennamen nehmen, müssen Sie ihn in Großbuchstaben schreiben (`MY_TABLE`).

Ein Constraint hinzufügen

Beginnen wir mit der folgenden CREATE TABLE-Anweisung:

```
CREATE TABLE my_table (
   id INTEGER NOT NULL,
   country VARCHAR(2) DEFAULT 'CA',
   name VARCHAR(15),
   lower_name VARCHAR(15)
);
```

Der Code in Tabelle 5-16 zeigt für alle RDBMS, wie ein Constraint hinzugefügt wird, das sicherstellt, dass die lower_name-Spalte eine kleingeschriebene Version der name-Spalte ist.

Tabelle 5-16: Code zum Hinzufügen eines Constraints

RDBMS	Code

MySQL, PostgreSQL, SQL Server	`ALTER TABLE my_table`
	`ADD CONSTRAINT chk_lower_name`
	`CHECK (lower_name = LOWER(name));`

Oracle	`ALTER TABLE my_table ADD (`
	`CONSTRAINT chk_lower_name`
	`CHECK (lower_name = LOWER(name)));`

SQLite	Beachten Sie die Schritte zur manuellen Modifikation in SQLite.

Ein Constraint modifizieren

Beginnen wir mit der folgenden CREATE TABLE-Anweisung:

```
CREATE TABLE my_table (
   id INTEGER NOT NULL,
   country VARCHAR(2) DEFAULT 'CA',
   name VARCHAR(15),
   lower_name VARCHAR(15)
);
```

Der Code in Tabelle 5-17 modifiziert die folgenden Constraints:

- Ändert die Spalte country vom Vorgabewert CA auf den Vorgabewert NULL.
- Ändert die Spalte name so, dass statt 15 nun 30 Zeichen erlaubt sind.

Tabelle 5-17: Code zum Modifizieren der Constraints in einer Tabelle

RDBMS	Code
MySQL	`ALTER TABLE my_table MODIFY country VARCHAR(2) NULL, MODIFY name VARCHAR(30);`
Oracle	`ALTER TABLE my_table MODIFY ( country DEFAULT NULL, name VARCHAR2(30) );`
PostgreSQL	`ALTER TABLE my_table ALTER country DROP DEFAULT, ALTER name TYPE VARCHAR(30);`
SQL Server	`ALTER TABLE my_table ALTER COLUMN country VARCHAR(2) NULL;` `ALTER TABLE my_table ALTER COLUMN name VARCHAR(30) NULL;`
SQLite	Beachten Sie die Schritte zur manuellen Modifikation in SQLite.

Ein Constraint löschen

Der Code in Tabelle 5-18 zeigt für alle RDBMS, wie ein Constraint aus einer Tabelle gelöscht wird.

Tabelle 5-18: Code zum Löschen eines Constraints aus einer Tabelle

RDBMS	Code
MySQL	`ALTER TABLE my_table DROP CHECK chk_lower_name;`
Oracle, PostgreSQL, SQL Server	`ALTER TABLE my_table DROP CONSTRAINT chk_lower_name;`
SQLite	Beachten Sie die Schritte zur manuellen Modifikation in SQLite.

In *MySQL* kann `CHECK` durch `DEFAULT`, `INDEX` (für `UNIQUE`-Constraints), `PRIMARY KEY` und `FOREIGN KEY` ersetzt werden. Um ein `NOT NULL`-Constraint zu löschen, würden Sie das Constraint stattdessen mit `MODIFY` verändern.

Eine Spalte mit Daten aktualisieren

Verwenden Sie `UPDATE .. SET ..`, um die Werte in einer Datenspalte zu aktualisieren.

Hier ist die Tabelle:

```
SELECT *
FROM my_table;

id  country  name     awards
--- -------- -------- -------
  2 CA       Celine         5
  3 CA       Michael        4
  4 US       Stefani        9
```

Schauen Sie sich die Änderung an, die Sie vornehmen wollen:

```
SELECT LOWER(name)
FROM my_table;

LOWER(name)
-----------
celine
michael
stefani
```

Aktualisieren Sie die Werte in einer Spalte mit Daten:

```
UPDATE my_table
SET name = LOWER(name);

SELECT * FROM my_table;

id  country  name     awards
--- -------- -------- -------
  2 CA       celine         5
  3 CA       michael        4
  4 US       stefani        9
```

Eine Zeile mit Daten aktualisieren

Verwenden Sie `UPDATE .. SET .. WHERE ..`, um die Werte in einer oder mehreren Zeilen mit Daten zu aktualisieren.

Hier ist eine Tabelle:

```
SELECT *
FROM my_table;

id  country  name     awards
--- -------- -------- -------
  2 CA       Celine         5
  3 CA       Michael        4
  4 US       Stefani        9
```

Schauen Sie sich die Änderungen an, die Sie vornehmen wollen:

```
SELECT awards + 1
FROM my_table
WHERE country = 'CA';

awards + 1
-----------
          6
          5
```

Aktualisieren Sie die Werte in mehreren Datenzeilen:

```
UPDATE my_table
SET awards = awards + 1
WHERE country = 'CA';

SELECT * FROM my_table;

id  country  name     awards
--- -------- -------- -------
  2 CA       Celine         6
  3 CA       Michael        5
  4 US       Stefani        9
```

Es ist sehr wichtig, eine `WHERE`-Klausel zusammen mit der `SET`-Klausel anzugeben, wenn Sie bestimmte Datenzeilen aktualisieren. Ohne die `WHERE`-Klausel würde die komplette Tabelle aktualisiert werden.

Datenzeilen mit den Ergebnissen einer Abfrage aktualisieren

Anstatt manuell Werte einzutippen, um eine Tabelle zu aktualisieren, können Sie einen neuen Wert entsprechend den Ergebnissen einer Abfrage setzen.

Hier ist eine Tabelle:

```
SELECT * FROM my_table;

id  country  name     awards
--- -------- -------- -------
  2 CA       Celine         5
  3 CA       Michael        4
  4 US       Stefani        9
```

Schauen Sie sich die Änderungen an, die Sie vornehmen wollen:

```
SELECT MIN(awards) FROM my_table;

MIN(awards)
------------
           4
```

Aktualisieren Sie die Werte entsprechend einer Abfrage:

```
UPDATE my_table
SET awards = (SELECT MIN(awards) FROM my_table)
WHERE country = 'CA';

SELECT * FROM my_table;

id  country  name     awards
--- -------- -------- -------
  2 CA       Celine         4
  3 CA       Michael        4
  4 US       Stefani        9
```

> *MySQL* erlaubt es Ihnen nicht, eine Tabelle mit einer Abfrage auf derselben Tabelle zu aktualisieren. In dem gezeigten Beispiel können Sie nicht `UPDATE my_table` und `FROM my_table` haben. Die Anweisung funktioniert, wenn Sie `FROM another_table` abfragen.

Die Ergebnisse der Abfrage müssen immer eine Spalte und entweder null Zeilen oder eine Zeile zurückgeben. Werden null Zeilen zurückgegeben, wird der Wert auf `NULL` gesetzt.

Eine Tabelle löschen

Wenn Sie eine Tabelle nicht mehr benötigen, können Sie sie mit einer `DROP TABLE`-Anweisung löschen:

```
DROP TABLE my_table;
```

In *MySQL*, *PostgreSQL*, *SQL Server* und *SQLite* können Sie außerdem `IF EXISTS` hinzufügen, um eine Fehlermeldung zu vermeiden, falls die Tabelle nicht existiert:

```
DROP TABLE IF EXISTS my_table;
```

Sobald Sie eine Tabelle löschen, verlieren Sie alle Daten in ihr. *Es gibt kein Undo und kein Widerrufen*, es sei denn, Sie haben ein Backup gemacht. Ich empfehle Ihnen, diesen Befehl wirklich nur dann auszuführen, wenn Sie zu 100% sicher sind, dass Sie die Tabelle nicht mehr brauchen.

Eine Tabelle mit Fremdschlüsselverweisen löschen

Wenn andere Tabellen Fremdschlüssel besitzen, die auf die Tabelle verweisen, die Sie löschen wollen, müssen Sie die Fremdschlüssel-Constraints in den anderen Tabellen zusammen mit der zu löschenden Tabelle löschen.

Der Code in Tabelle 5-19 zeigt für die einzelnen RDBMS, wie Sie eine Tabelle mit Fremdschlüsselverweisen löschen.

Tabelle 5-19: Code zum Löschen einer Tabelle mit Fremdschlüsselverweisen

RDBMS	Code
Oracle	`DROP TABLE my_table CASCADE CONSTRAINTS;`
PostgreSQL	`DROP TABLE my_table CASCADE;`

Tabelle 5-19: Code zum Löschen einer Tabelle mit Fremdschlüsselverweisen (Fortsetzung)

RDBMS	Code
MySQL, SQL Server, SQLite	Es gibt kein CASCADE-Schlüsselwort, deshalb müssen Sie manuell alle Fremdschlüssel-Constraints löschen, die diese Tabelle referenzieren, bevor Sie die Tabelle löschen.

Es ist gefährlich, `CASCADE` zu verwenden, ohne genau zu wissen, was Sie löschen. Seien Sie vorsichtig. Ich empfehle Ihnen, diesen Befehl wirklich nur dann auszuführen, wenn Sie zu 100 % sicher sind, dass Sie die Constraints nicht brauchen.

Indizes

Stellen Sie sich vor, Sie hätten eine Tabelle mit zehn Millionen Zeilen. Sie schreiben eine Abfrage auf der Tabelle, um Werte zurückzugeben, die am `2021-01-01` protokolliert wurden:

```
SELECT *
FROM my_table
WHERE log_date = '2021-01-01';
```

Die Ausführung dieser Abfrage würde sehr lange dauern. Das liegt daran, dass hinter den Kulissen jede einzelne Zeile geprüft wird, um festzustellen, ob `log_date` dem Wert `2021-01-01` entspricht oder nicht. Das sind zehn Millionen Überprüfungen.

Um das zu beschleunigen, könnten Sie einen *Index* auf der Spalte `log_date` erzeugen. Das müssten Sie einmal machen, und alle künftigen Abfragen würden davon profitieren.

Vergleich eines Buchindex mit einem SQL-Index

Um besser zu verstehen, wie ein SQL-Index funktioniert, werden wir eine Analogie bemühen. Tabelle 5-20 vergleicht den Index am Ende dieses Buchs mit einem Index in einer SQL-Tabelle.

Tabelle 5-20: Vergleich von Buchindex und SQL-Index

	Buch	SQL-Tabelle
Begriffe	Ein Buch hat viele *Seiten*. Jede Seite besitzt *Attribute*, darunter die Wortanzahl, die behandelten Konzepte usw.	Eine Tabelle hat viele *Zeilen*. Jede Zeile besitzt *Spalten*, darunter `customer_id`, `log_date` usw.
Szenario	Sie lesen dieses Buch und wollen alle Seiten über das Konzept *Unterabfragen* finden.	Sie fragen eine Tabelle ab und wollen alle Zeilen finden, in denen `log_date` den Wert `2021-01-01` hat.
Die langsame Herangehensweise	Sie könnten bei Seite 1 beginnen und das ganze Buch durchblättern, um festzustellen, ob *Unterabfragen* erwähnt werden oder nicht. Das würde sehr lange dauern.	Sie könnten bei Zeile 1 beginnen und jede Zeile anschauen, um festzustellen, ob `log_date` gleich `2021-01-01` oder nicht. Das würde sehr lange dauern.
Einen Index erzeugen	Es würde ein Index für alle Konzepte in diesem Buch erzeugt werden. Jedes Konzept wird zusammen mit den Seitenzahlen der Seiten, auf denen über das Konzept gesprochen wird, in den Index aufgenommen.	Es würde ein Index auf der Spalte `log_date` in der Tabelle erzeugt werden. Es wird jedes `log_date` in dem Index aufgelistet zusammen mit den Zeilennummern, in denen dieses spezielle `log_date` enthalten ist.
Die schnelle Herangehensweise	Um Seiten über *Unterabfragen* zu finden, können Sie im Index nach den Seitenzahlen suchen, die auf *Unterabfragen* verweisen, und dann diese Seiten aufschlagen.	Um Zeilen mit einem `log_date` von `2021-01-01` zu finden, greift Ihre Abfrage auf den Index zu, um schnell die Zeilennummern zu ermitteln, die diese Daten enthalten, und dann diese Zeilen zurückzuliefern.

Wird die gleiche Abfrage auf `my_table` ausgeführt (nachdem die `log_date`-Spalte indiziert wurde):

```
SELECT *
FROM my_table
WHERE log_date = '2021-01-01';
```

läuft die Abfrage viel schneller, da nicht mehr jede Zeile in der Tabelle geprüft werden muss. Stattdessen nimmt die Abfrage das `log_date` von `2021-01-01`, geht in den Index und zieht alle Zeilen, die diesen `log_date`-Wert haben.

Es ist eine gute Idee, einen Index auf einigen Spalten zu erzeugen, die Sie häufig filtern. Dazu zählt zum Beispiel die Primärschlüsselspalte, die Datumsspalte usw.

Allerdings sollten Sie nicht auf allzu vielen Spalten einen Index erzeugen, da das Platz erfordert. Außerdem müsste der Index jedes Mal neu aufgebaut werden, wenn Zeilen hinzugefügt oder entfernt werden, was ebenfalls Zeit kostet.

Einen Index erzeugen, um Abfragen zu beschleunigen

Der folgende Code erzeugt einen neuen Index namens `my_index` auf der Spalte `log_date` in der Tabelle `my_table`:

```
CREATE INDEX my_index ON my_table (log_date);
```

Wenn Sie in *Oracle* einen Index erzeugen, müssen Sie den Spaltennamen in Großbuchstaben schreiben und in Anführungszeichen setzen:

```
CREATE INDEX my_index ON my_table
  ('LOG_DATE');
```

Oracle legt automatisch beim Erzeugen einer Tabelle einen Index für die Spalten `PRIMARY KEY` und `UNIQUE` an.

Es kann recht lange dauern, Indizes zu erzeugen. Allerdings ist es eine einmalige Aufgabe, die sich auf lange Sicht auszahlt, da künftige Abfragen schneller verarbeitet werden.

Sie können auch einen mehrspaltigen Index oder einen *zusammengesetzten Index* anlegen. Der folgende Code erzeugt einen Index auf zwei Spalten: `log_date` und `team`:

```
CREATE INDEX my_index ON my_table (log_date, team);
```

Hier ist die Reihenfolge der Spalten wichtig. Folgendes passiert, wenn Sie eine Abfrage schreiben, die so filtert:

- Auf beiden Spalten: Der Index sorgt für eine schnelle Abfrage.

- Auf der ersten Spalte (`log_date`): Der Index sorgt für eine schnelle Abfrage.
- Auf der zweiten Spalte (`team`): Der Index hilft nicht, da er die Daten zuerst nach der Spalte `log_date` und dann nach der Spalte `team` organisiert.

Sie brauchen `CREATE`-Rechte, um einen Index zu erzeugen. Falls Sie eine Fehlermeldung bei der Ausführung des gerade gezeigten Codes erhalten, haben Sie nicht die entsprechenden Rechte und müssen mit Ihrem Datenbankadministrator sprechen.

Einen Index löschen

Der Code in Tabelle 5-21 zeigt für die einzelnen RDBMS, wie Sie einen Index löschen.

Tabelle 5-21: Code zum Löschen eines Index

RDBMS	Code
MySQL, SQL Server	`DROP INDEX my_index ON my_table;`
Oracle, PostgreSQL, SQLite	`DROP INDEX my_index;`

Das Löschen eines Index kann nicht widerrufen werden. Seien Sie sich zu 100 % sicher, dass Sie den Index nicht mehr brauchen, bevor Sie ihn löschen.

Allerdings müssen Sie keine Datenverluste befürchten. Die Daten in der Tabelle bleiben unberührt, und Sie können den Index jederzeit neu erstellen.

Views

Stellen Sie sich vor, Sie hätten eine lange und komplexe SQL-Abfrage, die viele Joins, Filter, Aggregationen usw. enthält. Die Ergebnisse der Abfrage sind nützlich für Sie und stellen etwas dar, auf das Sie auch später noch einmal verweisen wollen.

In dieser Situation bietet es sich an, einen *View* zu erzeugen oder der Ausgabe einer Abfrage einen Namen zu geben. Denken Sie daran, dass die Ausgabe einer Abfrage eine einzige Tabelle ist, ein View sieht also auch immer aus wie eine Tabelle. Der Unterschied besteht darin, dass der View anders als eine Tabelle tatsächlich keine Daten enthält, sondern nur Verweise auf die Daten.

> Manchmal erstellen Datenbankadministratoren (DBA) Views, um den Zugriff auf Tabellen zu beschränken. Nehmen wir einmal an, es gäbe eine `customer`-Tabelle. Den meisten Menschen soll nur erlaubt werden, die Daten in der Tabelle zu lesen; sie dürfen sie nicht ändern.
>
> Der DBA kann einen `customer`-View erzeugen, der Daten enthält, die identisch mit der `customer`-Tabelle sind. Jetzt kann jeder den `customer`-*View* abfragen, und nur der DBA wäre in der Lage, die Daten in der `customer`-*Tabelle* zu verändern.

Der folgende Code zeigt eine komplexe Abfrage, die wir nicht immer und immer wieder schreiben wollen:

```
-- Anzahl der Wasserfälle, die jeder Eigentümer besitzt
SELECT o.id, o.name,
       COUNT(w.id) AS num_waterfalls
FROM owner o LEFT JOIN waterfall w
     ON o.id = w.owner_id
GROUP BY o.id, o.name;

id    name              num_waterfalls
----- ----------------- ---------------
    1 Pictured Rocks                  3
    2 Michigan Nature                 3
    3 AF LLC                          1
    4 MI DNR                          1
    5 Horseshoe Falls                 0
```

Nun wollen wir feststellen, wie viele Wasserfälle ein Eigentümer im Durchschnitt besitzt. Wir könnten entweder eine Unterabfrage oder einen View benutzen:

```
-- Herangehensweise mit Unterabfragen
SELECT AVG(num_waterfalls) FROM
(SELECT o.id, o.name,
        COUNT(w.id) AS num_waterfalls
FROM owner o LEFT JOIN waterfall w
     ON o.id = w.owner_id
GROUP BY o.id, o.name) my_subquery;

AVG(num_waterfalls)
--------------------
                 1.6
```

```
-- Herangehensweise mit Views
CREATE VIEW owner_waterfalls_vw AS
SELECT o.id, o.name,
       COUNT(w.id) AS num_waterfalls
FROM owner o LEFT JOIN waterfall w
     ON o.id = w.owner_id
GROUP BY o.id, o.name;

SELECT AVG(num_waterfalls)
  FROM owner_waterfalls_vw;

AVG(num_waterfalls)
--------------------
                 1.6
```

Sie brauchen CREATE-Rechte, um einen View zu erzeugen. Falls Sie beim Ausführen des gezeigten Codes eine Fehlermeldung erhalten, haben Sie nicht die passenden Rechte und müssen mit Ihrem Datenbankadministrator sprechen.

Unterabfragen versus Views

Sowohl Unterabfragen als auch Views repräsentieren die Ergebnisse einer Abfrage, die dann wiederum selbst abgefragt werden können.

- Eine *Unterabfrage* ist temporär. Sie existiert nur für die Dauer der Abfrage und eignet sich gut für den einmaligen Einsatz.
- Ein *View* wird gespeichert. Sobald ein View erzeugt ist, können Sie weitere Abfragen schreiben, die den View referenzieren.

Einen View erzeugen, um die Ergebnisse einer Abfrage zu speichern

Verwenden Sie CREATE VIEW, um die Ergebnisse einer Abfrage als View zu sichern. Der View kann dann genau wie eine Tabelle abgefragt werden.

Mithilfe dieser Abfrage:

```
SELECT *
FROM my_table
WHERE country = 'US';

id  country  name
--- -------- ------
  1 US       Anna
  2 US       Emily
  3 US       Molly
```

Erzeugen Sie einen View:

```
CREATE VIEW my_view AS
SELECT *
FROM my_table
WHERE country = 'US';
```

Fragen Sie den View ab:

```
SELECT * FROM my_view;

id  country  name
--- -------- ------
  1 US       Anna
  2 US       Emily
  3 US       Molly
```

Vorhandene Views anzeigen

Der Code in Tabelle 5-22 zeigt für die einzelnen RDBMS, wie alle existierenden Views angezeigt werden können.

Tabelle 5-22: Code zum Anzeigen vorhandener Views

RDBMS	Code
MySQL	`SHOW FULL TABLES WHERE table_type = 'VIEW';`

Tabelle 5-22: Code zum Anzeigen vorhandener Views (Fortsetzung)

RDBMS	Code
Oracle	`SELECT view_name FROM user_views;`
PostgreSQL	`SELECT table_name FROM information_schema.views WHERE table_schema NOT IN ('information_schema', 'pg_catalog');`
SQL Server	`SELECT table_name FROM information_schema.views;`
SQLite	`SELECT name FROM sqlite_master WHERE type = 'view';`

Einen View aktualisieren

»Einen View aktualisieren« ist eine andere Bezeichnung für das Überschreiben eines View. Der Code in Tabelle 5-23 zeigt für alle RDBMS, wie ein View aktualisiert wird.

Tabelle 5-23: Code zum Aktualisieren eines View

RDBMS	Code
MySQL, Oracle, PostgreSQL	`CREATE OR REPLACE VIEW my_view AS SELECT * FROM my_table WHERE country = 'CA';`
SQL Server	`CREATE OR ALTER VIEW my_view AS SELECT * FROM my_table WHERE country = 'CA';`
SQLite	`DROP VIEW IF EXISTS my_view; CREATE VIEW my_view AS SELECT * FROM my_table WHERE country = 'CA';`

Einen View löschen

Wenn Sie einen View nicht mehr benötigen, können Sie ihn mit einer `DROP VIEW`-Anweisung löschen:

```
DROP VIEW my_view;
```

Das Löschen eines View kann nicht widerrufen werden. Seien Sie sich zu 100 % sicher, dass Sie den View wirklich loswerden wollen, bevor Sie ihn tatsächlich löschen.

Es ist allerdings auch kein Datenverlust zu befürchten. Die Daten befinden sich weiterhin in der ursprünglichen Tabelle, und Sie können den View jederzeit neu herstellen.

Transaktionsmanagement

Eine *Transaktion* erlaubt Ihnen, eine Datenbank auf sicherere Weise zu aktualisieren. Sie besteht aus einer Abfolge von Operationen, die als eine Einheit ausgeführt wird. Entweder werden alle Operationen ausgeführt, oder es wird keine ausgeführt. Man bezeichnet dies auch als *Atomarität* (oder *Abgeschlossenheit*).

Der folgende Code startet zunächst eine Transaktion, bevor er Änderungen an den Tabellen vornimmt. Nachdem die Anweisungen ausgeführt wurden, werden erst dann permanent Aktualisierungen an der Datenbank durchgeführt, wenn die Änderungen bestätigt (»committet«) wurden:

```
START TRANSACTION;

INSERT INTO page_views (user_id, page)
   VALUES (525, 'home');
INSERT INTO page_views (user_id, page)
   VALUES (525, 'contact us');
DELETE FROM new_users WHERE user_id = 525;
UPDATE page_views SET page = 'request info'
   WHERE page = 'contact us';

COMMIT;
```

Wieso ist es sicherer, eine Transaktion zu verwenden?

Nach dem Starten einer Transaktion:

Es werden alle vier Anweisungen als Einheit betrachtet.
Stellen Sie sich vor, dass Sie die ersten drei Anweisungen ausführen und jemand währenddessen die Datenbank auf eine Weise bearbeitet, dass die vierte Anweisung nicht verarbeitet wird. Das ist problematisch, weil alle vier Anweisungen zusammen ausgeführt werden müssen, damit Sie die Datenbank korrekt aktualisieren können. Die Transaktion macht nun genau das - sie erfordert, dass alle vier Anweisungen als eine Einheit agieren, sodass entweder alle ausgeführt werden oder keine.

Sie können Ihre Änderungen notfalls widerrufen.
Nachdem Sie die Transaktion gestartet haben, können Sie die einzelnen Anweisungen ausführen und sich anschauen, wie sie die Tabellen beeinflussen würden. Sieht alles richtig aus, können Sie die Transaktion beenden und Ihre Änderungen mit einem `COMMIT` bestätigen. Scheint irgendetwas seltsam zu sein und nicht okay auszusehen, sodass Sie zum Zustand vor der Transaktion zurückkehren wollen, können Sie das mit einem `ROLLBACK` ganz einfach erledigen.

Im Allgemeinen ist es eine gute Idee, eine Transaktion zu verwenden, wenn Sie eine Datenbank aktualisieren.

Die folgenden Abschnitte behandeln zwei Szenarien, in denen es hilfreich ist, eine Transaktion einzusetzen – eine endet mit einem `COMMIT` zum Bestätigen der Änderungen, und die andere endet mit einem `ROLLBACK` zum Widerrufen der Änderungen.

Prüfen Sie vor einem COMMIT genau

Stellen Sie sich vor, Sie wollten einige Zeilen mit Daten löschen. Sie möchten aber genau (und am besten doppelt) prüfen, ob Sie auch die richtigen Zeilen erwischt haben, bevor Sie sie dauerhaft aus der Tabelle entfernen.

Der folgende Code zeigt Ihnen schrittweise, wie Sie hierzu eine Transaktion in SQL benutzen würden.

1. Starten Sie eine Transaktion.

   ```
   -- MySQL und PostgreSQL
   START TRANSACTION;
   oder
   BEGIN;

   -- SQL Server und SQLite
   BEGIN TRANSACTION;
   ```

   In *Oracle* sind Sie im Prinzip immer in einer Transaktion. Eine Transaktion beginnt, wenn Sie Ihre erste SQL-Anweisung ausführen. Nachdem eine Transaktion geendet hat (mit einem `COMMIT` oder `ROLLBACK`), beginnt mit der Ausführung der nächsten SQL-Anweisung eine neue Transaktion.

2. Schauen Sie sich die Tabelle an, die Sie ändern wollen.

   Sie sind an dieser Stelle im Transaktionsmodus, das heißt, es werden keine Änderungen an der Datenbank vorgenommen.

   ```
   SELECT * FROM books;

   +------+--------------+
   | id   | title        |
   +------+--------------+
   |    1 | Becoming     |
   |    2 | Born a Crime |
   |    3 | Bossypants   |
   +------+--------------+
   ```

3. Testen Sie die Änderung und prüfen Sie, wie diese die Tabelle beeinflusst.

   Sie wollen alle Buchtitel löschen, die aus mehreren Wörtern bestehen. Die folgende `SELECT`-Anweisung erlaubt Ihnen, alle entsprechenden Buchtitel in der Tabelle zu sehen.

   ```
   SELECT * FROM books WHERE title LIKE '% %';

   +------+--------------+
   | id   | title        |
   +------+--------------+
   |    2 | Born a Crime |
   +------+--------------+
   ```

Die folgende DELETE-Anweisung verwendet die gleiche WHERE-Klausel nun, um die aus mehreren Wörtern bestehenden Buchtitel aus der Tabelle zu löschen.

```
DELETE FROM books WHERE title LIKE '% %';

SELECT * FROM books;

+------+--------------+
| id   | title        |
+------+--------------+
|    1 | Becoming     |
|    3 | Bossypants   |
+------+--------------+
```

Sie sind an dieser Stelle immer noch im Transaktionsmodus, sodass die Änderung noch nicht von Dauer ist.

4. Bestätigen Sie die Änderung mit COMMIT.

   Verwenden Sie COMMIT, um die Änderungen zu bestätigen. Nach diesem Schritt sind Sie nicht länger im Transaktionsmodus.

   ```
   COMMIT;
   ```

> Sie können eine Transaktion nicht widerrufen (oder zurückrollen), nachdem sie erst einmal bestätigt wurde.

Änderungen mit einem ROLLBACK widerrufen

Transaktionen sind besonders nützlich, um Änderungen auszuprobieren und notfalls wieder rückgängig zu machen.

1. Starten Sie eine Transaktion.

   ```
   -- MySQL und PostgreSQL
   START TRANSACTION;
   oder
   BEGIN;

   -- SQL Server und SQLite
   BEGIN TRANSACTION;
   ```

In *Oracle* sind Sie im Prinzip immer in einer Transaktion. Eine Transaktion beginnt, wenn Sie Ihre erste SQL-Anweisung ausführen. Nachdem eine Transaktion geendet hat (mit einem `COMMIT` oder `ROLLBACK`), beginnt mit der Ausführung der nächsten SQL-Anweisung eine neue Transaktion.

2. Schauen Sie sich die Tabelle an, die Sie ändern wollen.

   Sie sind an dieser Stelle im Transaktionsmodus, es werden also keine Änderungen an der Datenbank vorgenommen.

```
SELECT * FROM books;

+------+--------------+
| id   | title        |
+------+--------------+
|    1 | Becoming     |
|    2 | Born a Crime |
|    3 | Bossypants   |
+------+--------------+
```

3. Testen Sie die Änderung und schauen Sie, wie sie die Tabelle beeinflusst.

   Sie wollen alle Buchtitel löschen, die aus mehreren Wörtern bestehen. Die folgende `DELETE`-Anweisung löscht versehentlich die gesamte Tabelle (Sie haben ein Leerzeichen in `'%%'` vergessen). Das wollten Sie nicht!

```
DELETE FROM books WHERE title LIKE '%%';

SELECT * FROM books;

+------+--------------+
| id   | title        |
+------+--------------+
```

   Gut, dass Sie noch im Transaktionsmodus sind, die Änderung ist noch nicht dauerhaft wirksam.

4. Widerrufen Sie die Änderung mit `ROLLBACK`.

   Geben Sie kein `COMMIT` an, sondern ein `ROLLBACK`, um die Änderungen zurückzurollen. Die Tabelle wird nicht gelöscht. Nach diesem Schritt sind Sie nicht länger im Transaktionsmodus und können mit Ihren anderen Anweisungen weitermachen.

```
ROLLBACK;
```

KAPITEL 6

Datentypen

In einer SQL-Tabelle darf jede Spalte nur Werte eines einzigen Datentyps enthalten. Dieses Kapitel behandelt die üblicherweise verwendeten Datentypen und erklärt Ihnen, wie und wann diese eingesetzt werden.

Die folgende Anweisung legt drei Spalten fest und gibt die Datentypen an, die in den einzelnen Spalten gelten sollen: `id` enthält Integer-Werte, `name` enthält Werte, die aus bis zu 30 Zeichen bestehen können, und `dt` nimmt Datumswerte auf:

```
CREATE TABLE my_table (
   id INT,
   name VARCHAR(30),
   dt DATE
);
```

`INT`, `VARCHAR` und `DATE` sind nur drei der vielen Datentypen in SQL. Tabelle 6-1 listet vier Kategorien von Datentypen auf sowie gebräuchliche Unterkategorien. Es gibt unter den RDBMS große Variationen in der Syntax der Datentypen. Die Unterschiede werden in den einzelnen Abschnitten dieses Kapitels näher erläutert.

Tabelle 6-1: Datentypen in SQL

Numerisch	String	Datum/Zeit	Andere
Integer (`123`) Dezimalzahl (`1.23`) Gleitkommazahl (`1.23e10`)	Zeichen (`'hello'`) Unicode (`' 西瓜 '`)	Datum (`'2021-12-01'`) Uhrzeit (`'2:21:00'`) Datum/Zeit (`'2021-12-01 2:21:00'`)	boolescher Wert (`TRUE`) binär (Bilder, Dokumente usw.)

Tabelle 6-2 zeigt Beispielwerte für die einzelnen Datentypen, damit Sie sehen, wie diese in SQL dargestellt werden. Diese Werte werden oft als *Literale* oder *Konstanten* bezeichnet.

Tabelle 6-2: Literale in SQL

Kategorie	Unterkategorie	Beispielwerte

Numerisch	Integer	`123`
		`+123`
		`-123`

	Dezimalzahl	`123.45`
		`+123.45`
		`-123.45`

	Gleitkommazahl	`123.45E+23` `123.45e-23`
String	Zeichen	`'Danke sehr!'` `'Die Kombination ist 39-6-27.'`
	Unicode	`N'Amélie'` `N' ♥♥♥ '`
Datum/Zeit	Datum	`'2022-10-15'` `'15-OCT-2022'` *(Oracle)*

	Zeit	`'10:30:00'`
		`'10:30:00.123456'`
		`'10:30:00 -6:00'`

	Datum/Zeit	`'2022-10-15 10:30:00'` `'15-OCT-2022 10:30:00'` *(Oracle)*
Andere	boolescher Wert	`TRUE` `FALSE`
	binär (Beispielwerte sind Hexadezimalwerte)	`X'AB12'` *(MySQL, PostgreSQL)* `x'AB12'` *(MySQL, PostgreSQL)* `0xAB12` *(MySQL, SQL Server, SQLite)*

Das Literal NULL

Zellen ohne Wert werden durch das Schlüsselwort `NULL` dargestellt (auch `NULL`-Literal genannt), bei dem die Groß-/Kleinschreibung egal ist (`NULL` = `Null` = `null`).

> Sie werden oft Null-Werte in einer Tabelle sehen, doch Null selbst ist kein Datentyp. Jede numerische, String-, Datum/Zeit- oder andere Spalte kann Null-Werte in der Spalte enthalten.

Wie Sie einen Datentyp wählen

Wenn Sie sich für einen Datentyp für eine Spalte entscheiden, müssen Sie zwischen Speichergröße und Flexibilität abwägen.

Tabelle 6-3 zeigt einige Beispiele für Integer-Datentypen. Sie sehen, dass jeder Datentyp einen anderen Wertebereich zulässt und andere Anforderungen an den Speicherplatz stellt.

Tabelle 6-3: Eine Auswahl an Integer-Datentypen

Datentyp	Erlaubter Wertebereich	Speichergröße
`INT`	-2.147.483.648 bis 2.147.483.647	4 Bytes
`SMALLINT`	-32.768 bis 32.767	2 Bytes
`TINYINT`	0 to 255	1 Byte

Stellen Sie sich vor, dass Sie eine Spalte haben, in der die Anzahl der Schüler in einem Klassenraum enthalten ist:

```
15
25
50
70
100
```

Diese Spalte enthält numerische Daten, genauer gesagt Integer-Werte. Sie könnten einen der drei Integer-Datentypen aus Tabelle 6-3 wählen und dieser Spalte zuweisen.

Was für `INT` *spricht*
: Wenn Speicherplatz kein Problem darstellt, ist `INT` eine einfache und solide Wahl, die in allen RDBMS funktioniert.

Was für `TINYINT` *spricht*
: Da alle Werte zwischen 0 und 255 liegen, würde die Entscheidung für `TINYINT` Speicherplatz sparen.

Was für `SMALLINT` *spricht*
: Falls zu einem späteren Zeitpunkt höhere Schülerzahlen eingetragen werden, bietet `SMALLINT` größere Flexibilität, braucht aber immer noch weniger Platz als `INT`.

Es gibt hier keine allein richtige Antwort. Der beste Datentyp für eine Spalte hängt sowohl vom verfügbaren Speicherplatz als auch von der erforderlichen Flexibilität ab.

> Falls Sie bereits eine Tabelle erzeugt haben, aber den Datentyp für eine Spalte ändern wollen, können Sie dies tun, indem Sie das Constraint für die Spalte mit einer `ALTER TABLE`-Anweisung ändern. Mehr dazu finden Sie unter Ein Constraint modifizieren in Kapitel 5.

Numerische Daten

In diesem Abschnitt befassen wir uns mit numerischen Werten, damit Sie eine Vorstellung davon erhalten, wie diese in SQL dargestellt werden. Anschließend schauen wir uns die Integer-, Dezimal- und Gleitkommadatentypen genauer an.

Spalten mit numerischen Daten können in numerische Funktionen eingesetzt werden wie `SUM()` und `ROUND()`, die im Abschnitt Numerische Funktionen in Kapitel 7 behandelt werden.

Numerische Werte

Zu den numerischen Werten gehören Integer-Werte, Dezimalzahlen und Gleitkommazahlen.

Integer-Werte

Zahlen ohne Dezimalstellen werden als Integer behandelt. Das + ist optional.

```
123    +123    -123
```

Dezimalwerte

Dezimalwerte enthalten einen Dezimalpunkt und werden als exakte Werte gespeichert. Das + ist optional.

```
123.45   +123.45   -123.45
```

Gleitkommawerte

Gleitkommawerte verwenden eine wissenschaftliche Notation.

```
123.45E+23   123.45e-23
```

Diese Werte werden als $123{,}45 \times 10^{23}$ bzw. $123{,}45 \times 10^{-23}$ interpretiert. (Beachten Sie, dass in der mathematischen Schreibweise im deutschsprachigen Raum ein Komma als Dezimaltrennzeichen verwendet wird, SQL dagegen nutzt einen Punkt.)

> *Oracle* erlaubt ein nachfolgendes `F`, `f`, `D` oder `d`, um `FLOAT` oder `DOUBLE` (ein exakterer `FLOAT`-Wert) zu kennzeichnen:
>
> ```
> 123F   +123f   -123.45D   123.45d
> ```

Integer-Datentypen

Der folgende Code erzeugt eine Integer-Spalte:

```
CREATE TABLE my_table (
   my_integer_column INT
);

INSERT INTO my_table VALUES
   (25),
   (-525),
   (2500252);

SELECT * FROM my_table;

+-------------------+
| my_integer_column |
+-------------------+
|                25 |
|              -525 |
|           2500252 |
+-------------------+
```

Tabelle 6-4 listet für die einzelnen RDBMS die verschiedenen Integer-Datentypen auf.

Tabelle 6-4: Integer-Datentypen

RDBMS	Datentyp	Erlaubte Wertebereiche	Speichergröße
MySQL	`TINYINT`	–128 bis 127 0 bis 255 (vorzeichenlos)	1 Byte
	`SMALLINT`	–32.768 bis 32.767 0 bis 65.535 (vorzeichenlos)	2 Bytes
	`MEDIUMINT`	–8.388.608 bis 8.388.607 0 bis 16.777.215 (vorzeichenlos)	3 Bytes
	`INT` oder `INTEGER`	–2.147.483.648 bis 2.147.483.647 0 bis 4.294.967.295 (vorzeichenlos)	4 Bytes
	`BIGINT`	-2^{63} bis $2^{63} - 1$ 0 bis $2^{64} - 1$ (vorzeichenlos)	8 Bytes
Oracle	`NUMBER`	-10^{125} bis $10^{125} - 1$	1 bis 22 Bytes
PostgreSQL	`SMALLINT`	–32.768 bis 32.767	2 Bytes
	`INT` oder `INTEGER`	–2.147.483.648 bis 2.147.483.647	4 Bytes
	`BIGINT`	-2^{63} bis $2^{63} - 1$	8 Bytes
SQL Server	`TINYINT`	0 bis 255	1 Byte
	`SMALLINT`	–32.768 bis 32.767	2 Bytes
	`INT` oder `INTEGER`	–2.147.483.648 bis 2.147.483.647	4 Bytes
	`BIGINT`	-2^{63} bis $2^{63} - 1$	8 Bytes
SQLite	`INTEGER`	-2^{63} bis $2^{63} - 1$ (für größere Werte wird zum Datentyp `REAL` gewechselt)	1, 2, 3, 4, 6 oder 8 Bytes

MySQL erlaubt sowohl vorzeichenbehaftete (positive und negative Integer) als auch vorzeichenlose Bereiche (nur positive Integer). Standard ist der vorzeichenbehaftete (signed) Bereich. Um einen vorzeichenlosen (unsigned) Bereich anzugeben, schreiben Sie:

```
CREATE TABLE my_table (
  my_integer_column INT UNSIGNED
);
```

PostgreSQL besitzt einen Datentyp SERIAL, der einen automatisch inkrementierenden Integer (1, 2, 3 usw.) in einer Spalte erzeugt. Tabelle 6-5 listet die SERIAL-Optionen auf, die jeweils einen eigenen Wertebereich haben.

Tabelle 6-5: SERIAL-Optionen in PostgreSQL

Datentyp	Generierter Wertebereich	Speichergröße
SMALLSERIAL	1 bis 32.767	2 Bytes
SERIAL	1 bis 2.147.483.647	4 Bytes
BIGSERIAL	1 bis 9.223.372.036.854.775.807	8 Bytes

Dezimal-Datentypen

Dezimalzahlen werden auch als *Festkommazahlen* bezeichnet. Sie enthalten einen Dezimalpunkt und werden als exakter Wert gespeichert. Geldwerte (wie 799,95 Euro, in SQL also 799.95) werden oft als Dezimalzahl gespeichert.

Der folgende Code erzeugt eine Dezimalspalte:

```
CREATE TABLE my_table (
  my_decimal_column DECIMAL(5,2)
);

INSERT INTO my_table VALUES
  (123.45),
  (-123),
  (12.3);

SELECT * FROM my_table;

+-------------------+
| my_decimal_column |
+-------------------+
|            123.45 |
|           -123.00 |
|             12.30 |
+-------------------+
```

Beim Definieren des Datentyps `DECIMAL(5,2)` gilt:

- `5` ist die maximale Anzahl an *Ziffern*, die gespeichert werden. Dies nennt man die *Präzision*.
- `2` ist die Anzahl der Ziffern *rechts vom Dezimalpunkt*. Dies ist die sogenannte *Skala* (weil damit die Zahl quasi skaliert werden kann).

Tabelle 6-6 listet für die einzelnen RDBMS die unterschiedlichen Dezimal-Datentypen auf.

Tabelle 6-6: Dezimal-Datentypen

RDBMS	Datentyp	Maximal erlaubte Ziffernzahl	Vorgabe
MySQL	`DECIMAL` oder `NUMERIC`	Gesamt: 65 nach dem Dezimalpunkt: 30	`DECIMAL(10,0)`
Oracle	`NUMBER`	Gesamt: 38 nach dem Dezimalpunkt: –84 bis 127 (negativ bedeutet vor dem Dezimalpunkt)	0 Ziffern nach dem Dezimalpunkt
PostgreSQL	`DECIMAL` oder `NUMERIC`	vor dem Dezimalpunkt: 131.072 nach dem Dezimalpunkt: 16.383	`DECIMAL(30,6)`
SQL Server	`DECIMAL` oder `NUMERIC`	Gesamt: 38 nach dem Dezimalpunkt: 38	`DECIMAL(18,0)`
SQLite	`NUMERIC`	keine Eingaben	keine Vorgaben

Gleitkommadatentypen

Gleitkommazahlen sind ein Konzept aus der Informatik. Wenn eine Zahl viele Stellen entweder vor oder nach einem Dezimalpunkt aufweist, dann speichern Gleitkommazahlen nicht alle Ziffern, sondern nur einen Teil von ihnen, um Platz zu sparen.

- Zahl: `1234.56789`
- Gleitkommazahlnotation: `1.23 x 10^3`

Sie sehen, dass der Dezimalpunkt ein paar Stellen nach links »geglitten« ist und ein *genäherter* Wert (`1.23`) anstelle des kompletten Originalwerts (`1234.56789`) gespeichert wurde.

Es gibt zwei Gleitkommadatentypen:

- *Einfache Genauigkeit*: Die Zahl wird mit wenigstens 6 Stellen dargestellt, wobei der vollständige Bereich von etwa 1E–38 bis 1E+38 verläuft.
- *Doppelte Genauigkeit*: Die Zahl wird mit wenigstens 15 Stellen repräsentiert, wobei der vollständige Bereich von etwa 1E–308 bis 1E+308 verläuft.

Der folgende Code erzeugt eine Gleitkommaspalte mit einfacher Genauigkeit (`FLOAT`) sowie eine Gleitkommaspalte mit doppelter Genauigkeit (`DOUBLE`):

```
CREATE TABLE my_table (
   my_float_column FLOAT,
   my_double_column DOUBLE
);

INSERT INTO my_table VALUES
   (123.45, 123.45),
   (-12345.6789, -12345.6789),
   (1234567.890123456789, 1234567.890123456789);

SELECT * FROM my_table;

+-----------------+--------------------+
| my_float_column | my_double_column   |
+-----------------+--------------------+
|          123.45 |             123.45 |
|        -12345.7 |        -12345.6789 |
|         1234570 | 1234567.8901234567 |
+-----------------+--------------------+
```

Da Gleitkommadaten nur Näherungswerte speichern, kann es bei Vergleichen und Berechnungen zu Ungenauigkeiten kommen.

Falls Ihre Daten immer die gleiche Anzahl an Dezimalstellen haben, ist es besser, statt eines Gleitkommadatentyps einen Festkommadatentyp wie `DECIMAL` zu verwenden, um die exakten Werte abzulegen.

Tabelle 6-7 listet für die einzelnen RDBMS die verschiedenen Gleitkommadatentypen auf.

Tabelle 6-7: Gleitkommadatentypen

RDBMS	Datentyp	Eingabebereich	Speichergröße
MySQL	`FLOAT`	0 bis 23 Bits	4 Bytes
	`FLOAT`	24 bis 53 Bits	8 Bytes
	`DOUBLE`	0 bis 53 Bits	8 Bytes
Oracle	`BINARY_FLOAT`	keine Eingaben	4 Bytes
	`BINARY_DOUBLE`	keine Eingaben	8 Bytes
PostgreSQL	`REAL`	keine Eingaben	4 Bytes
	`DOUBLE PRECISION`	keine Eingaben	8 Bytes
SQL Server	`REAL`	keine Eingaben	4 Bytes
	`FLOAT`	1 bis 24 Bits	4 Bytes
	`FLOAT`	25 bis 53 Bits	8 Bytes
SQLite	`REAL`	keine Eingaben	8 Bytes

Oracles `FLOAT`-Datentyp ist *keine* Gleitkommazahl. Stattdessen ist `FLOAT` äquivalent zu `NUMERIC`, einer Dezimalzahl. Als Gleitkommadatentyp sollten Sie stattdessen `BINARY_FLOAT` oder `BINARY_DOUBLE` verwenden.

Bits versus Bytes versus Ziffern

1 *Bit* ist die kleinste Speichereinheit. Es kann den Wert `0` oder `1` haben.

1 *Byte* besteht aus 8 Bits. Beispiel-Byte: `10101010`.

Jedes Zeichen wird durch ein Byte repräsentiert. Die *Ziffer* `7` ist gleich `00000111` in Byte-Form.

String-Daten

In diesem Abschnitt stelle ich Ihnen String-Werte vor, damit Sie eine Vorstellung davon erhalten, wie diese in SQL repräsentiert werden.

Anschließend schauen wir uns Zeichen- und Unicode-Datentypen genauer an.

Spalten mit String-Daten können in String-Funktionen wie `LENGTH()` und `REGEXP()` (regulärer Ausdruck) eingegeben werden, die im Abschnitt »String-Funktionen« in Kapitel 7 behandelt werden.

String-Werte

String-Werte sind Abfolgen von Zeichen einschließlich Buchstaben, Zahlen und Sonderzeichen.

String-Grundlagen

Standardmäßig werden String-Werte in einfache Anführungszeichen eingeschlossen:

```
'Dies ist ein String.'
```

Benutzen Sie zwei benachbarte einfache Anführungszeichen, wenn Sie ein einfaches Anführungszeichen in einen String einbetten müssen:

```
'You''re welcome.'
```

SQL behandelt die zwei benachbarten einfachen Anführungszeichen innerhalb des Strings als ein Anführungszeichen und gibt zurück:

```
'You're welcome.'
```

> Es ist eine gute Angewohnheit, einfache Anführungszeichen (`''`) zu nutzen, um String-Werte einzuschließen, doppelte Anführungszeichen (`""`) dagegen, um Bezeichner einzuschließen (Namen von Tabellen, Spalten usw.).

Alternativen zu einfachen Anführungszeichen

Falls Ihr Text viele einfache Anführungszeichen enthält und Sie ein anderes Zeichen verwenden wollen, um einen String zu kennzeichnen, ist das in Oracle und PostgreSQL möglich.

Oracle erlaubt Ihnen, einem String ein `Q` oder `q` voranzustellen, gefolgt von einem beliebigen Zeichen, dann folgt der String und dann noch einmal das Zeichen:

```
Q'[Dies ist ein String.]'
q'[Dies ist ein String.]'
Q'|Dies ist ein String.|'
```

PostgreSQL erlaubt Ihnen, einen Text mit zwei Dollarzeichen und einem optionalen Tag-Namen zu umgeben:

```
$$Dies ist ein String.$$
$mytag$Dies ist ein String.$mytag$
```

Escape-Folgen

MySQL und PostgreSQL unterstützen *Escape-Folgen* oder eine besondere Abfolge von Text, die eine Bedeutung hat. Tabelle 6-8 listet gebräuchliche Escape-Folgen auf.

Tabelle 6-8: Gebräuchliche Escape-Folgen

Escape-Folge	Beschreibung
`\'`	einfaches Anführungszeichen
`\t`	Tab
`\n`	Newline
`\r`	Carriage Return
`\b`	Backspace
`\\`	Backslash

MySQL erlaubt Ihnen, mithilfe des Zeichens \ Escape-Folgen in einen String einzufügen:

```
SELECT 'hello', 'he\'llo', '\thello';

+-------+--------+-----------+
| hello | he'llo |     hello |
+-------+--------+-----------+
```

PostgreSQL erlaubt Ihnen, Escape-Folgen in Strings einzufügen, wenn dem gesamten String ein `E` oder e vorangestellt ist:

```
SELECT 'hello', E'he\'llo', e'\thello';

----------+---------+--------------
 hello    | he'llo  |         hello
```

Escape-Folgen gelten nur für Strings, die von einfachen Anführungszeichen eingeschlossen sind, und nicht für Strings, die von Dollarzeichen eingeschlossen sind.

Zeichendatentypen

Die gebräuchlichste Methode, um String-Werte aufzunehmen, bieten Zeichendatentypen. Der folgende Code erzeugt eine variable Zeichenspalte, die bis zu 50 Zeichen zulässt:

```
CREATE TABLE my_table (
   my_character_column VARCHAR(50)
);

INSERT INTO my_table VALUES
   ('Hier ist etwas Text.'),
   ('Und ein paar Zahlen - 1 2 3 4 5'),
   ('Und Interpunktion! :)');

SELECT * FROM my_table;

+---------------------------------+
| my_character_column             |
+---------------------------------+
| Hier ist etwas Text.            |
| Und ein paar Zahlen - 1 2 3 4 5 |
| Und Interpunktion! :)           |
+---------------------------------+
```

Es gibt drei wesentliche Zeichendatentypen:

`VARCHAR` *(variable Zeichen)*
: Dies ist der beliebteste String-Datentyp. Wenn der Datentyp `VARCHAR(50)` ist, erlaubt die Spalte bis zu 50 Zeichen. Mit anderen Worten, die String-Länge ist variabel.

`CHAR` *(Zeichen)*
: Ist der Datentyp `CHAR(5)`, hat jeder Wert in der Spalte exakt 5 Zeichen. Der String hat also eine feste Länge. Daten werden rechts mit Leerzeichen aufgefüllt, um genau die angegebene Länge zu erreichen. Zum Beispiel würde `'hi'` als `'hi   '` gespeichert werden.

`TEXT`
: Anders als `VARCHAR` und `CHAR` erfordert `TEXT` keine Eingaben. Das bedeutet, dass Sie keine Länge für den Text angeben müssen. Das ist nützlich beim Speichern von langen Strings wie einem ganzen Textabsatz oder noch mehr.

Tabelle 6-9 listet für jedes RDBMS die möglichen Zeichendatentypen auf.

Tabelle 6-9: Zeichendatentypen

RDBMS	Datentyp	Eingabebereich	Vorgabe	Speichergröße
MySQL	`CHAR`	0 bis 255 Zeichen	`CHAR(1)`	variiert
	`VARCHAR`	0 bis 65.535 Zeichen	Eingabe erforderlich	variiert
	`TINYTEXT`	keine Eingaben	keine Eingaben	255 Bytes
	`TEXT`	keine Eingaben	keine Eingaben	65.535 Bytes
	`MEDIUMTEXT`	keine Eingaben	keine Eingaben	16.777.215 Bytes
	`LARGETEXT`	keine Eingaben	keine Eingaben	4.294.967.295 Bytes
Oracle	`CHAR`	1 bis 2.000 Zeichen	`CHAR(1)`	variiert
	`VARCHAR2`	1 bis 4.000 Zeichen	Eingabe erforderlich	variiert
	`LONG`	keine Eingaben	keine Eingaben	2 GB

Tabelle 6-9: Zeichendatentypen (Fortsetzung)

RDBMS	Datentyp	Eingabebereich	Vorgabe	Speichergröße
PostgreSQL	CHAR	1 bis 10.485.760 Zeichen	CHAR(1)	variiert
	VARCHAR	1 bis 10.485.760 Zeichen	Eingabe erforderlich	variiert
	TEXT	keine Eingaben	keine Eingaben	variiert
SQL Server	CHAR	1 bis 8.000 Bytes	Eingabe erforderlich	variiert
	VARCHAR	1 bis 8.000 Bytes oder max	Eingabe erforderlich	variiert oder bis zu 2 GB
	TEXT	keine Eingaben	keine Eingaben	2.147.483.647 Bytes
SQLite	TEXT	keine Eingaben	keine Eingaben	variiert

Typischerweise wird *Oracles* VARCHAR2 statt VARCHAR genutzt. Sie sind in Bezug auf die Funktionalität identisch, doch VARCHAR könnte irgendwann verändert werden, sodass es sicherer ist, VARCHAR2 zu verwenden.

Unicode-Datentypen

Zeichendatentypen werden üblicherweise als *ASCII*-Daten gespeichert, können aber auch als *Unicode*-Daten abgelegt werden, wenn eine größere Zeichenbibliothek erforderlich ist.

ASCII- versus Unicode-Codierung

Es gibt viele Möglichkeiten, Daten zu *codieren* oder, um es anders auszudrücken, Daten in Nullen (0) und Einsen (1) zu verwandeln, damit ein Computer sie verstehen kann. Die von SQL verwendete

Standardcodierung wird *ASCII* (*American Standard Code for Information Interchange*) genannt.

Mit ASCII gibt es $2^8 = 128$ Zeichen, die in eine Folge von acht Nullen und Einsen umgewandelt werden. So wird zum Beispiel das Zeichen ! auf `00100001` abgebildet. Diese acht Nullen und Einsen werden als ein *Byte* Daten bezeichnet.

Neben ASCII gibt es weitere Codierungsarten, wie etwa *UTF* (*Unicode Transformation Format*). Mit Unicode gibt es 2^{21} Zeichen:

- Die ersten 2^8 sind dieselben wie bei ASCII (! = `100001`).
- Darüber hinaus gibt es noch asiatische Zeichen, mathematische Symbole, Emojis usw.
- Nicht alle Zeichen haben bereits zugewiesene Werte.

Der folgende Code zeigt den Unterschied zwischen den (Unicode-) Datentypen `VARCHAR` und `NVARCHAR`:

```
CREATE TABLE my_table (
   ascii_text VARCHAR(10),
   unicode_text NVARCHAR(10)
);

INSERT INTO my_table VALUES
   ('abc', 'abc'),
   (N'赵欣婉', N'赵欣婉');

SELECT * FROM my_table;

+------------+--------------+
| ascii_text | unicode_text |
+------------+--------------+
| abc        | abc          |
| ???        | 赵欣婉       |
+------------+--------------+
```

Wenn Unicode-Daten aus einer Textdatei in eine `NVARCHAR`-Spalte eingefügt werden, benötigen die Unicode-Werte in der Textdatei nicht das Präfix `N`.

Tabelle 6-10 listet für die einzelnen RDBMS die möglichen Unicode-Datentypen auf.

Tabelle 6-10: Unicode-Datentypen

RDBMS	Datentyp	Beschreibung
MySQL	NCHAR	Wie CHAR, aber für Unicode-Daten.
	NVARCHAR	Wie VARCHAR, aber für Unicode-Daten.
Oracle	NCHAR	Wie CHAR, aber für Unicode-Daten.
	NVARCHAR2	Wie VARCHAR2, aber für Unicode-Daten.
PostgreSQL	CHAR	CHAR unterstützt Unicode-Daten.
	VARCHAR	VARCHAR unterstützt Unicode-Daten.
SQL Server	NCHAR	Wie CHAR, aber für Unicode-Daten.
	NVARCHAR	Wie VARCHAR, aber für Unicode-Daten.
SQLite	TEXT	TEXT unterstützt Unicode-Daten.

Datum/Zeit-Daten

Dieser Abschnitt stellt Ihnen Datum/Zeit-Werte vor, sodass Sie eine Vorstellung davon bekommen, wie diese in SQL dargestellt werden. Anschließend wird ausführlich auf die entsprechenden Datentypen in den einzelnen RDBMS eingegangen.

Spalten mit Datum/Zeit-Daten können in Datum/Zeit-Funktionen wie `DATEDIFF()` und `EXTRACT()` eingegeben werden, die im Abschnitt »Datum/Zeit-Funktionen« auf Seite 213 in Kapitel 7 behandelt werden.

Datum/Zeit-Werte

Datum/Zeit-Werte können in Form von Datumsangaben, Uhrzeiten oder einer Kombination daraus vorliegen.

Datumswerte

Eine Datumsspalte sollte Datumswerte im Format *YYYY-MM-DD* aufweisen. In *Oracle* ist das vorgegebene Format *DD-MON-YYYY*.

Der 15. Oktober 2022 wird so geschrieben:

```
'2022-10-15'
```

In *Oracle* sieht der 15. Oktober 2022 so aus:

```
'15-OCT-2022'
```

Wenn Sie einen Datumswert in einer Abfrage referenzieren, müssen Sie dem String entweder ein `DATE`- oder ein `CAST`-Schlüsselwort voranstellen, um SQL mitzuteilen, dass es sich um ein Datum handelt, wie in Tabelle 6-11 gezeigt.

Tabelle 6-11: Ein Datum in einer Abfrage referenzieren

RDBMS	Code

MySQL	`SELECT DATE '2021-02-25';`
	`SELECT DATE('2021-02-25');`
	`SELECT CAST('2021-02-25' AS DATE);`

Oracle	`SELECT DATE '2021-02-25' FROM dual;` `SELECT CAST('25-FEB-2021' AS DATE) FROM dual;`

PostgreSQL	`SELECT DATE '2021-02-25';`
	`SELECT DATE('2021-02-25');`
	`SELECT CAST('2021-02-25' AS DATE);`

SQL Server	`SELECT CAST('2021-02-25' AS DATE);`
SQLite	`SELECT DATE('2021-02-25');`

In *Oracle* unterscheidet sich das Datumsformat nach dem Schlüsselwort `DATE` vom Datumsformat in der Funktion `CAST`.

Und ebenfalls in *Oracle* müssen Sie beim Durchführen einer Berechnung oder beim Nachschlagen einer Systemvariablen, die nur eine `SELECT`-Klausel enthält, an das Ende der Abfrage `FROM dual` anhängen. `dual` ist eine Dummy-Tabelle, die nur einen einzigen Wert enthält.

```
SELECT DATE '2021-02-25' FROM dual;
SELECT CURRENT_DATE FROM dual;
```

Wenn eine Spalte Datumsangaben eines anderen Formats enthält, wie etwa *MM/DD/YY*, können Sie eine String-zu-Datum-Funktion anwenden, damit SQL dies als Datum erkennt.

Zeitwerte

Eine Zeitspalte sollte Zeitwerte im Format *hh:mm:ss* enthalten. 10:30 Uhr wird geschrieben als:

```
'10:30:00'
```

Sie können die Sekunden noch kleinteiliger angeben, nämlich mit bis zu sechs Dezimalstellen:

```
'10:30:12.345678'
```

Es ist außerdem möglich, eine Zeitzone hinzuzufügen. Die *Central Standard Time* (die Zeitzone, die sich z.B. durch viele Staaten des kanadischen und US-amerikanischen Mittleren Westens und Südens sieht) z.B. ist bekannt als `UTC-06:00`:

```
'10:30:12.345678 -06:00'
```

Wenn Sie in einer Abfrage einen Zeitwert referenzieren, müssen Sie dem String entweder ein `TIME`- oder ein `CAST`-Schlüsselwort voranstellen, um SQL mitzuteilen, dass es sich um eine Zeit handelt, wie in Tabelle 6-12 gezeigt.

Tabelle 6-12: Eine Zeit in einer Abfrage referenzieren

RDBMS	Code

MySQL	`SELECT TIME '10:30';`
	`SELECT TIME('10:30');`
	`SELECT CAST('10:30' AS TIME);`

Oracle	`SELECT TIME '10:30:00' FROM dual;` `SELECT CAST('10:30' AS TIME) FROM dual;`
PostgreSQL	`SELECT TIME '10:30';` `SELECT CAST('10:30' AS TIME);`
SQL Server	`SELECT CAST('10:30' AS TIME);`
SQLite	`SELECT TIME('10:30');`

> In *Oracle* muss das Zeitformat nach dem Schlüsselwort TIME auch Sekunden enthalten.

Enthält eine Spalte Zeiten eines anderen Formats, wie etwa *mmss*, können Sie eine String-zu-Zeit-Funktion anwenden, damit SQL dies als Zeit erkennt.

Datums- und Zeitwerte

Eine Datum/Zeit-Spalte sollte Datum/Zeit-Werte im Format *YYYY-MM-DD hh:mm:ss* enthalten. In *Oracle* ist das vorgegebene Format *DD-MON-YYYY hh:mm:ss*.

Der 15. Oktober 2022, 10:30 Uhr, wird so geschrieben:

```
'2022-10-15 10:30'
```

In *Oracle* sieht 10:30 Uhr am 15. Oktober 2022 so aus:

```
'15-OCT-2022 10:30'
```

Wenn Sie einen Datum/Zeit-Wert in einer Abfrage referenzieren, müssen Sie dem String ein DATETIME-, TIMESTAMP- oder CAST-Schlüsselwort voranstellen, um SQL mitzuteilen, dass es sich um einen Datum/Zeit-Wert handelt, wie in Tabelle 6-13 gezeigt.

Tabelle 6-13: Einen Datum/Zeit-Wert in einer Abfrage referenzieren

RDBMS	Code
MySQL	SELECT TIMESTAMP '2021-02-25 10:30'; SELECT TIMESTAMP('2021-02-25 10:30'); SELECT CAST('2021-02-25 10:30' AS DATETIME);
Oracle	SELECT TIMESTAMP '2021-02-25 10:30:00' FROM dual; SELECT CAST('25-FEB-2021 10:30' AS TIMESTAMP) FROM dual;
PostgreSQL	SELECT TIMESTAMP '2021-02-25 10:30'; SELECT CAST('2021-02-25 10:30' AS TIMESTAMP);
SQL Server	SELECT CAST('2021-02-25 10:30' AS DATETIME);
SQLite	SELECT DATETIME('2021-02-25 10:30');

> In *MySQL* lautet das Schlüsselwort `TIMESTAMP`, allerdings ist der Datentyp `DATETIME` in der `CAST`-Funktion.
>
> In *Oracle* ist das Datumsformat nach dem Schlüsselwort `TIMESTAMP` anders als das Datumsformat in der `CAST`-Funktion. Außerdem muss das Zeitformat nach dem Schlüsselwort `TIMESTAMP` Sekunden enthalten, was in der `CAST`-Funktion nicht erforderlich ist.

Wenn eine Spalte Datum/Zeit-Werte in einem anderen Format enthält, wie etwa *MM/DD/YY mm:ss*, können Sie eine String-zu-Datum- oder String-zu-Zeit-Funktion anwenden, damit SQL dies als Datum/Zeit erkennt.

Datum/Zeit-Datentypen

Es gibt viele Möglichkeiten, Datum/Zeit-Werte zu speichern. Da die Datentypen so stark variieren, gibt es in diesem Abschnitt für jedes RDBMS einen eigenen Unterabschnitt.

MySQL-Datum/Zeit-Datentypen

Der folgende Code erzeugt fünf unterschiedliche Datum/Zeit-Spalten:

```
CREATE TABLE my_table (
   dt DATE,
   tm TIME,
   dttm DATETIME,
   ts TIMESTAMP DEFAULT CURRENT_TIMESTAMP,
   yr YEAR
);

INSERT INTO my_table (dt, tm, dttm, yr)
   VALUES ('21-7-4', '6:30',
           2021, '2021-12-25 7:00:01');

+------------+----------+---------------------+
| dt         | tm       | dttm                |
+------------+----------+---------------------+
| 2021-07-04 | 06:30:00 | 2021-12-25 07:00:01 |
+------------+----------+---------------------+
```

```
+---------------------+------+
| ts                  | yr   |
+---------------------+------+
| 2021-01-29 12:56:20 | 2021 |
+---------------------+------+
```

Tabelle 6-14 listet die gebräuchlichen Datum/Zeit-Datentypoptionen in MySQL auf.

Tabelle 6-14: MySQL-Datum/Zeit-Datentypen

Datentyp	Format	Bereich
DATE	YYYY-MM-DD	1000-01-01 bis 9999-12-31
TIME	hh:mm:ss	–838:59:59 bis 838:59:59
DATETIME	YYYY-MM-DD hh:mm:ss	1000-01-01 00:00:00 bis 9999-12-31 23:59:59
TIMESTAMP	YYYY-MM-DD hh:mm:ss	1970-01-01 00:00:01 UTC bis 2038-01-19 03:14:07 UTC
YEAR	YYYY	0000 bis 9999

> Sowohl `DATETIME` als auch `TIMESTAMP` speichern Datums- und Zeitangaben. Der Unterschied zwischen beiden besteht darin, dass `DATETIME` keine Zeitzone umfasst, während `TIMESTAMP` Unix-Werte (einen speziellen Punkt in der Zeit) speichert, der oft verwendet wird, wenn ein Datensatz erzeugt oder aktualisiert wird.

Oracle-Datum/Zeit-Datentypen

Der folgende Code erzeugt vier unterschiedliche Datum/Zeit-Spalten:

```
CREATE TABLE my_table (
   dt DATE,
   ts TIMESTAMP,
   ts_tz TIMESTAMP WITH TIME ZONE,
   ts_lc TIMESTAMP WITH LOCAL TIME ZONE
);

INSERT INTO my_table VALUES (
   '4-Jul-21', '4-Jul-21 6:30',
   '4-Jul-21 6:30:45AM CST', '4-Jul-21 6:30'
);
```

```
DT           TS
------------ ------------------------------
04-JUL-21    04-JUL-21 06.30.00.000000 AM

TS_TZ
-------------------------------------
04-JUL-21 06.30.45.000000 AM CST

TS_LC
------------------------------
04-JUL-21 06.30.00.000000 AM
```

Tabelle 6-15 listet gebräuchliche Datum/Zeit-Datentypoptionen in Oracle auf.

Tabelle 6-15: Oracle-Datum/Zeit-Datentypen

Datentyp	Beschreibung
DATE	Kann entweder nur das Datum oder das Datum und die Zeit speichern, wenn das `NLS_DATE_FORMAT` aktualisiert wird.
TIMESTAMP	Wie `DATE`, fügt aber noch Sekundenbruchteile hinzu (Vorgabe sind sechs Stellen, das kann aber auf bis zu neun Stellen hinter dem Dezimalpunkt erweitert werden).
TIMESTAMP WITH TIME ZONE	Wie `TIMESTAMP`, fügt aber die Zeitzone hinzu.
TIMESTAMP WITH LOCAL TIME ZONE	Wie `TIMESTAMP WITH TIME ZONE`, passt sich aber an die örtliche Zeitzone des Benutzers an.

Prüfen der Datum/Zeit-Formate in Oracle

Der folgende Code prüft die aktuellen Datums- und Zeitstempelformate:

```
SELECT value
FROM nls_session_parameters
WHERE parameter in ('NLS_DATE_FORMAT',
                    'NLS_TIMESTAMP_FORMAT');

VALUE
---------------------------
DD-MON-RR
DD-MON-RR HH.MI.SSXFF AM
```

Um das Datums- oder Zeitstempelformat zu ändern, verwenden Sie die Parameter NLS_DATE_FORMAT oder NLS_TIMESTAMP_FORMAT.

Der folgende Code ändert das aktuelle NLS_DATE_FORMAT = DD-MON-RR so, dass auch die Zeit enthalten ist:

```
ALTER SESSION
SET NLS_DATE_FORMAT = 'YYYY-MM-DD HH:MI:SS';
```

Andere gebräuchliche Symbole für Datum und Zeit, wie YYYY für das Jahr und HH für die Stunde, sind in Tabelle 7-27 zu finden.

PostgreSQL-Datum/Zeit-Datentypen

Der folgende Code erzeugt fünf unterschiedliche Datum/Zeit-Spalten:

```
CREATE TABLE my_table (
   dt DATE,
   tm TIME,
   tm_tz TIME WITH TIME ZONE,
   ts TIMESTAMP,
   ts_tz TIMESTAMP WITH TIME ZONE
);

INSERT INTO my_table VALUES (
   '2021-7-4', '6:30', '6:30 CST',
   '2021-12-25 7:00:01', '2021-12-25 7:00:01 CST'
);

     dt     |    tm    |    tm_tz    |
------------+----------+-------------+
 2021-07-04 | 06:30:00 | 06:30:00-06 |

         ts          |         ts_tz
---------------------+------------------------
 2021-12-25 07:00:01 | 2021-12-25 07:00:01-06
```

Tabelle 6-16 listet die gebräuchlichen Datum/Zeit-Datentypoptionen in PostgreSQL auf.

Tabelle 6-16: PostgreSQL-Datum/Zeit-Datentypen

Datentyp	Format	Bereich
DATE	YYYY-MM-DD	4713 v. u. Z. bis 5874897 n. u. Z.

Tabelle 6-16: PostgreSQL-Datum/Zeit-Datentypen (Fortsetzung)

Datentyp	Format	Bereich
TIME	hh:mm:ss	00:00:00 bis 24:00:00
TIME WITH TIME ZONE	hh:mm:ss+tz	00:00:00+1459 bis 24:00:00–1459
TIMESTAMP	YYYY-MM-DD hh:mm:ss	4713 v. u. Z. bis 294276 n. u. Z.
TIMESTAMP WITH TIME ZONE	YYYY-MM-DD hh:mm:ss+tz	4713 v. u. Z. bis 294276 n. u. Z.

SQL-Server-Datum/Zeit-Datentypen

Der folgende Code erzeugt sechs unterschiedliche Datum/Zeit-Spalten:

```
CREATE TABLE my_table (
   dt DATE,
   tm TIME,
   dttm_sm SMALLDATETIME,
   dttm DATETIME,
   dttm2 DATETIME2,
   dttm_off DATETIMEOFFSET
);

INSERT INTO my_table VALUES (
   '2021-7-4', '6:30', '2021-12-25 7:00:01',
   '2021-12-25 7:00:01', '2021-12-25 7:00:01',
   '2021-12-25 7:00:01-06:00'
);

dt            tm
------------- --------------------
2021-07-04    06:30:00.00000000

dttm_sm
-----------------------
2021-12-25 07:00:00

dttm
---------------------------
2021-12-25 07:00:01.000
```

```
dttm2
-----------------------------
2021-12-25 07:00:01.0000000

dttm_off
-----------------------------------
2021-12-25 07:00:01.0000000 -06:00
```

Tabelle 6-17 listet gebräuchliche Datum/Zeit-Datentypoptionen in SQL Server auf.

Tabelle 6-17: SQL-Server-Datum/Zeit-Datentypen

Datentyp	Format	Bereich
DATE	YYYY-MM-DD	0001-01-01 bis 9999-12-31
TIME	hh:mm:ss	00:00:00.0000000 bis 23:59:59.9999999
SMALLDATETIME	YYYY-MM-DD hh:mm:ss	*Datum*: 1900-01-01 bis 2079-06-06 *Zeit*: 0:00:00 bis 23:59:59
DATETIME	YYYY-MM-DD hh:mm:ss	*Datum*: 1753-01-01 bis 9999-12-31 *Zeit*: 00:00:00 bis 23:59:59.999
DATETIME2	YYYY-MM-DD hh:mm:ss	*Datum*: 0001-01-01 bis 9999-12-31 *Zeit*: 00:00:00 bis 23:59:59.9999999
DATETIMEOFFSET	YYYY-MM-DD hh:mm:ss +hh:mm	Der Zeitzonen-Offset reicht von –12:00 bis +14:00.

SQLite-Datum/Zeit-Datentypen

SQLite besitzt keinen Datum/Zeit-Datentyp. Stattdessen können `TEXT`, `REAL` oder `INTEGER` verwendet werden, um Datum/Zeit-Werte zu speichern.

Auch wenn es keine speziellen Datum/Zeit-Datentypen in SQLite gibt, erlauben Ihnen Datum/Zeit-Funktionen wie z.B. `DATE()`, `TIME()` und `DATETIME()`, mit Datums- und Zeitangaben in SQLite zu arbeiten.

Näheres dazu finden Sie im Abschnitt »Datum/Zeit-Funktionen« in Kapitel 7.

Der folgende Code zeigt drei Möglichkeiten, Datum/Zeit-Werte in SQLite zu speichern:

```
CREATE TABLE my_table (
   dt_text TEXT,
   dt_real REAL,
   dt_integer INTEGER
);

INSERT INTO my_table VALUES (
   '2021-12-25 7:00:01',
   '2021-12-25 7:00:01',
   '2021-12-25 7:00:01'
);

dt_text|dt_real
2021-12-25 7:00:01|2021-12-25 7:00:01

dt_integer
2021-12-25 7:00:01
```

Tabelle 6-18 listet die Datum/Zeit-Datentypoptionen in SQLite auf.

Tabelle 6-18: SQLite-Datum/Zeit-Datentypen

Datentyp	Beschreibung
TEXT	gespeichert als String im Format *YYYY-MM-DD HH:MM:SS.SSS*
REAL	gespeichert als Tagesnummer im julianischen Kalender; damit ist die Anzahl der Tage seit 12 Uhr mittags am 24. November 4714 v. u. Z. in Greenwich gemeint
INTEGER	gespeichert als Unix-Zeit, also Anzahl der Sekunden seit 1970-01-01 00:00:00 UTC

Andere Daten

Es gibt noch viele andere Datentypen in SQL, darunter auch solche, die nur in bestimmten RDBMS gelten.

Einige von ihnen fallen in eine der vorhandenen Kategorien von Datentypen, erfassen aber detailliertere Daten, wie etwa der numerische Typ `MONEY` oder der Datum/Zeit-Typ `INTERVAL`.

Andere halten komplexere Daten fest, etwa räumlich-geografische Daten, die einen bestimmten Ort auf der Erde kennzeichnen, oder Webdaten, die in JSON/XML-Formaten gespeichert sind.

Dieser Abschnitt behandelt zwei zusätzliche Datentypen: boolesche Daten und Daten aus externen Dateien.

Boolesche Daten

Die zwei booleschen Werte sind TRUE und FALSE. Sie achten nicht auf Groß- und Kleinschreibung und sollten ohne Anführungszeichen geschrieben werden:

```
SELECT TRUE, True, FALSE, False;

+------+------+-------+-------+
|    1 |    1 |     0 |     0 |
+------+------+-------+-------+
```

Boolesche Datentypen

MySQL, *PostgreSQL* und *SQLite* unterstützen boolesche Datentypen. Der folgende Code erzeugt eine boolesche Spalte:

```
CREATE TABLE my_table (
   my_boolean_column BOOLEAN
);

INSERT INTO my_table VALUES
   (TRUE),
   (false),
   (1);

SELECT * FROM my_table;

+-------------------+
| my_boolean_column |
+-------------------+
|                 1 |
|                 0 |
|                 1 |
+-------------------+
```

Oracle und *SQL Server* besitzen keine booleschen Datentypen, aber dafür gibt es Hilfskonstruktionen:

- Benutzen Sie in *Oracle* den Datentyp `CHAR(1)`, um die Werte `'T'` und `'F'`, oder den Datentyp `NUMBER(1)`, um die Werte `1` und `0` aufzunehmen.
- Benutzen Sie in *SQL Server* den Datentyp `BIT`, der die Werte `1`, `0` und `NULL` enthalten kann.

Externe Dateien (Bilder, Dokumente usw.)

Falls Sie vorhaben, Bilder (*.jpg*, *.png* usw.) oder Dokumente (*.doc*, *.pdf* usw.) in eine Spalte mit Daten aufzunehmen, haben Sie zwei Möglichkeiten: Sie können Links auf die Dateien speichern (das ist der gebräuchlichere Weg), oder Sie können die Dateien als Binärwerte speichern.

Herangehensweise 1: Links auf die Dateien speichern

Dies wird üblicherweise empfohlen, falls Ihre Dateien jeweils mehr als 1 MB groß sind. Zum Vergleich: Ein durchschnittliches iPhone-Foto ist mehrere Megabytes groß.

Die Dateien würden außerhalb der Datenbank abgelegt werden, was die Last auf der Datenbank verringert und oft zu einer besseren Leistung führt.

Schritte zum Speichern von Links auf Dateien:

1. Ermitteln Sie die Pfadnamen der Dateien im Dateisystem (*/Users/images/img_001.jpg*).
2. Legen Sie eine Spalte an, die Strings speichert, wie etwa `VARCHAR(100)`.
3. Fügen Sie die Pfadnamen in die Spalte ein.

Herangehensweise 2: Die Dateien als Binärwerte speichern

Das wird üblicherweise empfohlen, sofern die Dateien kleiner sind.

Die Dateien würden in der Datenbank gespeichert werden, was Dinge wie die Sicherung der Daten vereinfacht.

Schritte zum Speichern von Binärwerten:

1. Konvertieren Sie die Dateien in binäre Werte (wenn Sie eine Binärdatei öffnen, sieht sie aus wie eine zufällige Abfolge von Zeichen, wie etwa `™/≈ jhJcE Ät, ÷mfPfõrà`).
2. Legen Sie eine Spalte an, die Binärwerte speichert, wie `BLOB`.
3. Fügen Sie die Binärwerte in die Spalte ein.

Binär- und Hexadezimalwerte

Binärwerte repräsentieren die rohen Werte, die ein Computer interpretiert. Sie werden oft in einer kompakteren, vom Menschen lesbaren Form angezeigt, die *hexadezimal* genannt wird.

- Zeichen: `a`
- Äquivalenter Binärwert: `01100001`
- Äquivalenter Hexadezimalwert: `61`

Hexadezimalwerte konvertieren die Einsen (1) und Nullen (0) in ein Zahlensystem aus 16 Symbolen (0–9 und A–F). Ihnen wird `X`, `x` oder `0x` vorangestellt:

```
SELECT X'AF12', x'AF12', 0xAF12;

+----------+----------+--------+
| 0xAF12   | 0xAF12   | 0xAF12 |
+----------+----------+--------+
```

MySQL unterstützt alle drei Formate. *PostgreSQL* unterstützt die ersten zwei Formate. *SQL Server* und *SQLite* unterstützen das dritte Format.

In *Oracle* ist es zwar nicht so einfach, einen Hexadezimalwert anzuzeigen, aber Sie können die Funktion `TO_NUMBER` verwenden, um einen Hexadezimalwert stattdessen als Zahl darzustellen: `SELECT TO_NUMBER('AF12', 'XXXX') FROM dual;` – wobei das `X` für die hexadezimale Notation steht.

Binäre Datentypen

Der folgende Code erzeugt eine Binärdatenspalte:

```
CREATE TABLE my_table (
   my_binary_column BLOB
);

INSERT INTO my_table VALUES
   ('a'),
   ('aaa'),
   ('ae$ iou');

SELECT * FROM my_table;
```

```
+-----------------------------------+
| my_binary_column                  |
+-----------------------------------+
| 0x61                              |
| 0x616161                          |
| 0x61652420696F75                  |
+-----------------------------------+
```

In *MySQL*, *Oracle* und *SQLite* ist der gebräuchlichste Datentyp `BLOB`.

In *PostgreSQL* benutzen Sie stattdessen `bytea`.

In *SQL Server* verwenden Sie stattdessen `VARBINARY` (also `VARBINARY(100)`).

> In *Oracle* und *SQL Server* wird der String `ae$ iou` nicht automatisch als Binärwert erkannt und muss erst in einen konvertiert werden, bevor er in eine Tabelle eingefügt wird.

```
-- Oracle
SELECT RAWTOHEX('ae$ iou') FROM dual;

-- SQL Server
SELECT CONVERT(VARBINARY, 'ae$ iou');
```

Tabelle 6-19 listet für die einzelnen RDBMS die Binärdatentypoptionen auf.

Tabelle 6-19: Binärdatentypen

RDBMS	Datentyp	Beschreibung	Eingabebereich	Speichergröße
MySQL	`BINARY`	binärer String fester Länge, wobei Werte rechts mit Nullen (0) aufgefüllt werden, um auf die genaue Größe zu kommen	0 bis 255 Bytes	variiert
	`VARBINARY`	binärer String variabler Länge	0 bis 65.535 Bytes	variiert
	`TINYBLOB`	Tiny Binary Large OBject	keine Eingaben	255 Bytes
	`BLOB`	Binary Large OBject	keine Eingaben	65.535 Bytes
	`MEDIUMBLOB`	Medium Binary Large OBject	keine Eingaben	16.777.215 Bytes
	`LARGEBLOB`	Large Binary Large OBject	keine Eingaben	4.294.967.295 Bytes
Oracle	`RAW`	binärer String variabler Länge	1 bis 32.767 Bytes	variiert
	`LONG RAW`	größeres `RAW`	keine Eingaben	2 GB
	`BLOB`	größeres `LONG RAW`	keine Eingaben	4 GB
PostgreSQL	`BYTEA`	binärer String variabler Länge	keine Eingaben	1 oder 4 Bytes plus der eigentliche Binärstring
SQL Server	`BINARY`	binärer String fester Länge, wobei die Werte links mit Nullen (0) aufgefüllt werden, um auf die genaue Länge zu kommen	1 bis 8.000 Bytes	variiert
	`VARBINARY`	binärer String variabler Länge	1 bis 8.000 Bytes oder `max`	variiert oder bis zu 2 GB
SQLite	`BLOB`	Binary Large OBject	keine Eingaben	wird exakt so gespeichert, wie es eingegeben wurde

KAPITEL 7

Operatoren und Funktionen

Operatoren und *Funktionen* dienen dem Ausführen von Berechnungen, Vergleichen und Transformationen in einer SQL-Anweisung. Dieses Kapitel stellt Ihnen Codebeispiele für gebräuchliche Operatoren und Funktionen vor.

In der folgenden Abfrage sind fünf Operatoren (+, =, OR, BETWEEN, AND) und zwei Funktionen (UPPER, YEAR) hervorgehoben:

```
-- Lohnerhöhungen für Angestellte
SELECT name, pay_rate + 5 AS new_pay_rate
FROM employees
WHERE UPPER(title) = 'ANALYST'
      OR YEAR(start_date) BETWEEN 2016 AND 2018;
```

> **Operatoren versus Funktionen**
>
> *Operatoren* sind Symbole oder Schlüsselwörter, die eine Berechnung oder einen Vergleich ausführen. Operatoren sind in den SELECT-, ON-, WHERE- und HAVING-Klauseln einer Abfrage zu finden.
>
> *Funktionen* nehmen null oder mehr Eingaben entgegen, führen eine Berechnung oder Transformation aus und geben einen Wert aus. Funktionen sind in den SELECT-, WHERE- und HAVING-Klauseln einer Abfrage zu finden.

Neben SELECT-Anweisungen können Operatoren und Funktionen auch in INSERT-, UPDATE- und DELETE-Anweisungen verwendet werden.

Dieses Kapitel enthält einen Abschnitt zu Operatoren und fünf Abschnitte zu Funktionen: Aggregatfunktionen, Numerische Funktionen, String-Funktionen, Datum/Zeit-Funktionen und Null-Funktionen.

Tabelle 7-1 listet gebräuchliche Operatoren und Tabelle 7-2 listet gebräuchliche Funktionen auf.

Tabelle 7-1: Gebräuchliche Operatoren

Logikoperatoren	Vergleichsoperatoren (Symbole)	Vergleichsoperatoren (Schlüsselwörter)	Mathematische Operatoren
AND	=	BETWEEN	+
OR	!=, <>	EXISTS	-
NOT	<	IN	*
	<=	IS NULL	/
	>	LIKE	%
	V=		

Tabelle 7-2: Gebräuchliche Funktionen

Aggregatfunktionen	Numerische Funktionen	String-Funktionen	Datum/Zeit-Funktionen	Null-Funktionen
COUNT()	ABS()	LENGTH()	CURRENT_ DATE	COALESCE()
SUM()	SQRT()	TRIM()	CURRENT_ TIME	
AVG()	LOG()	CONCAT()	DATEDIFF()	
MIN()	ROUND()	SUBSTR()	EXTRACT()	
MAX()	CAST()	REGEXP()	CONVERT()	

Operatoren

Operatoren können Symbole oder Schlüsselwörter sein. Sie können Berechnungen (+) oder Vergleiche (`BETWEEN`) ausführen. Dieser Abschnitt beschreibt die in SQL verfügbaren Operatoren.

Logikoperatoren

Logikoperatoren werden verwendet, um Bedingungen zu modifizieren, die `TRUE`, `FALSE` oder `NULL` ergeben. Die Logikoperatoren im Codeblock (`NOT`, `AND`, `OR`) werden fett dargestellt:

```
SELECT *
FROM employees
WHERE start_date IS NOT NULL
      AND (title = 'analyst' OR pay_rate < 25);
```

> Wenn Sie AND und OR nutzen, um mehrere bedingte Anweisungen miteinander zu kombinieren, ist es immer eine gute Idee, die Reihenfolge der Operationen durch runde Klammern ganz klar anzugeben: ().

Tabelle 7-3 listet die Logikoperatoren in SQL auf.

Tabelle 7-3: Logikoperatoren

Operator	Beschreibung
AND	Gibt TRUE zurück, falls beide Bedingungen TRUE sind. Gibt FALSE zurück, falls eine von beiden FALSE ist. Gibt ansonsten NULL zurück.
OR	Gibt TRUE zurück, falls eine der Bedingungen TRUE ist. Gibt FALSE zurück, falls beide FALSE sind. Gibt ansonsten NULL zurück.
NOT	Gibt TRUE zurück, falls die Bedingung FALSE ist. Gibt FALSE zurück, falls sie TRUE ist. Gibt ansonsten NULL zurück.

Stellen Sie sich vor, es gäbe eine Spalte namens name. Tabelle 7-4 zeigt, wie die Werte in der Spalte in einer bedingten Anweisung ohne NOT und mit NOT ausgewertet werden.

Tabelle 7-4: NOT-Beispiel

name	name IN ('Henry','Harper')	name NOT IN ('Henry','Harper')
Henry	TRUE	FALSE
Lily	FALSE	TRUE
NULL	NULL	NULL

Nehmen Sie nun an, es gäbe zwei Spalten namens name und age. Tabelle 7-5 zeigt, wie die Werte in den Spalten in einer bedingten Anweisung mit AND und mit OR ausgewertet werden.

Tabelle 7-5: AND- und OR-Beispiel

name	age	name = 'Henry'	age > 3	name = 'Henry'AND age > 3	name = 'Henry' OR age > 3
Henry	5	TRUE	TRUE	TRUE	TRUE
Henry	1	TRUE	FALSE	FALSE	TRUE
Lily	2	FALSE	FALSE	FALSE	FALSE
Henry	NULL	TRUE	NULL	NULL	TRUE
Lily	NULL	FALSE	NULL	FALSE	NULL

Vergleichsoperatoren

Vergleichsoperatoren werden in Prädikaten benutzt.

Operatoren versus Prädikate

Prädikate sind Vergleiche, die einen *Operator* enthalten:

- Das Prädikat `age = 35` enthält den =-Operator.
- Das Prädikat `COUNT(id) < 20` enthält den <-Operator.

Prädikate sind auch als bedingte Anweisungen bekannt. Diese Vergleiche werden auf jeder Zeile in einer Tabelle ausgewertet und liefern als Ergebnis den Wert `TRUE`, `FALSE` oder `NULL`.

Die Vergleichsoperatoren im Codeblock (`IS NULL`, `=`, `BETWEEN`) sind fett gedruckt:

```
SELECT *
FROM employees
WHERE start_date IS NOT NULL
      AND (title = 'analyst'
      OR pay_rate BETWEEN 15 AND 25);
```

Tabelle 7-6 listet Vergleichsoperatoren auf, die Symbole sind, und in Tabelle 7-7 stehen Vergleichsoperatoren, die Schlüsselwörter sind.

Tabelle 7-6: Vergleichsoperatoren (Symbole)

Operator	Beschreibung
`=`	Testet auf Gleichheit
`!=`, `<>`	Testet auf Ungleichheit
`<`	Testet auf kleiner als
`<=`	Testet auf kleiner als oder gleich
`>`	Testet auf größer als
`>=`	Testet auf größer als oder gleich

> *MySQL* erlaubt auch `<=>`. Das ist ein nullsicherer Test auf Gleichheit.
>
> Verwendet man `=`, werden zwei Werte verglichen. Wenn einer von ihnen `NULL` ist, dann ist das Ergebnis ebenfalls `NULL`.
>
> Benutzt man `<=>` beim Vergleich zweier Werte und ist einer von ihnen `NULL`, dann ist der resultierende Wert `0`. Sind sie beide `NULL`, ist der resultierende Wert `1`.

Tabelle 7-7: Vergleichsoperatoren (Schlüsselwörter)

Operator	Beschreibung
`BETWEEN`	Testet, ob ein Wert in einem bestimmten Bereich liegt.
`EXISTS`	Testet, ob Zeilen in einer Unterabfrage existieren.
`IN`	Testet, ob ein Wert in einer Liste aus Werten enthalten ist.
`IS NULL`	Testet, ob ein Wert Null ist oder nicht.
`LIKE`	Testet, ob ein Wert einem einfachen Muster entspricht.

> Der `LIKE`-Operator wird für einfache Mustervergleiche verwendet, wie die Suche nach einem Text, der mit dem Buchstaben `A` beginnt. Näheres finden Sie im Abschnitt »LIKE« weiter unten.
>
> Für komplexere Muster verwendet man reguläre Ausdrücke, etwa um Text zu extrahieren, der zwischen zwei Interpunktionszeichen liegt. Näheres dazu erfahren Sie im Abschnitt »Reguläre Ausdrücke verwenden« in diesem Kapitel.

Die einzelnen Schlüsselwort-Vergleichsoperatoren werden in den folgenden Abschnitten ausführlicher erklärt.

BETWEEN

Benutzen Sie BETWEEN, um zu testen, ob ein Wert in einen bestimmten Bereich fällt. BETWEEN ist eine Kombination aus >= und <=. Der kleinere der beiden Werte sollte immer zuerst geschrieben werden; der AND-Operator trennt die beiden Werte.

Finden Sie alle Zeilen, in denen das Alter größer oder gleich 35 und kleiner oder gleich 44 ist:

```
SELECT *
FROM my_table
WHERE age BETWEEN 35 AND 44;
```

Finden Sie alle Zeilen, in denen das Alter kleiner als 35 oder größer als 44 ist:

```
SELECT *
FROM my_table
WHERE age NOT BETWEEN 35 AND 44;
```

EXISTS

Mit EXISTS testen Sie, ob eine Unterabfrage Ergebnisse zurückliefert oder nicht. Üblicherweise referenziert die Unterabfrage eine andere Tabelle.

Die folgende Abfrage liefert die Angestellten zurück, die gleichzeitig auch Kunden sind:

```
SELECT e.id, e.name
FROM employees e
WHERE EXISTS (SELECT *
              FROM customers c
              WHERE c.email = e.email);
```

EXISTS versus JOIN

Die EXISTS-Abfrage könnte auch mit einem JOIN geschrieben werden:

```
SELECT *
FROM employees e INNER JOIN customers c
     ON e.email = c.email;
```

Ein JOIN wird vorzugsweise dann eingesetzt, wenn Sie wollen, dass Werte aus beiden Tabellen zurückgeliefert werden (SELECT *).

Ein EXISTS wird dagegen eher eingesetzt, wenn Sie wollen, dass nur Werte aus einer Tabelle zurückgeliefert werden (SELECT e.id, e.name). Diese Art von Abfrage wird manchmal als *Semi-Join* bezeichnet. EXISTS ist auch nützlich, wenn die zweite Tabelle Zeilenduplikate enthält und Sie nur wissen wollen, ob eine Zeile existiert oder nicht.

Die folgende Abfrage liefert Kunden zurück, die noch nie etwas gekauft haben:

```
SELECT c.id, c.name
FROM customers c
WHERE NOT EXISTS (SELECT *
                  FROM orders o
                  WHERE o.email = c.email);
```

IN

Benutzen Sie IN, um zu testen, ob ein Wert in einer Liste von Werten vorhanden ist.

Die folgende Abfrage liefert Werte für einige Angestellte zurück:

```
SELECT *
FROM employees
WHERE e.id IN (10001, 10032, 10057);
```

Die folgende Abfrage liefert Angestellte zurück, die noch keinen Urlaubstag genommen haben:

```
SELECT e.id
FROM employees e
WHERE e.id NOT IN (SELECT v.emp_id
                   FROM vacations v);
```

Wenn es beim Einsatz von NOT IN auch nur einen einzigen NULL-Wert in der Spalte in der Unterabfrage gibt (in diesem Fall v.emp_id), wird die Unterabfrage niemals TRUE. Das bedeutet, dass keine Zeilen zurückgeliefert werden würden.

Gibt es potenziell NULL-Werte in der Spalte in der Unterabfrage, ist es besser, NOT EXISTS zu verwenden:

```
SELECT e.id
FROM employees e
WHERE NOT EXISTS (SELECT *
                  FROM vacations v
                  WHERE v.emp_id = e.id);
```

IS NULL

Verwenden Sie IS NULL oder IS NOT NULL, um zu testen, ob ein Wert Null ist oder nicht.

Die folgende Abfrage liefert Angestellte zurück, die keinen Manager haben:

```
SELECT *
FROM employees
WHERE manager IS NULL;
```

Die folgende Abfrage liefert Angestellte zurück, die einen Manager haben:

```
SELECT *
FROM employees
WHERE manager IS NOT NULL;
```

LIKE

Mit LIKE können Sie einfache Mustervergleiche durchführen. Das Prozentzeichen (%) ist ein Wildcard-Zeichen, das für ein oder mehrere Zeichen steht.

Hier ist eine einfache Tabelle:

```
SELECT * FROM my_table;

+------+--------------------+
| id   | txt                |
+------+--------------------+
|    1 | You are great.     |
|    2 | Thank you!         |
|    3 | Thinking of you.   |
|    4 | I'm 100% positive. |
+------+--------------------+
```

Suchen Sie alle Zeilen, die den Begriff you *enthalten*:

```
SELECT *
FROM my_table
WHERE txt LIKE '%you%';
```

```
-- MySQL-, SQL Server- und SQLite-Ergebnisse
+------+------------------+
| id   | txt              |
+------+------------------+
|    1 | You are great.   |
|    2 | Thank you!       |
|    3 | Thinking of you. |
+------+------------------+

-- Oracle- und PostgreSQL-Ergebnisse
+------+------------------+
| id   | txt              |
+------+------------------+
|    2 | Thank you!       |
|    3 | Thinking of you. |
+------+------------------+
```

In *MySQL*, *SQL Server* und *SQLite* ist die Groß- und Kleinschreibung des Musters egal (*Case Insensitivity*). Sowohl You als auch you werden durch '%you%' erfasst.

In *Oracle* und *PostgreSQL* wird zwischen Groß- und Kleinschreibung im Muster unterschieden (*Case Sensitivity*). Es wird nur you durch '%you%' erfasst.

Suchen Sie alle Zeilen, die mit dem Wort You *beginnen*:

```
SELECT *
FROM my_table
WHERE txt LIKE 'You%';
```

```
+------+----------------+
| id   | txt            |
+------+----------------+
|    1 | You are great. |
+------+----------------+
```

Verwenden Sie NOT LIKE, um Zeilen zurückzuliefern, die die Zeichen nicht enthalten.

Anstatt mit dem Prozentzeichen (%) ein oder mehrere Zeichen zu erfassen, können Sie den Unterstrich (_) einsetzen, sodass genau ein Zeichen erfasst wird.

> Da % und _ jeweils eine besondere Bedeutung haben, wenn sie mit LIKE verwendet werden, müssen Sie das Schlüsselwort ESCAPE einsetzen, falls Sie nach diesen Zeichen suchen wollen.
>
> Der folgende Code sucht alle Zeilen, die das Symbol % enthalten:
>
> ```
> SELECT *
> FROM my_table
> WHERE txt LIKE '%!%%' ESCAPE '!';
>
> +------+--------------------+
> | id   | txt                |
> +------+--------------------+
> |    4 | I'm 100% positive. |
> +------+--------------------+
> ```
>
> Nach dem ESCAPE-Schlüsselwort haben wir ! als Fluchtzeichen deklariert. Wenn nun also ! vor das mittlere % in %!%% gesetzt wird, dann wird !% als % interpretiert.

LIKE eignet sich, wenn Sie nach einem bestimmten String aus Zeichen suchen. Für aufwendigere Mustervergleiche können Sie reguläre Ausdrücke heranziehen, die im Abschnitt reguläre Ausdrücke weiter unten in diesem Kapitel behandelt werden.

Mathematische Operatoren

Mathematische Operatoren sind mathematische Symbole, die in SQL verwendet werden können. Der mathematische Operator in diesem Codeblock (/) ist fett gedruckt:

```
SELECT salary / 52 AS weekly_pay
FROM my_table;
```

Tabelle 7-8 listet die mathematischen Operatoren in SQL auf.

Tabelle 7-8: Mathematische Operatoren

Operator	Beschreibung
+	Addition
-	Subtraktion
*	Multiplikation
/	Division
% (MOD in *Oracle*)	Modulo (Rest)

In *PostgreSQL*, *SQL Server* und *SQLite* ergibt die Division eines Integer durch ein Integer ein Integer:

```
SELECT 15/2;
7
```

Falls Sie möchten, dass das Ergebnis Dezimalstellen enthält, können Sie entweder durch ein Dezimal dividieren oder die Funktion CAST benutzen:

```
SELECT 15/2.0;
7.5
 -- PostgreSQL und SQL Server
SELECT CAST(15 AS DECIMAL) /
       CAST(2 AS DECIMAL);
       7.5
-- SQLite
SELECT CAST(15 AS REAL) /
       CAST(2 AS REAL);
7.5
```

Weitere mathematische Operatoren sind:

- *Bitweise Operatoren* wie & (AND), | (OR) und ^ (XOR) zum Arbeiten mit Bits (0- und 1-Werten).
- *Zuweisungsoperatoren* wie += (Additionszuweisung) und -= (Subtraktionszuweisung) zum Aktualisieren von Werten in einer Tabelle.

Aggregatfunktionen

Eine *Aggregatfunktion* führt eine Berechnung auf vielen Zeilen mit Daten aus, die einen einzigen Wert als Ergebnis zurückliefert. Tabelle 7-9 listet die fünf grundlegenden Aggregatfunktionen in SQL auf.

Tabelle 7-9: Grundlegende Aggregatfunktionen

Funktion	Beschreibung
COUNT()	Zählt die Werte.
SUM()	Berechnet die Summe einer Spalte.
AVG()	Berechnet den Durchschnitt einer Spalte.
MIN()	Ermittelt das Minimum einer Spalte.
MAX()	Ermittelt das Maximum einer Spalte.

Aggregatfunktionen führen Berechnungen auf den Werten einer Spalte aus, die nicht Null sind. Die einzige Ausnahme bildet COUNT(*), das *alle* Zeilen zählt, auch die Null-Werte.

Sie können ebenfalls mehrere Zeilen in einer einzigen Liste zusammenfassen. Dazu verwenden Sie Funktionen wie ARRAY_AGG, GROUP_CONCAT, LISTAGG und STRING_AGG. Näheres dazu finden Sie im Abschnitt »Zeilen in einem einzigen Wert oder einer einzigen Liste zusammenfassen« auf Seite 238 in Kapitel 8.

Oracle unterstützt weitere Aggregatfunktionen wie Median (MEDIAN), Modus (STATS_MODE) und Standardabweichung (STDDEV).

Aggregatfunktionen (im Beispiel fett gedruckt) sind in den SELECT- und HAVING-Klauseln einer Abfrage zu finden:

```
SELECT COUNT(*) AS total_rows,
       AVG(age) AS average_age
FROM my_table;
```

```
SELECT region, MIN(age), MAX(age)
FROM my_table
GROUP BY region
HAVING MIN(age) < 18;
```

Falls Sie sich dafür entscheiden, sowohl Aggregat- als auch Nichtaggregatspalten in der SELECT-Anweisung zu haben, *müssen* Sie alle Nichtaggregatspalten in die GROUP BY-Klausel (im gezeigten Beispiel region) aufnehmen.

Manche RDBMS werfen einen Fehler, wenn Sie das nicht machen. Andere RDBMS (wie etwa *SQLite*) werfen keinen Fehler und erlauben die Ausführung der Anweisung, auch wenn die zurückgelieferten Ergebnisse *inakkurat* sein werden. Überprüfen Sie daher auf jeden Fall Ihre Ergebnisse, um sicherzustellen, dass sie auch sinnvoll sind.

MIN/MAX versus LEAST/GREATEST

Die Funktionen MIN und MAX suchen die kleinsten und größten Werte in einer Spalte.

Die Funktionen LEAST und GREATEST suchen die kleinsten und größten Werte in einer Zeile. Es können numerische, String- oder Datum/Zeit-Werte eingegeben werden. Falls ein Wert NULL ist, liefert die Funktion NULL zurück.

Die folgende Tabelle zeigt, wie viele Meilen in jedem Quartal insgesamt gelaufen worden sind. Die Abfrage ermittelt die Meilenzahl im besten Quartal:

```
SELECT * FROM goat;

+--------+------+------+------+------+
| name   | q1   | q2   | q3   | q4   |
+--------+------+------+------+------+
| Ali    |  100 |  200 |  150 | NULL |
| Bolt   |  350 |  400 |  380 |  300 |
| Jordan |  200 |  250 |  300 |  320 |
+--------+------+------+------+------+
```

```
SELECT name, GREATEST(q1, q2, q3, q4)
             AS most_miles
FROM goat;

+--------+------------+
| name   | most_miles |
+--------+------------+
| Ali    |       NULL |
| Bolt   |        400 |
| Jordan |        320 |
+--------+------------+
```

Numerische Funktionen

Numerische Funktionen können auf Spalten mit numerischen Datentypen angewandt werden. Dieser Abschnitt behandelt die gebräuchlichen numerischen Funktionen in SQL.

Mathematische Funktionen anwenden

Es gibt in SQL mehrere Arten von mathematischen Berechnungen:

Mathematische Operatoren
: Berechnungen mithilfe von Symbolen wie `+`, `-`, `*`, `/` und `%`.

Aggregatfunktionen
: Berechnungen, die eine ganze Spalte mit Daten in einem einzigen Wert zusammenfassen, wie etwa `COUNT`, `SUM`, `AVG`, `MIN` und `MAX`.

Mathematische Funktionen
: Berechnungen mithilfe von Schlüsselwörtern, die auf jede Zeile mit Daten angewandt werden, wie etwa `SQRT`, `LOG` und weitere, die in Tabelle 7-10 aufgeführt sind.

> *SQLite* unterstützt nur die Funktion `ABS`. Andere mathematische Funktionen müssen manuell aktiviert werden. Näheres finden Sie auf der Seite mit den mathematischen Funktionen auf der SQLite-Website (*https://oreil.ly/0XwjB*).

Tabelle 7-10: Mathematische Funktionen

Kategorie	Funktion	Beschreibung	Code	Ergebnis
Positive und negative Werte	`ABS`	absoluter Wert	`SELECT ABS(-5);`	5
	`SIGN`	liefert –1, 0 oder 1 zurück, je nachdem, ob eine Zahl negativ, Null oder positiv ist	`SELECT SIGN(-5);`	–1
Exponenten und Logarithmen	`POWER`	*x* hoch *y*	`SELECT POWER(5,2);`	25
	`SQRT`	Quadratwurzel	`SELECT SQRT(25);`	5
	`EXP`	*e* (=2.71828) hoch *x*	`SELECT EXP(2);`	7,389
	`LOG` (`LOG(y,x)` in *SQL Server*)	Logarithmus von *y* zur Basis *x*	`SELECT LOG(2,10);` `SELECT LOG(10,2);`	3,322
	`LN` (`LOG` in *SQL Server*)	natürlicher Logarithmus (Basis *e*)	`SELECT LN(10);` `SELECT LOG(10);`	2,303
	`LOG10` (`LOG(10,x)` in *Oracle*)	Logarithmus zur Basis 10	`SELECT LOG10(100);` `SELECT LOG(10,100) FROM dual;`	2
Andere	`MOD` (x%y in *SQL Server*)	Rest von *x* / *y*	`SELECT MOD(12,5);` `SELECT 12%5;`	2
	`PI` (nicht verfügbar in *Oracle*)	Wert von pi	`SELECT PI();`	3,14159
	`COS`, `SIN` usw.	Kosinus, Sinus und andere trigonometrische Funktionen (Eingabe ist im Bogenmaß)	`SELECT COS(.78);`	0,711

Generieren von Zufallszahlen

Tabelle 7-11 zeigt Ihnen für die einzelnen RDBMS, wie Sie Zufallszahlen generieren können. In manchen Fällen können Sie einen Anfangswert, einen sogenannten *Seed*-Wert, eingeben, sodass jedes Mal dieselbe Zufallszahl generiert wird.

Tabelle 7-11: Zufallszahlengenerator

RDBMS	Code	Ergebnisbereich
MySQL, SQL Server	`SELECT RAND();`	0 bis 1
	`-- Optionaler Seed-Wert` `SELECT RAND(22);`	
Oracle	`SELECT DBMS_RANDOM.VALUE` `FROM dual;`	0 bis 1
	`SELECT DBMS_RANDOM.RANDOM` `FROM dual;`	–2E31 bis +2E31
PostgreSQL	`SELECT RANDOM();`	0 bis 1
SQLite	`SELECT RANDOM();`	–9E18 bis +9E18

Die Zufallszahlenfunktion wird manchmal verwendet, um einige zufällige Zeilen einer Tabelle zurückzugeben. Das ist zwar nicht die effektivste Abfrage (da die Tabelle sortiert werden muss), es ist aber ein schneller Hack:

```
-- Liefert 5 zufällige Zeilen zurück
SELECT *
FROM my_table
ORDER BY RANDOM()
LIMIT 5;
```

Oracle und *SQL Server* erlauben Ihnen, eine Tabelle zufällig abzufragen:

```
-- Liefert in Oracle zufällige 20 % der Zeilen zurück
SELECT *
FROM my_table
SAMPLE(20);

-- Liefert in SQL Server zufällige 100 Zeilen zurück
SELECT *
FROM my_table
TABLESAMPLE(100 ROWS);
```

Zahlen runden und trunkieren

Tabelle 7-12 zeigt die verschiedenen Möglichkeiten, in den einzelnen RDBMS Zahlen zu runden.

Tabelle 7-12: Rundungsoptionen

Funktion	Beschreibung	Code	Ausgabe
`CEIL` (`CEILING` in *SQL Server*)	Rundet zum nächsten Integer auf.	`SELECT CEIL(98.7654);` `SELECT CEILING(98.7654);`	`99`
`FLOOR`	Rundet zum nächsten Integer ab.	`SELECT FLOOR(98.7654);`	`98`
`ROUND`	Rundet auf eine bestimmte Anzahl von Dezimalstellen, Vorgabe sind 0 Dezimalstellen.	`SELECT ROUND(98.7654,2);`	`98.77`

`TRUNC`
(`TRUNCATE` in *MySQL*;
`ROUND(x,y,1)` in
SQL Server)
	Schneidet an einer bestimmten Anzahl von Dezimalstellen ab, Vorgabe sind 0 Dezimalstellen.	`SELECT TRUNC(98.7654,2);`
		`SELECT TRUNCATE(98.7654,2);`
		`SELECT ROUND(98.7654,2,1);`
			`98.76`

SQLite unterstützt nur die Funktion `ROUND`. Andere Rundungsoptionen müssen manuell aktiviert werden. Näheres finden Sie auf der Seite mit den mathematischen Funktionen auf der SQLite-Website (*https://oreil.ly/rF2Rt*).

Daten in einen numerischen Datentyp konvertieren

Die `CAST`-Funktion wird verwendet, um zwischen verschiedenen Datentypen zu konvertieren. Oft wird sie für numerische Daten eingesetzt.

Im folgenden Beispiel wollen wir eine String-Spalte mit einer numerischen Spalte vergleichen.

Hier ist eine Tabelle mit einer String-Spalte:

```
+------+---------+
| id   | str_col |
+------+---------+
|    1 | 1.33    |
|    2 | 5.5     |
|    3 | 7.8     |
+------+---------+
```

Versuchen Sie, die String-Spalte mit einem numerischen Wert zu vergleichen:

```
SELECT *
FROM my_table
WHERE str_col > 3;

-- MySQL-, Oracle- und SQLite-Ergebnisse
+------+---------+
| id   | str_col |
+------+---------+
|    2 | 5.5     |
|    3 | 7.8     |
+------+---------+

-- PostgreSQL- und SQL-Server-Ergebnisse
Error
```

In *MySQL*, *Oracle* und *SQLite* liefert die Abfrage die korrekten Ergebnisse zurück, weil die String-Spalte als numerische Spalte erkannt wird, sobald der >-Operator auftritt.

In *PostgreSQL* und *SQL Server* müssen Sie die String-Spalte ausdrücklich mit CAST in eine numerische Spalte umwandeln.

Verwandeln Sie die String-Spalte in eine dezimale Spalte, um sie mit einer Zahl zu vergleichen:

```
SELECT *
FROM my_table
WHERE CAST(str_col AS DECIMAL) > 3;

 id | str_col
----+---------
  2 | 5.5
  3 | 7.8
```

> Durch CAST wird der Datentyp der Spalte nicht permanent verändert, sondern nur für die Dauer der Abfrage. Um den Datentyp einer Spalte auf Dauer zu ändern, können Sie die Tabelle modifizieren.

String-Funktionen

String-Funktionen können auf Spalten mit String-Datentypen angewandt werden. Dieser Abschnitt behandelt gebräuchliche String-Funktionen in SQL.

Die Länge eines Strings ermitteln

Verwenden Sie die LENGTH-Funktion.

In der SELECT-Klausel:

```
SELECT LENGTH(name)
FROM my_table;
```

In der WHERE-Klausel:

```
SELECT *
FROM my_table
WHERE LENGTH(name) < 10;
```

In *SQL Server* verwenden Sie LEN statt LENGTH.

> Die meisten RDBMS lassen abschließende Leerzeichen weg, wenn sie die Länge eines Strings berechnen, während *Oracle* sie mitzählt.
>
> Beispiel-String: `'Al   '`
>
> Länge: 2
>
> Länge in Oracle: 5
>
> Um abschließende Leerzeichen in Oracle auszuschließen, verwenden Sie die TRIM-Funktion:
>
> ```
> SELECT LENGTH(TRIM(name))
> FROM my_table;
> ```

Die Groß- und Kleinschreibung eines Strings ändern

Nutzen Sie die Funktion `UPPER` oder `LOWER`.

`UPPER`:

```
SELECT UPPER(type)
FROM my_table;
```

`LOWER`:

```
SELECT *
FROM my_table
WHERE LOWER(type) = 'public';
```

Oracle und *PostgreSQL* besitzen außerdem `INITCAP(`*`String`*`)`, um den ersten Buchstaben jedes Worts in einem String groß- und die restlichen Buchstaben kleinzuschreiben.

Unerwünschte Zeichen rund um einen String wegschneiden

Verwenden Sie die `TRIM`-Funktion, um sowohl führende als auch abschließende Zeichen rund um einen String-Wert wegzuschneiden. Die folgende Tabelle enthält mehrere Zeichen, die wir entfernen wollen:

```
SELECT * FROM my_table;

+----------------+
| color          |
+----------------+
| !!red          |
|  .orange!      |
|     ..yellow.. |
+----------------+
```

Leerzeichen um einen String herum entfernen

Standardmäßig entfernt `TRIM` Leerzeichen sowohl von der linken als auch von der rechten Seite eines Strings:

```
SELECT TRIM(color) AS color_clean
FROM my_table;
```

```
+-------------+
| color_clean |
+-------------+
| !!red       |
| .orange!    |
| ..yellow..  |
+-------------+
```

Andere Zeichen um einen String herum entfernen

Sie können neben einem einzelnen Leerzeichen auch andere Zeichen angeben, die entfernt werden sollen. Der folgende Code entfernt Ausrufezeichen um einen String herum:

```
SELECT TRIM('!' FROM color) AS color_clean
FROM my_table;

+----------------+
| color_clean    |
+----------------+
| red            |
|  .orange       |
|     ..yellow.. |
+----------------+
```

In *SQLite* benutzen Sie stattdessen `TRIM(color, '!')`.

Zeichen von der linken oder rechten Seite eines Strings entfernen

Es gibt zwei Möglichkeiten, Zeichen von den beiden Seiten eines Strings zu entfernen.

Möglichkeit 1: `TRIM(LEADING .. )` *und* `TRIM(TRAILING .. )`
: In *MySQL*, *Oracle* und *PostgreSQL* können Sie Zeichen von der linken oder rechten Seite eines Strings mit `TRIM(LEADING ..)` bzw. `TRIM(TRAILING ..)` entfernen. Der folgende Code entfernt Ausrufezeichen vom Anfang eines Strings:

```
SELECT TRIM(LEADING '!' FROM color) AS color_clean
FROM my_table;

+---------------+
| color_clean   |
+---------------+
| red           |
```

```
|  .orange!      |
|    ..yellow..  |
+----------------+
```

Möglichkeit 2: `LTRIM` *und* `RTRIM`

Verwenden Sie die Schlüsselwörter `LTRIM` und `RTRIM`, um Zeichen von der linken bzw. rechten Seite eines Strings zu entfernen.

In *Oracle*, *PostgreSQL* und *SQLite* können alle unerwünschten Zeichen in einem einzigen String aufgeführt werden. Der folgende Code entfernt Punkte, Ausrufezeichen und Leerzeichen vom Beginn eines Strings:

```
SELECT LTRIM(color, '.! ') AS color_clean
FROM my_table;

+-------------+
| color_clean |
+-------------+
| red         |
| orange!     |
| yellow..    |
+-------------+
```

In *MySQL* und *SQL Server* können nur Whitespace-Zeichen mittels `LTRIM(color)` oder `RTRIM(color)` entfernt werden.

Strings verketten

Benutzen Sie die Funktion `CONCAT` oder den Verkettungsoperator (||).

```
-- MySQL, PostgreSQL und SQL Server
SELECT CONCAT(id, '_', name) AS id_name
FROM my_table;

-- Oracle, PostgreSQL und SQLite
SELECT id || '_' || name AS id_name
FROM my_table;

+-----------+
| id_name   |
+-----------+
| 1_Boots   |
| 2_Pumpkin |
| 3_Tiger   |
+-----------+
```

In einem String nach Text suchen

Für die Suche nach Text in einem String gibt es zwei Herangehensweisen.

Vorgehen 1: Taucht der Text in dem String auf oder nicht?
: Verwenden Sie den `LIKE`-Operator, um festzustellen, ob ein bestimmter Text in einem String überhaupt vorhanden ist. Mit der folgenden Abfrage werden nur Zeilen zurückgegeben, die den Text `some` enthalten:

```
SELECT *
FROM my_table
WHERE my_text LIKE '%some%';
```

Näheres finden Sie im LIKE-Abschnitt weiter oben in diesem Kapitel.

Vorgehen 2: Wo taucht der Text in dem String auf?
: Verwenden Sie die Funktion `INSTR/POSITION/CHARINDEX`, um die Lage des Texts in einem String zu ermitteln.

Tabelle 7-13 listet die Parameter auf, die in den einzelnen RDBMS von den Lagefunktionen benötigt werden.

Tabelle 7-13: Funktionen zum Ermitteln der Lage eines Texts in einem String

RDBMS	Codeformat
MySQL	`INSTR(`*`String`*`, `*`Teilstring`*`)` `LOCATE(`*`Teilstring`*`, `*`String`*`, `*`Position`*`)`
Oracle	`INSTR(`*`String`*`, `*`Teilstring`*`, `*`Position`*`, `*`Vorkommen`*`)`
PostgreSQL	`POSITION(`*`Teilstring`*` IN `*`String`*`)` `STRPOS(`*`String`*`, `*`Teilstring`*`)`
SQL Server	`CHARINDEX(`*`Teilstring`*`, `*`String`*`, `*`Position`*`)`
SQLite	`INSTR(`*`String`*`, `*`Teilstring`*`)`

Die Eingaben sind:

- *String (erforderlich)*: Der String, in dem Sie suchen (d.h. der Name einer `VARCHAR`-Spalte).

- *Teilstring* (*erforderlich*): Der String, nach dem Sie suchen (d. h. ein Zeichen, ein Wort usw.).
- *Position* (*optional*): Die Ausgangsposition für die Suche. Vorgabe ist, am ersten Zeichen zu beginnen (1). Wenn *Position* negativ ist, beginnt die Suche am Ende des Strings.
- *Vorkommen* (*optional*): Das erste/zweite/dritte usw. Mal, dass der Teilstring in dem String auftaucht. Vorgabe ist das erste Vorkommen (1).

Hier ist eine Beispieltabelle:

```
+-----------------------------+
| my_text                     |
+-----------------------------+
| Here is some text.          |
| And some numbers - 1 2 3 4 5 |
| And some punctuation! :)    |
+-----------------------------+
```

Suchen Sie die Lage des Teilstrings `some` im String `my_text`:

```
SELECT INSTR(my_text, 'some') AS some_location
FROM my_table;

+---------------+
| some_location |
+---------------+
|             9 |
|             5 |
|             5 |
+---------------+
```

Zählen in SQL beginnt bei 1

Anders als in anderen Programmiersprachen, die null-indiziert sind (das Zählen startet bei 0), fängt das Zählen in SQL bei 1 an.

Die 9 in der gezeigten Ausgabe bedeutet das neunte Zeichen.

In *Oracle* können auch reguläre Ausdrücke benutzt werden, um nach einem Teilstring zu suchen. Verwenden Sie `REGEXP_INSTR`. Mehr dazu erfahren Sie im Abschnitt »Reguläre Ausdrücke in Oracle« weiter unten in diesem Kapitel.

Einen Teil eines Strings extrahieren

Benutzen Sie die SUBSTR- oder die SUBSTRING-Funktion. Funktionsname und Eingaben sind von RDBMS zu RDBMS unterschiedlich:

```
-- MySQL, Oracle, PostgreSQL und SQLite
SUBSTR(String, Start, Länge)

-- MySQL
SUBSTR(String FROM Start FOR Länge)

-- MySQL, PostgreSQL und SQL Server
SUBSTRING(String, Start, Länge)

-- MySQL und PostgreSQL
SUBSTRING(String FROM Start FOR Länge)
```

Die Eingaben sind:

- *String* (*erforderlich*): Der String, in dem Sie suchen (d.h. der Name einer VARCHAR-Spalte).
- *Start* (*erforderlich*): Der Startpunkt der Suche. Ist *Start* auf 1 gesetzt, startet die Suche beim ersten Zeichen, 2 ist das zweite Zeichen usw. Falls *Start* auf 0 gesetzt ist, wird dies wie 1 behandelt. Ist *Start* negativ, beginnt die Suche beim letzten Zeichen.
- *Länge* (*optional*): Die Länge des zurückgelieferten Strings. Wird *Länge* weggelassen, dann werden alle Zeichen vom Start bis zum Ende des Strings zurückgeliefert. In *SQL Server* ist *Länge* zwingend erforderlich. Hier ist eine Beispieltabelle:

```
+-----------------------------+
| my_text                     |
+-----------------------------+
| Here is some text.          |
| And some numbers - 1 2 3 4 5 |
| And some punctuation! :)    |
+-----------------------------+
```

Einen Teilstring extrahieren:

```
SELECT SUBSTR(my_text, 14, 8) AS sub_str
FROM my_table;
```

```
+----------+
| sub_str  |
+----------+
| text.    |
| ers - 1  |
| tuation! |
+----------+
```

In *Oracle* können auch reguläre Ausdrücke verwendet werden, um einen Teilstring zu extrahieren. Nutzen Sie REGEXP_SUBSTR. Näheres finden Sie im Abschnitt »Reguläre Ausdrücke in Oracle« weiter unten in diesem Kapitel.

Text in einem String ersetzen

Verwenden Sie die REPLACE-Funktion. Beachten Sie die Reihenfolge der Eingaben für die Funktion:

```
REPLACE(String, alter_String, neuer_String)
```

Hier ist eine Beispieltabelle:

```
+-----------------------------+
| my_text                     |
+-----------------------------+
| Here is some text.          |
| And some numbers - 1 2 3 4 5 |
| And some punctuation! :)    |
+-----------------------------+
```

Ersetzen Sie das Wort some durch das Wort the:

```
SELECT REPLACE(my_text, 'some', 'the')
       AS new_text
FROM my_table;
```

```
+----------------------------+
| new_text                   |
+----------------------------+
| Here is the text.          |
| And the numbers - 1 2 3 4 5 |
| And the punctuation! :)    |
+----------------------------+
```

In *Oracle* und *PostgreSQL* können auch reguläre Ausdrücke eingesetzt werden, um einen String zu ersetzen. Verwenden Sie REGEXP_REPLACE. Näheres erfahren Sie in den Abschnitten »Reguläre Ausdrücke in Oracle« und »Reguläre Ausdrücke in PostgreSQL« weiter unten in diesem Kapitel.

Text aus einem String löschen

Sie können die Funktion REPLACE nutzen, geben aber als Ersetzungswert einen leeren String an.

Ersetzen Sie das Wort some durch einen leeren String:

```
SELECT REPLACE(my_text, 'some ', '')
       AS new_text
FROM my_table;

+-------------------------+
| new_text                |
+-------------------------+
| Here is text.           |
| And numbers - 1 2 3 4 5 |
| And punctuation! :)     |
+-------------------------+
```

Reguläre Ausdrücke verwenden

Reguläre Ausdrücke erlauben Ihnen die Suche nach komplexen Mustern. Zum Beispiel könnten Sie alle Wörter suchen, die exakt fünf Buchstaben haben, oder alle Wörter, die mit einem Großbuchstaben beginnen.

Stellen Sie sich vor, Sie hätten das folgende Rezept für ein Taco-Gewürz:

```
- 1 tablespoon chili powder
- .5 tablespoon ground cumin
- .5 teaspoon paprika
- .25 teaspoon garlic powder
- .25 teaspoon onion powder
- .25 teaspoon crushed red pepper flakes
- .25 teaspoon dried oregano
```

Sie wollen die Mengen weglassen und nur die Liste mit den Zutaten behalten. Dazu könnten Sie einen regulären Ausdruck schreiben, der alle Texte extrahiert, die auf den Begriff `spoon` folgen.

Der reguläre Ausdruck würde so aussehen:

```
(?<=spoon ).*$
```

und das Ergebnis so:

```
chili powder
ground cumin
paprika
garlic powder
onion powder
crushed red pepper flakes
dried oregano
```

Der reguläre Ausdruck geht den gesamten Text durch und extrahiert alle Wörter, die zwischen dem Begriff `spoon` und dem Ende der Zeile stehen.

Ein paar Dinge sollten Sie über reguläre Ausdrücke wissen:

- Die Syntax regulärer Ausdrücke ist nicht intuitiv. Es hilft, sich die Bedeutung der einzelnen Bestandteile eines regulären Ausdrucks mithilfe eines Onlinewerkzeugs wie Regex101 (*https://regex101.com*) zu vergegenwärtigen.
- Reguläre Ausdrücke sind nicht SQL-spezifisch. Sie können in vielen Programmiersprachen und Texteditoren verwendet werden.
- RegexOne (*https://regexone.com*) bietet ein schnelles Tutorial zur Einführung. Sie können sich auch Thomas Nields O'Reilly-Posting »An Introduction to Regular Expressions« (*https://oreil.ly/1jJQk*) anschauen.

> Anstatt die Syntax regulärer Ausdrücke auswendig zu lernen, empfehle ich Ihnen, bereits vorhandene reguläre Ausdrücke an Ihre Bedürfnisse anzupassen.
>
> Für den gezeigten regulären Ausdruck suchte ich nach »regular expression text after string«.
>
> Das zweite Google-Suchergebnis lieferte mir `(?<=WORD).*$`. Mithilfe von Regex101 (*https://regex101.com*) analysierte ich den regulären Ausdruck und ersetzte schließlich `WORD` durch `spoon`.

Die Funktionen für reguläre Ausdrücke sind in den einzelnen RDBMS ganz unterschiedlich, deshalb gibt es für jedes einen eigenen Abschnitt. SQLite unterstützt standardmäßig keine regulären Ausdrücke, sie können aber implementiert werden. Näheres erfahren Sie in der SQLite-Dokumentation (*https://oreil.ly/gmxS6*).

Reguläre Ausdrücke in MySQL

Verwenden Sie `REGEXP`, um nach einem regulären Ausdrucksmuster irgendwo in einem String zu suchen.

Hier ist eine Beispieltabelle:

```
+----------------------------+-------------+
| title                      | city        |
+----------------------------+-------------+
| 10 Things I Hate About You | Seattle     |
| 22 Jump Street             | New Orleans |
| The Blues Brothers         | Chicago     |
| Ferris Bueller's Day Off   | Chi         |
+----------------------------+-------------+
```

Suchen Sie die verschiedenen Schreibweisen für Chicago:

```
SELECT *
FROM movies
WHERE city REGEXP '(Chicago|CHI|Chitown)';

+--------------------------+---------+
| title                    | city    |
+--------------------------+---------+
| The Blues Brothers       | Chicago |
| Ferris Bueller's Day Off | Chi     |
+--------------------------+---------+
```

Reguläre Ausdrücke in MySQL beachten bei Zeichen-Strings die Groß- und Kleinschreibung nicht; `CHI` und `Chi` werden als äquivalent betrachtet.

Suchen Sie alle Filme mit Zahlen im Titel:

```
SELECT *
FROM movies
WHERE title REGEXP '\\d';
```

```
+---------------------------+------------+
| title                     | city       |
+---------------------------+------------+
| 10 Things I Hate About You | Seattle    |
| 22 Jump Street            | New Orleans |
+---------------------------+------------+
```

In MySQL muss ein einzelner Backslash in einem regulären Ausdruck (`\d` = beliebige Ziffer) in einen doppelten Backslash geändert werden.

Reguläre Ausdrücke in Oracle

Oracle unterstützt viele Funktionen für reguläre Ausdrücke, darunter:

- `REGEXP_LIKE` erfasst ein reguläres Ausdrucksmuster im Text.
- `REGEXP_COUNT` zählt, wie oft ein Muster im Text auftritt.
- `REGEXP_INSTR` lokalisiert die Positionen, an denen ein Muster im Text auftaucht.
- `REGEXP_SUBSTR` liefert die Teilstrings im Text zurück, die ein Muster erfassen.
- `REGEXP_REPLACE` ersetzt Teilstrings, die zu einem Muster passen, durch anderen Text.

Hier ist eine Beispieltabelle:

```
TITLE                       CITY
--------------------------- ------------
10 Things I Hate About You  Seattle
22 Jump Street              New Orleans
The Blues Brothers          Chicago
Ferris Bueller's Day Off    Chi
```

Suchen Sie alle Filme mit Zahlen im Titel:

```
SELECT *
FROM movies
WHERE REGEXP_LIKE(title, '\d');
```

```
TITLE                       CITY
--------------------------- ------------
10 Things I Hate About You  Seattle
22 Jump Street              New Orleans
```

Die folgenden Ausdrücke sind äquivalent:

```
REGEXP_LIKE(title, \d)
REGEXP_LIKE(title, [0-9])
REGEXP_LIKE(title, [[:digit:]])
```

Die dritte Möglichkeit nutzt die POSIX-Syntax (*https://oreil.ly/G3Tkw*) für reguläre Ausdrücke, die von Oracle unterstützt wird.

Zählen Sie die Großbuchstaben im Titel:

```
SELECT title, REGEXP_COUNT(title, '[A-Z]')
       AS num_caps
FROM movies;

 TITLE                        NUM_CAPS
---------------------------- ----------
 10 Things I Hate About You          5
 22 Jump Street                      2
 The Blues Brothers                  3
 Ferris Bueller's Day Off            4
```

Ermitteln Sie die Lage des ersten Vokals im Titel:

```
SELECT title, REGEXP_INSTR(title, '[aeiou]')
       AS first_vowel
FROM movies;

 TITLE                        FIRST_VOWEL
---------------------------- -------------
 10 Things I Hate About You             6
 22 Jump Street                         5
 The Blues Brothers                     3
 Ferris Bueller's Day Off               2
```

Geben Sie alle Zahlen im Titel zurück:

```
SELECT title, REGEXP_SUBSTR(title, '[0-9]+')
       AS nums
FROM movies
WHERE REGEXP_SUBSTR(title, '[0-9]+') IS NOT NULL;

 TITLE                        NUMS
---------------------------- ------
 10 Things I Hate About You    10
 22 Jump Street                22
```

Ersetzen Sie alle Zahlen im Titel durch die Zahl 100:

```
SELECT REGEXP_REPLACE(title, '[0-9]+', '100')
       AS one_hundred_title
FROM movies;

 ONE_HUNDRED_TITLE
-----------------------------
 100 Things I Hate About You
 100 Jump Street
```

> Weitere Einzelheiten und Beispiele zu regulären Ausdrücken in Oracle finden Sie in der *Oracle Regular Expressions Pocket Reference* (*https://oreil.ly/5As3T*) von Jonathan Gennick und Peter Linsley (O'Reilly).

Reguläre Ausdrücke in PostgreSQL

Verwenden Sie `SIMILAR TO` oder ~, um nach einem regulären Ausdrucksmuster irgendwo in einem String zu suchen.

Hier ist eine Beispieltabelle:

```
           title             |    city
-----------------------------+-------------
 10 Things I Hate About You  | Seattle
 22 Jump Street              | New Orleans
 The Blues Brothers          | Chicago
 Ferris Bueller's Day Off    | Chi
```

Suchen Sie alle unterschiedlichen Schreibweisen von Chicago:

```
SELECT *
FROM movies
WHERE city SIMILAR TO '(Chicago|CHI|Chi|Chitown)';

          title           | city
--------------------------+---------
 The Blues Brothers       | Chicago
 Ferris Bueller's Day Off | Chi
```

Reguläre Ausdrücke in PostgreSQL unterscheiden bei Zeichen-Strings zwischen Groß- und Kleinschreibung; `CHI` und `Chi` werden als unterschiedliche Werte betrachtet.

SIMILAR TO versus ~

`SIMILAR TO` bietet eingeschränkte Fähigkeiten für reguläre Ausdrücke und wird am häufigsten verwendet, um mehrere Alternativen zu erlauben (`Chicago|CHI|Chi`). Andere verbreitete Regex-Symbole zur Verwendung mit `SIMILAR TO` sind * (0 oder mehr), + (1 oder mehr) und {} (exakte Anzahl).

Die Tilde (~) sollte für aufwendigere reguläre Ausdrücke zusammen mit der POSIX-Syntax (*https://oreil.ly/Thzdv*) verwendet werden, die eine andere Sorte regulärer Ausdrücke ist, die PostgreSQL unterstützt.

Die vollständige Liste der unterstützten Symbole finden Sie in der PostgreSQL-Dokumentation (*https://oreil.ly/wsB46*).

Das folgende Beispiel verwendet ~ anstelle von `SIMILAR TO`.

Suchen Sie alle Filme mit Zahlen im Titel:

```
SELECT *
FROM movies
WHERE title ~ '\d';

+---------------------------+-------------+
| title                     | city        |
+---------------------------+-------------+
| 10 Things I Hate About You | Seattle     |
| 22 Jump Street            | New Orleans |
+---------------------------+-------------+
```

PostgreSQL unterstützt auch `REGEXP_REPLACE`, das Ihnen erlaubt, Zeichen in einem String zu ersetzen, die einem bestimmten Muster entsprechen.

Ersetzen Sie alle Zahlen im Titel durch die Zahl `100`:

```
SELECT REGEXP_REPLACE(title, '\d+', '100')
FROM movies;

regexp_replace
-----------------------------
100 Things I Hate About You
100 Jump Street
```

```
The Blues Brothers
Ferris Bueller's Day Off
```

Der reguläre Ausdruck `\d` ist äquivalent zu `[0-9]` und `[[:digit::]]`.

Reguläre Ausdrücke in SQL Server

SQL Server unterstützt durch sein `LIKE`-Schlüsselwort eine sehr beschränkte Menge an regulären Ausdrücken.

Hier ist eine Beispieltabelle:

```
title                        city
---------------------------- ------------
10 Things I Hate About You   Seattle
22 Jump Street               New Orleans
The Blues Brothers           Chicago
Ferris Bueller's Day Off     Chi
```

SQL Server verwendet eine etwas andere Ausprägung der Syntax regulärer Ausdrücke, die in der Microsoft-Dokumentation (*https://oreil.ly/QANyP*) ausführlicher dargestellt wird.

Suchen Sie alle Filme mit Zahlen im Titel:

```
SELECT *
FROM movies
WHERE title LIKE '%[0-9]%';
```

```
title                        city
---------------------------- ------------
10 Things I Hate About You   Seattle
22 Jump Street               New Orleans
```

Daten in einen String-Datentyp konvertieren

Wenn String-Funktionen auf Nicht-String-Datentypen angewandt werden, ist das normalerweise kein Problem, auch wenn die Datentypen nicht zueinander passen.

Die folgende Tabelle enthält eine numerische Spalte namens `numbers`:

```
+---------+
| numbers |
+---------+
| 1.33    |
```

```
| 2.5     |
| 3.777   |
+---------+
```

Wenn die String-Funktion `LENGTH` (oder `LEN` in *SQL Server*) auf die numerische Spalte angewandt wird, dann wird die Anweisung in den meisten RDBMS ohne Fehler ausgeführt:

```
SELECT LENGTH(numbers) AS len_num
FROM my_table;

-- MySQL-, Oracle-, SQL Server- und SQLite-Ergebnisse
+---------+
| len_num |
+---------+
|       4 |
|       3 |
|       5 |
+---------+

-- PostgreSQL-Ergebnisse
Error
```

In *PostgreSQL* müssen Sie die numerische Spalte explizit mit `CAST` in eine String-Spalte umwandeln:

```
SELECT LENGTH(CAST(numbers AS CHAR(5))) AS len_num
FROM my_table;

 len_num
---------
       4
       3
       5
```

Mit `CAST` wird der Datentyp der Spalte nicht dauerhaft verändert – die Änderung gilt nur für die Dauer der Abfrage. Um den Datentyp einer Spalte permanent zu ändern, können Sie die Tabelle verändern.

Datum/Zeit-Funktionen

Datum/Zeit-Funktionen können auf Spalten mit Datum/Zeit-Datentypen angewandt werden. Dieser Abschnitt behandelt gebräuchliche Datum/Zeit-Funktionen in SQL.

Das aktuelle Datum oder die aktuelle Zeit zurückgeben

Die folgenden Anweisungen liefern das aktuelle Datum, die aktuelle Zeit und die aktuellen Datums- und Zeitwerte zurück:

```
-- MySQL, PostgreSQL und SQLite
SELECT CURRENT_DATE;
SELECT CURRENT_TIME;
SELECT CURRENT_TIMESTAMP;

-- Oracle
SELECT CURRENT_DATE FROM dual;
SELECT CAST(CURRENT_TIMESTAMP AS TIME) FROM dual;
SELECT CURRENT_TIMESTAMP FROM dual;

-- SQL Server
SELECT CAST(CURRENT_TIMESTAMP AS DATE);
SELECT CAST(CURRENT_TIMESTAMP AS TIME);
SELECT CURRENT_TIMESTAMP;
```

Es gibt viele weitere Funktionen, die äquivalent zu diesen sind, einschließlich `CURDATE()` in *MySQL*, `GETDATE()` in *SQL Server* usw.

Die folgenden drei Situationen zeigen Ihnen, wie diese Funktionen in der Praxis eingesetzt werden.

Zeigen Sie die aktuelle Zeit an:

```
SELECT CURRENT_TIME;

+--------------+
| current_time |
+--------------+
| 20:53:35     |
+--------------+
```

Erzeugen Sie eine Tabelle, die das Datum und die Zeit der Herstellung angibt:

```
CREATE TABLE my_table
       (id INT,
       creation_datetime TIMESTAMP DEFAULT
                         CURRENT_TIMESTAMP);

INSERT INTO my_table (id)
       VALUES (1), (2), (3);
```

```
+------+---------------------+
| id   | creation_datetime   |
+------+---------------------+
|    1 | 2021-02-15 20:57:12 |
|    2 | 2021-02-15 20:57:12 |
|    3 | 2021-02-15 20:57:12 |
+------+---------------------+
```

Suchen Sie alle Datenzeilen vor einem bestimmten Datum:

```
SELECT *
FROM   my_table
WHERE  creation_datetime < CURRENT_DATE;
```

```
+------+---------------------+
| id   | creation_datetime   |
+------+---------------------+
|    1 | 2021-01-15 10:47:02 |
|    2 | 2021-01-15 10:47:02 |
|    3 | 2021-01-15 10:47:02 |
+------+---------------------+
```

Ein Datums- oder Zeitintervall addieren oder subtrahieren

Sie können zu Datums- und Zeitwerten bestimmte Zeitintervalle (Jahre, Monate, Tage, Stunden, Minuten, Sekunden usw.) addieren oder von ihnen subtrahieren.

Tabelle 7-14 listet die Möglichkeiten auf, einen Tag zu subtrahieren.

Tabelle 7-14: Das Datum von gestern zurückgeben

RDBMS	Code

MySQL	`SELECT CURRENT_DATE - INTERVAL 1 DAY;`
	`SELECT SUBDATE(CURRENT_DATE, 1);`
	`SELECT DATE_SUB(CURRENT_DATE, INTERVAL 1 DAY);`

Oracle	`SELECT CURRENT_DATE - INTERVAL '1' DAY FROM dual;`
PostgreSQL	`SELECT CAST(CURRENT_DATE - INTERVAL '1 day' AS DATE);`

Tabelle 7-14: Das Datum von gestern zurückgeben (Fortsetzung)

RDBMS	Code

SQL Server	`SELECT CAST(CURRENT_TIMESTAMP - 1 AS DATE);`
	`SELECT DATEADD(DAY, -1, CAST(`
	`       CURRENT_TIMESTAMP AS DATE));`

SQLite	`SELECT DATE(CURRENT_DATE, '-1 day');`

Tabelle 7-15 listet die Möglichkeiten auf, drei Stunden zu addieren.

Tabelle 7-15: Das Datum und die Uhrzeit für drei Stunden später zurückgeben

RDBMS	Code

MySQL	`SELECT CURRENT_TIMESTAMP + INTERVAL 3 HOUR;`
	`SELECT ADDDATE(CURRENT_TIMESTAMP,`
	`       INTERVAL 3 HOUR);`
	`SELECT DATE_ADD(CURRENT_TIMESTAMP,`
	`       INTERVAL 3 HOUR);`

Oracle	`SELECT CURRENT_TIMESTAMP + INTERVAL '3' HOUR` `FROM   dual;`
PostgreSQL	`SELECT CURRENT_TIMESTAMP +` `       INTERVAL '3 hours';`
SQL Server	`SELECT DATEADD(HOUR, 3, CURRENT_TIMESTAMP);`
SQLite	`SELECT DATETIME(CURRENT_TIMESTAMP,` `       '+3 hours');`

Die Differenz zwischen zwei Datums- oder Zeitangaben ermitteln

Sie können die Differenz zwischen zwei Datums-, zwei Zeit- oder zwei Datum/Zeit-Angaben in Bezug auf die verschiedenen Zeitintervalle (Jahre, Monate, Tage, Stunden, Minuten, Sekunden usw.) ermitteln.

Ermitteln einer Datumsdifferenz

Für ein vorgegebenes Start- und Enddatum finden Sie in Tabelle 7-16 Möglichkeiten, die Anzahl der Tage zwischen den zwei Daten festzustellen.

Hier ist eine Beispieltabelle:

```
+------------+------------+
| start_date | end_date   |
+------------+------------+
| 2016-10-10 | 2020-11-11 |
| 2019-03-03 | 2021-04-04 |
+------------+------------+
```

Tabelle 7-16: Anzahl der Tage zwischen zwei Daten

RDBMS	Code
MySQL	`SELECT DATEDIFF(end_date, start_date) AS day_diff FROM my_table;`
Oracle	`SELECT (end_date - start_date) AS day_diff FROM my_table;`
PostgreSQL	`SELECT AGE(end_date, start_date) AS day_diff FROM my_table;`
SQL Server	`SELECT DATEDIFF(day, start_date, end_date) AS day_diff FROM my_table;`
SQLite	`SELECT (julianday(end_date) - julianday(start_date)) AS day_diff FROM my_table;`

Nach dem Ausführen des Codes in der Tabelle erhalten Sie folgende Ergebnisse:

```
-- MySQL, Oracle, SQL Server und SQLite
+----------+
| day_diff |
+----------+
|     1493 |
|      763 |
+----------+

-- PostgreSQL

       day_diff
--------------------
 4 years 1 mon 1 day
 2 years 1 mon 1 day
```

Eine Zeitdifferenz ermitteln

Für eine vorgegebene Start- und Endzeit finden Sie in Tabelle 7-17 Möglichkeiten, die Anzahl an Sekunden zwischen den beiden Zeiten zu ermitteln.

Hier ist eine Beispieltabelle:

```
+------------+----------+
| start_time | end_time |
+------------+----------+
| 10:30:00   | 11:30:00 |
| 14:50:32   | 15:22:45 |
+------------+----------+
```

Tabelle 7-17: Sekunden zwischen zwei Zeiten

RDBMS	Code
MySQL	`SELECT TIMEDIFF(end_time, start_time) AS time_diff FROM my_table;`
Oracle	kein Zeit-Datentyp
PostgreSQL	`SELECT EXTRACT(epoch from end_time - start_time) AS time_diff FROM my_table;`
SQL Server	`SELECT DATEDIFF(second, start_time, end_time) AS time_diff FROM my_table;`
SQLite	`SELECT (strftime('%s',end_time) - strftime('%s',start_time)) AS time_diff FROM my_table;`

Nach dem Ausführen des Codes aus der Tabelle erhalten Sie folgende Ergebnisse:

```
-- MySQL
+-----------+
| time_diff |
+-----------+
| 01:00:00  |
| 00:32:13  |
+-----------+
-- PostgreSQL, SQL Server und SQLite
```

```
time_diff
-----------
3600
1933
```

Eine Datum/Zeit-Differenz ermitteln

Für vorgegebene Start- und Endwerte der Datum/Zeit listet Tabelle 7-18 Möglichkeiten auf, die Anzahl der Stunden zwischen den zwei Daten/Zeiten zu ermitteln. Hier ist eine Beispieltabelle:

```
+---------------------+---------------------+
| start_dt            | end_dt              |
+---------------------+---------------------+
| 2016-10-10 10:30:00 | 2020-11-11 11:30:00 |
| 2019-03-03 14:50:32 | 2021-04-04 15:22:45 |
+---------------------+---------------------+
```

Tabelle 7-18: Stunden zwischen zwei Daten/Zeiten

RDBMS	Code
MySQL	`SELECT TIMESTAMPDIFF(hour, start_dt, end_dt) AS hour_diff FROM my_table;`
Oracle	`SELECT (end_dt - start_dt) AS hour_diff FROM my_table;`
PostgreSQL	`SELECT AGE(end_dt, start_dt) AS hour_diff FROM my_table;`
SQL Server	`SELECT DATEDIFF(hour, start_dt, end_dt) AS hour_diff FROM my_table;`
SQLite	`SELECT ((julianday(end_dt) - julianday(start_dt))*24) AS hour_diff FROM my_table;`

Nach dem Ausführen des Codes aus der Tabelle erhalten Sie folgende Ergebnisse:

```
-- MySQL, SQL Server und SQLite
+-----------+
| hour_diff |
+-----------+
|     35833 |
|     18312 |
+-----------+
```

```
-- Oracle

 HOUR_DIFF
---------------------------
 +000001493 01:00:00.000000
 +000000763 00:32:13.000000

-- PostgreSQL

          hour_diff
------------------------------
 4 years 1 mon 1 day 01:00:00
 2 years 1 mon 1 day 00:32:13
```

Das *PostgreSQL*-Ergebnis ist etwas länger:

```
SELECT AGE(end_dt, start_dt)
FROM my_table;

              age
------------------------------
 4 years 1 mon 1 day 01:00:00
 2 years 1 mon 1 day 00:32:13
```

Mit der EXTRACT-Funktion können Sie das year-Feld herauslösen.

```
SELECT EXTRACT(year FROM
               AGE(end_dt, start_dt))
FROM my_table;

 date_part
-----------
         4
         2
```

Einen Teil eines Datums oder einer Zeit extrahieren

Es gibt mehrere Möglichkeiten, um eine Zeiteinheit (Monat, Stunde usw.) aus einem Datums- oder Zeitwert zu extrahieren. Tabelle 7-19 zeigt Ihnen, wie Sie das speziell für die Zeiteinheit Monat erledigen.

Tabelle 7-19: Den Monat aus einem Datum extrahieren

RDBMS	Code
MySQL	`SELECT EXTRACT(month FROM CURRENT_DATE);` `SELECT MONTH(CURRENT_DATE);`
Oracle	`SELECT EXTRACT(month FROM CURRENT_DATE)` `FROM   dual;`
PostgreSQL	`SELECT EXTRACT(month FROM CURRENT_DATE);` `SELECT DATE_PART('month', CURRENT_DATE);`
SQL Server	`SELECT DATEPART(month, CURRENT_TIMESTAMP);` `SELECT MONTH(CURRENT_TIMESTAMP);`
SQLite	`SELECT strftime('%m', CURRENT_DATE);`

Sowohl *MySQL* als auch *SQL Server* unterstützen zeiteinheitenspezifische Funktionen wie `MONTH()`, wie Sie in Tabelle 7-19 sehen.

- *MySQL* unterstützt `YEAR()`, `QUARTER()`, `MONTH()`, `WEEK()`, `DAY()`, `HOUR()`, `MINUTE()` und `SECOND()`.
- *SQL Server* unterstützt `YEAR()`, `MONTH()` und `DAY()`.

Sie können die `month`- oder `%m`-Werte in Tabelle 7-19 durch andere Zeiteinheiten ersetzen. Tabelle 7-20 listet die Zeiteinheiten auf, die von den einzelnen RDBMS akzeptiert werden.

Tabelle 7-20: Zeiteinheitenoptionen

MySQL	Oracle	PostgreSQL	SQL Server	SQLite
microsecond	second	microsecond	nanosecond	%f (Sekundenbruchteil)
second	minute	millisecond	microsecond	%S (Sekunde)
minute	hour	second	millisecond	%s (Sekunden seit 1970-01-01)
hour	day	minute	second	%M (Minute)
day	month	hour	minute	%H (Stunde)
week	year	day	hour	%J (julianische Tagesnummer)
month		dow	week	%w (Tag der Woche)
quarter		week	weekday	%d (Tag des Monats)
year		month	day	%j (Tag des Jahres)
		quarter	dayofyear	%W (Woche des Jahres)
		year	month	%m (Monat)
		decade	quarter	%Y (Jahr)
		century	year	

Sie können eine Zeiteinheit auch aus einem String-Wert extrahieren. Der Code ist in Tabelle 7-28 zu finden.

Den Wochentag eines Datums ermitteln

Stellen Sie für ein vorgegebenes Datum den Wochentag fest:

- Datum: `2020-03-16`
- Numerischer Wochentag: `2` (der erste Tag ist Sonntag)
- Wochentag: `Montag`

Tabelle 7-21 liefert den numerischen Wochentag eines bestimmten Datums zurück. Der erste Tag ist Sonntag, der zweite Montag und so weiter.

Tabelle 7-21: Den numerischen Wochentag zurückgeben

RDBMS	Code	Wertebereich
MySQL	`SELECT DAYOFWEEK('2020-03-16');`	1 bis 7

Oracle	`SELECT TO_CHAR(`
	`date '2020-03-16', 'd')`
	`FROM dual;`
		1 bis 7

PostgreSQL	`SELECT DATE_PART('dow',` `date '2020-03-16');`	0 bis 6
SQL Server	`SELECT DATEPART(weekday,` `'2020-03-16');`	1 bis 7
SQLite	`SELECT strftime('%w',` `'2020-03-16');`	0 bis 6

Tabelle 7-22 liefert für ein bestimmtes Datum den Wochentag zurück.

Tabelle 7-22: Den Wochentag zurückliefern

RDBMS	Code
MySQL	`SELECT DAYNAME('2020-03-16');`

Tabelle 7-22: Den Wochentag zurückliefern (Fortsetzung)

RDBMS	Code
Oracle	`SELECT TO_CHAR(date '2020-03-16', 'day')` `FROM   dual;`
PostgreSQL	`SELECT TO_CHAR(date '2020-03-16', 'day');`
SQL Server	`SELECT DATENAME(weekday, '2020-03-16');`
SQLite	nicht verfügbar

Ein Datum auf die nächstgelegene Zeiteinheit runden

Oracle und *PostgreSQL* unterstützen das Runden und Trunkieren (auch als Abrunden bezeichnet).

Runden in Oracle

Oracle unterstützt das Runden und Trunkieren eines Datums auf das nächstgelegene Jahr, den nächstgelegenen Monat oder Tag (erster Tag der Woche).

Um auf den Ersten des Monats abzurunden:

```
SELECT TRUNC(date '2020-02-25', 'month')
FROM   dual;

01-FEB-20
```

Um auf den nächstgelegenen Monat zu runden:

```
SELECT ROUND(date '2020-02-25', 'month')
FROM   dual;

01-MAR-20
```

Runden in PostgreSQL

PostgreSQL unterstützt das Trunkieren eines Datums auf jeweils das Nächstgelegene: Jahr, Quartal, Monat, Woche (erster Tag der Woche), Tag, Stunde, Minute oder Sekunde. Zusätzliche Zeiteinheiten finden Sie in der PostgreSQL-Dokumentation (*https://oreil.ly/OONv8*).

Um auf den Ersten des Monats abzurunden:

```
SELECT DATE_TRUNC('month', DATE '2020-02-25');

2020-02-01 00:00:00-06
```

Um auf die Minute abzurunden:

```
SELECT DATE_TRUNC('minute', TIME '10:30:59.12345');

10:30:00
```

Einen String in einen Datum/Zeit-Datentyp konvertieren

Es gibt zwei Möglichkeiten, einen String in einen Datum/Zeit-Datentyp zu konvertieren:

- Für einen einfachen Fall nutzen Sie die CAST-Funktion.
- Für einen speziellen Fall verwenden Sie STR_TO_DATE/TO_DATE/CONVERT.

Die CAST-Funktion

Wenn eine String-Spalte Daten in einem Standardformat enthält, können Sie die CAST-Funktion verwenden, um sie in einen Datum-Datentyp zu verwandeln.

Tabelle 7-23 zeigt den Code zum Konvertieren in einen Datum-Datentyp.

Tabelle 7-23: Einen String in ein Datum konvertieren

RDBMS	Erforderliches Datumsformat	Code
MySQL, PostgreSQL, SQL Server	YYYY-MM-DD	`SELECT CAST('2020-10-15' AS DATE);`
Oracle	DD-MON-YYYY	`SELECT CAST('15-OCT-2020' AS DATE) FROM dual;`
SQLite	YYYY-MM-DD	`SELECT DATE('2020-10-15');`

Tabelle 7-24 zeigt den Code zum Konvertieren in einen Zeit-Datentyp.

Tabelle 7-24: Einen String in eine Zeit konvertieren

RDBMS	Erforderliches Zeitformat	Code
MySQL, PostgreSQL, SQL Server	`hh:mm:ss`	`SELECT CAST('14:30' AS TIME);`
Oracle	`hh:mm:ss` `hh:mm:ss AM/PM`	`SELECT CAST('02:30:00 PM' AS TIME) FROM dual;`
SQLite	`hh:mm:ss`	`SELECT TIME('14:30');`

Tabelle 7-25 zeigt den Code zum Konvertieren in einen Datum/Zeit-Datentyp.

Tabelle 7-25: Einen String in Datum/Zeit konvertieren

RDBMS	Erforderliches Datum/Zeit-Format	Code
MySQL, SQL Server	`YYYY-MM-DD hh:mm:ss`	`SELECT CAST('2020-10-15 14:30' AS DATETIME);`
Oracle	`DD-MON-YYYY hh:mm:ss` `DD-MON-YYYY hh:mm:ss AM/PM`	`SELECT CAST('15-OCT-20 02:30:00 PM' AS TIMESTAMP) FROM dual;`
PostgreSQL	`YYYY-MM-DD hh:mm:ss`	`SELECT CAST('2020-10-15 14:30' AS TIMESTAMP);`
SQLite	`YYYY-MM-DD hh:mm:ss`	`SELECT DATETIME('2020-10-15 14:30');`

Mit der `CAST`-Funktion lassen sich Datumsangaben auch in numerische und String-Datentypen konvertieren.

Die Funktionen STR_TO_DATE, TO_DATE und CONVERT

Für Datums- und Zeitangaben, die nicht in den Standardformaten `YYYY-MM-DD`/`DD-MON-YYYY`/`hh:mm:ss` vorliegen, verwenden Sie stattdessen eine String-zu-Datum- oder String-zu-Zeit-Funktion.

Tabelle 7-26 listet die String-zu-Datum- und String-zu-Zeit-Funktionen für die einzelnen RDBMS auf. Die Beispiel-Strings in dem Code liegen in den nicht standardgemäßen Formaten `MM-DD-YY` und `hhmm` vor.

Tabelle 7-26: String-zu-Datum- und String-zu-Zeit-Funktionen

RDBMS	String-zu-Datum	String-zu-Zeit

MySQL	`SELECT`
	`STR_TO_DATE('10-15-22',`
	`'%m-%d-%y');`
		`SELECT`
		`STR_TO_DATE('1030',`
		`'%H%i');`

Oracle	`SELECT`
	`TO_DATE('10-15-22',`
	`'MM-DD-YY')`
	`FROM dual;`
		`SELECT`
		`TO_TIMESTAMP('1030',`
		`'HH24MI')`
		`FROM dual;`

PostgreSQL	`SELECT`
	`TO_DATE('10-15-22',`
	`'MM-DD-YY');`
		`SELECT`
		`TO_TIMESTAMP('1030',`
		`'HH24MI');`

SQL Server	`SELECT CONVERT(`
	`VARCHAR, '10-15-22',`
	`105);`
		`SELECT CAST(`
		`CONCAT(10,':',30)`
		`AS TIME);`

SQLite	keine Nicht-Standard-Datumsfunktion	keine Nicht-Standard-Zeitfunktion

SQL Server verwendet die Funktion `CONVERT`, um einen String in einen Datum/Zeit-Datentyp umzuwandeln. `VARCHAR` ist der ursprüngliche Datentyp, `10-15-22` ist das Datum, und `105` steht für das Format `MM-DD-YYYY`.

Andere Datumsformate sind `MM/DD/YYYY` (101), `YYYY.MM.DD` (102), `DD/MM/YYYY` (103) und `DD.MM.YYYY` (104). Weitere Formate sind in der Microsoft-Dokumentation (*https://oreil.ly/qY0IH*) aufgeführt.

Die Zeitformate sind `hh:mi:ss` (108) und `hh:mi:ss:mmm` (114), die beide nicht dem Format in Tabelle 7-26 entsprechen. Deshalb kann die Zeit durch SQL Server nicht mittels `CONVERT` eingelesen werden.

Sie können die `%H%i`- oder `HH24MI`-Werte in Tabelle 7-26 durch andere Zeiteinheiten ersetzen. Tabelle 7-27 listet gebräuchliche Formatspezifikatoren für *MySQL*, *Oracle* und *PostgreSQL* auf.

Tabelle 7-27: Datum/Zeit-Formatspezifikatoren

MySQL	Oracle und PostgreSQL	Beschreibung
%Y	YYYY	4-stelliges Jahr
%y	YY	2-stelliges Jahr
%m	MM	numerischer Monat (1–12)
%b	MON	abgekürzter Monat (Jan–Dec)
%M	MONTH	Monatsname (January–December)
%d	DD	Tag (1–31)
%H	HH24	24 Stunden (0–23)
%h	HH oder HH12	12 Stunden (1–12)
%i	MI	Minuten (0–59)
%s	SS	Sekunden (0–59)

Eine Datumsfunktion auf eine String-Spalte anwenden

Stellen Sie sich vor, Sie hätten die folgende String-Spalte:

```
str_column
10/15/2022
10/16/2023
10/17/2024
```

Sie wollen aus allen Datumsangaben das Jahr extrahieren:

```
year_column
2022
2023
2024
```

Problem

Sie können eine Datum/Zeit-Funktion (`EXTRACT`) nicht auf eine String-Spalte anwenden (`str_column`).

Lösung

Zuerst konvertieren Sie die String-Spalte in eine Datumsspalte. Dann wenden Sie die Datum/Zeit-Funktion an. Tabelle 7-28 listet für die einzelnen RDBMS auf, wie Sie das machen.

Tabelle 7-28: Das Jahr aus einem String extrahieren

RDBMS	Code

MySQL	`SELECT YEAR(STR_TO_DATE(str_column,`
	`'%m/%d/%Y'))`
	`FROM my_table;`

Oracle	`SELECT EXTRACT(YEAR FROM TO_DATE(str_column,`
	`'MM/DD/YYYY'))`
	`FROM my_table;`

PostgreSQL	`SELECT EXTRACT(YEAR FROM TO_DATE(str_column,`
	`'MM/DD/YYYY'))`
	`FROM my_table;`

SQL Server	`SELECT YEAR(CONVERT(CHAR, str_column, 101))` `FROM my_table;`
SQLite	`SELECT SUBSTR(str_column, 7)` `FROM my_table;`

SQLite besitzt keine Datum/Zeit-Funktionen. Um hier Abhilfe zu schaffen, können Sie die SUBSTR-(Teilstring-) Funktion nutzen, um die letzten vier Stellen zu extrahieren.

Null-Funktionen

Null-Funktionen können auf jede Art von Spalte angewandt werden. Sie werden ausgelöst, wenn ein Null-Wert erkannt wird.

Einen alternativen Wert zurückgeben, wenn es einen Null-Wert gibt

Nutzen Sie die COALESCE-Funktion.

Hier ist eine Beispieltabelle:

```
+------+----------+
| id   | greeting |
+------+----------+
|    1 | hi there |
|    2 | hello!   |
|    3 | NULL     |
+------+----------+
```

Wenn es keine Begrüßung gibt, geben Sie `hi` zurück:

```
SELECT COALESCE(greeting, 'hi') AS greeting
FROM my_table;

+----------+
| greeting |
+----------+
| hi there |
| hello!   |
| hi       |
+----------+
```

MySQL und *SQLite* akzeptieren auch `IFNULL(greeting, 'hi')`.

Oracle akzeptiert auch `NVL(greeting, 'hi')`.

SQL Server akzeptiert auch `ISNULL(greeting, 'hi')`.

KAPITEL 8

Erweiterte Abfragekonzepte

In diesem Kapitel werden einige erweiterte Möglichkeiten der Datenverarbeitung mittels SQL-Abfragen behandelt, die über die grundlegenden sechs Klauseln in Kapitel 4 und die gebräuchlichen Schlüsselwörter in Kapitel 7 hinausgehen.

Tabelle 8-1 enthält Beschreibungen und Codebeispiele für die vier Konzepte, die in diesem Kapitel betrachtet werden.

Tabelle 8-1: Erweiterte Abfragekonzepte

Konzept	Beschreibung	Codebeispiel

Case-Anweisungen	Wenn eine Bedingung eintritt, wird ein bestimmter Wert zurückgegeben. Ansonsten wird ein anderer Wert zurückgegeben.	`SELECT house_id,`
		`  CASE WHEN flg = 1`
		`  THEN 'for sale'`
		`  ELSE 'sold' END`
		`FROM houses;`

Gruppieren und Zusammenfassen	Teilt die Daten in Gruppen auf, fasst die Daten in den einzelnen Gruppen zusammen und liefert für jede *Gruppe* einen Wert zurück.	`SELECT zip, AVG(ft)`
		`FROM houses`
		`GROUP BY zip;`

Fensterfunktionen	Teilt die Daten in Gruppen auf, fasst die Daten in den einzelnen Gruppen zusammen oder ordnet sie und liefert einen Wert für jede *Zeile* zurück.	`SELECT zip,`
		`  ROW_NUMBER() OVER`
		`  (PARTITION BY zip`
		`  ORDER BY price)`
		`FROM houses;`

Pivoting und Unpivoting	Verwandelt die Werte aus einer Spalte in mehrere Spalten oder legt mehrere Spalten zu einer einzigen Spalte zusammen. Unterstützt von *Oracle* und *SQL Server*.	`-- Oracle-Syntax`
		`SELECT *`
		`FROM listing_info`
		`PIVOT`
		`  (COUNT(*) FOR`
		`  room IN ('bd','br'));`

Dieses Kapitel beschreibt die einzelnen Konzepte aus Tabelle 8-1 im Detail und zeigt gebräuchliche Anwendungsfälle.

Case-Anweisungen

Eine `CASE`-Anweisung dient dazu, innerhalb einer Abfrage eine Wenn-dann-Logik (`if-else`) anzuwenden. Sie könnten zum Beispiel eine `CASE`-Anweisung nutzen, um Werte auszuschreiben. Wenn eine `1` gesehen wird, zeigen Sie `vip` an. Ansonsten zeigen Sie `general admission` an.

```
+--------+        +-------------------+
| ticket |        | ticket            |
+--------+        +-------------------+
|      1 |        | vip               |
|      0 |  -->   | general admission |
|      1 |        | vip               |
+--------+        +-------------------+
```

In *Oracle* könnte Ihnen auch die `DECODE`-Funktion begegnen. Dabei handelt es sich um eine ältere Funktion, die ähnlich arbeitet wie die `CASE`-Anweisung.

> Beim Einsatz einer `CASE`-Anweisung werden Werte temporär für die Dauer einer Abfrage aktualisiert. Um die aktualisierten Werte zu sichern, könnten Sie eine UPDATE-Anweisung einsetzen.

Die folgenden zwei Abschnitte befassen sich mit zwei Typen von `CASE`-Anweisungen:

- *Simple* `CASE`-Anweisung für eine *einzelne Datenspalte*
- *Searched* `CASE`-Anweisung für *mehrere Datenspalten*

Werte basierend auf einer If-Then-Logik für eine einzelne Spalte anzeigen

Um auf Gleichheit innerhalb einer einzelnen Datenspalte zu prüfen, verwenden Sie die *simple* `CASE`-Anweisungssyntax.

Unser Ziel:

Anstatt die Werte `1`/`0`/`NULL` anzuzeigen, sollen die Werte `vip`/`reserved seating`/`general admission` angezeigt werden:

- wenn `flag` = `1`, dann `ticket` = `vip`
- wenn `flag` = `0`, dann `ticket` = `reserved seating`
- ansonsten `ticket` = `general admission`

Hier ist eine Beispieltabelle:

```
SELECT * FROM concert;

+-------+------+
| name  | flag |
+-------+------+
| anton |    1 |
| julia |    0 |
| maren |    1 |
| sarah | NULL |
+-------+------+
```

Implementieren Sie die If-Else-Logik mit einer einfachen `CASE`-Anweisung:

```
SELECT name, flag,
   CASE flag WHEN 1 THEN 'vip'
   WHEN 0 THEN 'reserved seating'
   ELSE 'general admission' END AS ticket
FROM concert;

+-------+------+-------------------+
| name  | flag | ticket            |
+-------+------+-------------------+
| anton |    1 | vip               |
| julia |    0 | reserved seating  |
| maren |    1 | vip               |
| sarah | NULL | general admission |
+-------+------+-------------------+
```

Wenn keine `WHEN`-Klausel zutrifft und kein `ELSE`-Wert angegeben wurde, wird `NULL` zurückgegeben.

Werte basierend auf einer If-Then-Logik für mehrere Spalten anzeigen

Um in potenziell mehreren Datenspalten auf irgendeine Bedingung (=, <, IN, IS NULL usw.) zu prüfen, nutzen Sie die *searched* CASE-Anweisungssyntax.

Unser Ziel:

Statt der Werte 1/0/NULL sollen die Werte vip/reserved seating/general admission angezeigt werden:

- wenn name = anton, dann ticket = vip
- wenn flag = 0 oder flag = 1, dann ticket = reserved seating
- ansonsten ticket = general admission

Hier ist eine Beispieltabelle:

```
SELECT * FROM concert;

+-------+------+
| name  | flag |
+-------+------+
| anton |    1 |
| julia |    0 |
| maren |    1 |
| sarah | NULL |
+-------+------+
```

Implementieren Sie die If-Else-Logik mit einer searched CASE-Anweisung:

```
SELECT name, flag,
   CASE WHEN name = 'anton' THEN 'vip'
   WHEN flag IN (0,1) THEN 'reserved seating'
   ELSE 'general admission' END AS ticket
FROM concert;

+-------+------+-------------------+
| name  | flag | ticket            |
+-------+------+-------------------+
| anton |    1 | vip               |
| julia |    0 | reserved seating  |
| maren |    1 | reserved seating  |
| sarah | NULL | general admission |
+-------+------+-------------------+
```

Falls mehrere Bedingungen erfüllt werden, hat die erste aufgeführte Bedingung Vorrang.

> Um alle `NULL`-Werte in einer Spalte durch einen anderen Wert zu ersetzen, könnten Sie eine `CASE`-Anweisung verwenden. Es ist jedoch üblicher, stattdessen die `NULL`-Funktion `COALESCE` zu nutzen.

Gruppieren und Zusammenfassen

SQL erlaubt Ihnen, Zeilen in Gruppen aufzuteilen und die Zeilen innerhalb der einzelnen Gruppen in irgendeiner Weise zusammenzufassen, sodass am Ende nur eine Zeile pro Gruppe zurückgeliefert wird.

Tabelle 8-2 listet die Konzepte für das Gruppieren und Zusammenfassen von Daten auf.

Tabelle 8-2: Konzepte für das Gruppieren und Zusammenfassen

Kategorie	**Schlüsselwort**	**Beschreibung**
Hauptkonzept	`GROUP BY`	Benutzt die `GROUP BY`-Klausel zum Aufteilen der Datenzeilen in Gruppen.

Möglichkeiten zum Zusammenfassen der Zeilen in den einzelnen Gruppen	`COUNT`
	`SUM`
	`MIN`
	`MAX`
	`AVG`
		Diese Aggregatfunktionen fassen mehrere Datenzeilen in *einem einzigen Wert* zusammen.

	`ARRAY_AGG`
	`GROUP_CONCAT`
	`LISTAGG`
	`STRING_AGG`
		Diese Funktionen kombinieren mehrere Datenzeilen in *einer einzigen Liste*.

Erweiterungen der `GROUP BY`-Klausel	`ROLLUP`	Schließt Zeilen für Zwischensummen und die Endsumme ein.
	`CUBE`	Schließt Aggregationen für alle möglichen Kombinationen der gruppierten Spalten ein.
	`GROUPING SETS`	Erlaubt Ihnen, bestimmte Gruppierungen zum Anzeigen anzugeben.

GROUP BY-Grundlagen

Die folgende Tabelle zeigt Ihnen die Menge der von zwei Personen verbrauchten Kalorien:

```
SELECT * FROM workouts;

+------+----------+
| name | calories |
+------+----------+
| ally |       80 |
| ally |       75 |
| ally |       90 |
| jess |      100 |
| jess |       92 |
+------+----------+
```

Um eine zusammenfassende Tabelle herzustellen, müssen Sie entscheiden, wie Sie:

1. die Daten gruppieren: Teilen Sie alle `name`-Werte in zwei Gruppen auf – `ally` und `jess`.
2. die Daten innerhalb der Gruppen zusammenfassen: Ermitteln Sie die Kalorien insgesamt innerhalb der jeweiligen Gruppen.

Legen Sie mithilfe der `GROUP BY`-Klausel eine zusammenfassende Tabelle an:

```
SELECT name,
       SUM(calories) AS total_calories
FROM workouts
GROUP BY name;

+------+----------------+
| name | total_calories |
+------+----------------+
| ally |            245 |
| jess |            192 |
+------+----------------+
```

Mehr dazu, wie `GROUP BY` hinter den Kulissen arbeitet, finden Sie im Abschnitt »Die GROUP BY-Klausel« auf Seite 88 in Kapitel 4.

Nach mehreren Spalten gruppieren

Die folgende Tabelle zeigt die Anzahl der Kalorien, die von zwei Personen während ihres täglichen Workouts verbraucht wurden:

```
SELECT * FROM daily_workouts;

+------+------+------------+----------+
| id   | name | date       | calories |
+------+------+------------+----------+
|    1 | ally | 2021-03-03 |       80 |
|    1 | ally | 2021-03-04 |       75 |
|    1 | ally | 2021-03-05 |       90 |
|    2 | jess | 2021-03-03 |      100 |
|    2 | jess | 2021-03-05 |       92 |
+------+------+------------+----------+
```

Wenn Sie eine Abfrage mit einer GROUP BY-Klausel schreiben, die nach mehreren Spalten gruppiert und/oder mehrere Aggregationen enthält:

- sollte die SELECT-Klausel alle *Spaltennamen* und *Aggregationen* enthalten, die Sie in der Ausgabe sehen wollen.
- sollte die GROUP BY-Klausel die gleichen *Spaltennamen* enthalten, die in der SELECT-Klausel stehen.

Nutzen Sie die GROUP BY-Klausel, um die Statistiken für die einzelnen Personen zusammenzufassen, und geben Sie sowohl id als auch name zusammen mit den beiden Aggregationen zurück:

```
SELECT id, name,
       COUNT(date) AS workouts,
       SUM(calories) AS calories
FROM daily_workouts
GROUP BY id, name;

+------+------+----------+----------+
| id   | name | workouts | calories |
+------+------+----------+----------+
|    1 | ally |        3 |      245 |
|    2 | jess |        2 |      192 |
+------+------+----------+----------+
```

Die GROUP BY-Liste aus Effizienzgründen reduzieren

Wenn Sie wissen, dass jede id mit einem einzigen name verknüpft ist, können Sie die name-Spalte in der GROUP BY-Klausel weglassen und erhalten trotzdem die gleichen Ergebnisse wie in der gerade gezeigten Abfrage:

```
SELECT id,
       MAX(name) AS name,
       COUNT(date) AS workouts,
       SUM(calories) AS calories
FROM daily_workouts
GROUP BY id;
```

Das läuft hinter den Kulissen geschmeidiger, da GROUP BY nur in einer Spalte auftreten muss.

Um das Weglassen von name in der GROUP BY-Klausel zu kompensieren, wurde eine beliebige Aggregatfunktion (MAX) auf die name-Spalte in der SELECT-Klausel angewandt. Da es nur einen name-Wert in jeder id-Gruppe gibt, liefert MAX(name) einfach den name zurück, der mit jeder id verknüpft ist.

Zeilen in einem einzigen Wert oder einer einzigen Liste zusammenfassen

Bei der GROUP BY-Klausel müssen Sie festlegen, wie die Datenzeilen innerhalb der einzelnen Gruppen zusammengefasst werden sollen. Dazu verwenden Sie eine der folgenden Möglichkeiten:

- *eine Aggregatfunktion zum Zusammenfassen von Zeilen in einem einzigen Wert*: COUNT, SUM, MIN, MAX und AVG
- *eine Funktion zum Zusammenfassen von Zeilen in einer Liste* (gezeigt in der Beispieltabelle): GROUP_CONCAT und andere, die in Tabelle 8-3 aufgeführt sind

Hier ist eine Beispieltabelle:

```
SELECT * FROM workouts;
```

```
+------+----------+
| name | calories |
+------+----------+
| ally |       80 |
| ally |       75 |
| ally |       90 |
| jess |      100 |
| jess |       92 |
+------+----------+
```

Nutzen Sie in *MySQL* GROUP_CONCAT, um eine Liste der Kalorien zu erzeugen:

```
SELECT name,
       GROUP_CONCAT(calories) AS calories_list
FROM workouts
GROUP BY name;

+------+---------------+
| name | calories_list |
+------+---------------+
| ally | 80,75,90      |
| jess | 100,92        |
+------+---------------+
```

Die GROUP_CONCAT-Funktion unterscheidet sich in den einzelnen RDBMS. Tabelle 8-3 zeigt die Syntax, die in den jeweiligen RDBMS unterstützt wird:

Tabelle 8-3: Zeilen in den jeweiligen RDBMS in einer Liste zusammenfassen

RDBMS	Code	Vorgegebenes Trennzeichen
MySQL	GROUP_CONCAT(calories) GROUP_CONCAT(calories SEPARATOR ',')	Komma
Oracle	LISTAGG(calories) LISTAGG(calories, ',')	kein Wert
PostgreSQL	ARRAY_AGG(calories)	Komma
SQL Server	STRING_AGG(calories, ',')	Trennzeichen erforderlich
SQLite	GROUP_CONCAT(calories) GROUP_CONCAT(calories, ',')	Komma

In *MySQL*, *Oracle* und *SQLite* ist der Separator (',') optional. *PostgreSQL* akzeptiert kein Trennzeichen, und *SQL Server* verlangt eines.

Sie können auch eine sortierte Liste oder eine eindeutige Liste aus Werten zurückgeben. Tabelle 8-4 zeigt die Syntax für die einzelnen RDBMS.

Tabelle 8-4: Eine sortierte oder eindeutige Liste aus Werten in den einzelnen RDBMS zurückgeben

RDBMS	Sortierte Liste	Eindeutige Liste
MySQL	`GROUP_CONCAT(calories` **`ORDER BY calories)`**	`GROUP_CONCAT(` **`DISTINCT`** `calories)`
Oracle	`LISTAGG(calories)` **`WITHIN GROUP (ORDER BY calories`**`)`	`LISTAGG(`**`DISTINCT`** `calories)`
PostgreSQL	`ARRAY_AGG(calories` **`ORDER BY calories)`**	`ARRAY_AGG(`**`DISTINCT`** `calories)`
SQL Server	`STRING_AGG(calories, ',')` **`WITHIN GROUP(ORDER BY calories)`**	nicht unterstützt
SQLite	nicht unterstützt	`GROUP_CONCAT(` **`DISTINCT`** `calories)`

ROLLUP, CUBE und GROUPING SETS

Zusätzlich zu GROUP BY können Sie auch die Schlüsselwörter ROLLUP, CUBE oder GROUPING SETS hinzufügen, um weitere zusammenfassende Informationen zu erhalten.

Die folgende Tabelle listet fünf Käufe über einen Zeitraum von drei Monaten auf:

```
SELECT * FROM spendings;

 YEAR  MONTH  AMOUNT
----- ------ -------
 2019      1      20
 2019      1      30
 2020      1      42
 2020      2      37
 2020      2     100
```

Die Beispiele in diesem Abschnitt bauen auf dem folgenden GROUP BY-Beispiel auf, das die monatlichen Gesamtausgaben zurückliefert:

```
SELECT year, month,
       SUM(amount) AS total
FROM spendings
GROUP BY year, month
ORDER BY year, month;

 YEAR  MONTH  TOTAL
----- ------ ------
 2019      1     50
 2020      1     42
 2020      2    137
```

ROLLUP

MySQL, *Oracle*, *PostgreSQL* und *SQL Server* unterstützen ROLLUP, das GROUP BY erweitert, indem es zusätzliche Zeilen für Zwischensummen und die Endsumme einfügt.

Zeigen Sie mit ROLLUP die jährlichen Ausgaben und die Gesamtausgaben an. Die Zeilen für die Ausgaben von 2019 und 2020 sowie die Gesamtausgaben werden mithilfe von ROLLUP hinzugefügt:

```
SELECT year, month,
       SUM(amount) AS total
FROM spendings
GROUP BY ROLLUP(year, month)
ORDER BY year, month;

 YEAR  MONTH  TOTAL
----- ------ ------
 2019      1     50
 2019            50 -- Ausgaben 2019
 2020      1     42
 2020      2    137
 2020           179 -- Ausgaben 2020
                229 -- Gesamtausgaben
```

Die gezeigte Syntax funktioniert in *Oracle*, *PostgreSQL* und *SQL Server*. Die *MySQL*-Syntax ist GROUP BY year, month WITH ROLLUP und funktioniert auch in *SQL Server*.

CUBE

Oracle, *PostgreSQL* und *SQL Server* unterstützen CUBE, das ROLLUP erweitert, indem es zusätzliche Zeilen für alle möglichen Kombinationen der Spalten einfügt, nach denen Sie gruppieren, sowie für die Endsumme.

Benutzen Sie CUBE, um die monatlichen Ausgaben (eines Monats über mehrere Jahre) ebenfalls anzuzeigen. Die Zeilen für die Ausgaben von Januar und Februar werden mithilfe von CUBE hinzugefügt:

```
SELECT year, month,
       SUM(amount) AS total
FROM spendings
GROUP BY CUBE(year, month)
ORDER BY year, month;

 YEAR  MONTH  TOTAL
----- ------ ------
 2019      1     50
 2019            50
 2020      1     42
 2020      2    137
 2020           179
           1     92 -- Ausgaben Januar
           2    137 -- Ausgaben Februar
                229
```

Die gezeigte Syntax funktioniert in *Oracle*, *PostgreSQL* und *SQL Server*. *SQL Server* unterstützt außerdem die Syntax GROUP BY year, month WITH CUBE.

GROUPING SETS

Oracle, *PostgreSQL* und *SQL Server* unterstützen GROUPING SETS, das Ihnen erlaubt, bestimmte Gruppierungen zum Anzeigen anzugeben.

Diese Daten sind eine Teilmenge der von CUBE generierten Ergebnisse und enthalten nur Gruppierungen jeweils einer Spalte. In diesem Fall werden lediglich die jährlichen und monatlichen Gesamtausgaben zurückgeliefert:

```
SELECT year, month,
       SUM(amount) AS total
```

```
FROM spendings
GROUP BY GROUPING SETS(year, month)
ORDER BY year, month;

 YEAR  MONTH  TOTAL
----- ------ ------
 2019            50
 2020           179
           1     92
           2    137
```

Fensterfunktionen

Eine *Fensterfunktion* (oder *analytische Funktion* in *Oracle*) ist insofern vergleichbar mit einer Aggregatfunktion, als beide eine Berechnung auf Datenzeilen durchführen. Der Unterschied besteht darin, dass eine Aggregatfunktion einen einzigen Wert zurückliefert, während eine Fensterfunktion einen Wert für jede Datenzeile zurückgibt.

Die nächste Tabelle listet Angestellte mit ihren monatlichen Verkäufen auf. Die folgenden Abfragen verwenden diese Tabelle, um den Unterschied zwischen einer Aggregatfunktion und einer Fensterfunktion zu verdeutlichen.

```
SELECT * FROM sales;

+-------+-------+-------+
| name  | month | sales |
+-------+-------+-------+
| David |     3 |     2 |
| David |     4 |    11 |
| Laura |     3 |     3 |
| Laura |     4 |    14 |
| Laura |     5 |     7 |
| Laura |     6 |     1 |
+-------+-------+-------+
```

Aggregatfunktion

`SUM()` ist eine Aggregatfunktion. Die folgende Abfrage summiert für jede Person die Verkäufe und gibt jeden `name` gemeinsam mit seinem `total_sales`-Wert zurück.

```
SELECT name,
       SUM(sales) AS total_sales
FROM sales
GROUP BY name;

+-------+-------------+
| name  | total_sales |
+-------+-------------+
| David |          13 |
| Laura |          25 |
+-------+-------------+
```

Fensterfunktion

ROW_NUMBER() OVER (PARTITION BY name ORDER BY month) ist eine Fensterfunktion. In dem fett gedruckten Teil der folgenden Abfrage wird für jede Person eine Zeilennummer generiert, die den ersten Monat, den zweiten Monat usw. repräsentiert, in dem sie etwas verkauft hat. Die Abfrage liefert jede Zeile zusammen mit ihrem sale_month-Wert zurück.

```
SELECT name,
       ROW_NUMBER() OVER (PARTITION BY name
       ORDER BY month) AS sale_month
FROM sales;

+-------+------------+
| name  | sale_month |
+-------+------------+
| David |          1 |
| David |          2 |
| Laura |          1 |
| Laura |          2 |
| Laura |          3 |
| Laura |          4 |
+-------+------------+
```

Die Fensterfunktion genauer betrachtet

```
ROW_NUMBER() OVER (PARTITION BY name ORDER BY month)
```

Ein *Fenster* ist eine Gruppe aus Zeilen. In dem gezeigten Beispiel gab es zwei Fenster. Der Name David hatte ein Fenster aus zwei Zeilen, und der Name Laura hatte ein Fenster aus vier Zeilen:

`ROW_NUMBER()`
: Die Funktion, die Sie auf jedes Fenster anwenden wollen. Andere gebräuchliche Funktionen sind `RANK()`, `FIRST_VALUE()`, `LAG()` usw. Diese Funktion ist obligatorisch.

`OVER`
: Dies sagt aus, dass Sie eine Fensterfunktion angeben und ist obligatorisch.

`PARTITION BY name`
: Dies sagt aus, wie Sie Ihre Daten in Fenster zerlegen wollen. Hier kann nach einer oder mehreren Spalten geteilt werden. Diese Funktion ist optional. Wird sie weggelassen, ist die komplette Tabelle das Fenster.

`ORDER BY month`
: Dies besagt, wie die einzelnen Fenster sortiert werden sollen, bevor die Funktion angewandt wird. Das ist optional in *MySQL*, *PostgreSQL* und *SQLite*. In *Oracle* und *SQL Server* ist es erforderlich.

Die folgenden Abschnitte enthalten Beispiele dafür, wie Fensterfunktionen in der Praxis eingesetzt werden.

Die Zeilen in einer Tabelle ordnen

Mit der Funktion `ROW_NUMBER()`, `RANK()` oder `DENSE_RANK()` fügen Sie jeder Zeile in der Tabelle eine Zeilennummer hinzu.

Die folgende Tabelle zeigt die Anzahl von Babys, die beliebte Namen erhalten haben:

```
SELECT * FROM baby_names;
```

```
+--------+--------+--------+
| gender | name   | babies |
+--------+--------+--------+
| F      | Emma   |     92 |
| F      | Mia    |     88 |
| F      | Olivia |    100 |
| M      | Liam   |    105 |
| M      | Mateo  |     95 |
| M      | Noah   |    110 |
+--------+--------+--------+
```

Die folgenden zwei Abfragen:

- ordnen die Namen nach Beliebtheit
- ordnen die Namen nach Beliebtheit für jedes Geschlecht

Ordnen der Namen nach Beliebtheit:

```
SELECT gender, name,
       ROW_NUMBER() OVER (
       ORDER BY babies DESC) AS popularity
FROM baby_names;
```

```
+--------+--------+------------+
| gender | name   | popularity |
+--------+--------+------------+
| M      | Noah   |          1 |
| M      | Liam   |          2 |
| F      | Olivia |          3 |
| M      | Mateo  |          4 |
| F      | Emma   |          5 |
| F      | Mia    |          6 |
+--------+--------+------------+
```

Ordnen der Namen nach Beliebtheit für jedes Geschlecht:

```
SELECT gender, name,
       ROW_NUMBER() OVER (PARTITION BY gender
       ORDER BY babies DESC) AS popularity
FROM baby_names;
```

```
+--------+--------+------------+
| gender | name   | popularity |
+--------+--------+------------+
| F      | Olivia |          1 |
| F      | Emma   |          2 |
| F      | Mia    |          3 |
| M      | Noah   |          1 |
| M      | Liam   |          2 |
| M      | Mateo  |          3 |
+--------+--------+------------+
```

ROW_NUMBER versus RANK versus DENSE_RANK

Es gibt drei Herangehensweisen, wenn man Zeilennummern hinzufügen möchte. Jede behandelt Gleichstände auf andere Weise.

ROW_NUMBER bricht den Gleichstand auf:

```
NAME      BABIES  POPULARITY
------- ------- -----------
Olivia       99           1
Emma         80           2
Sophia       80           3
Mia          75           4
```

RANK behält den Gleichstand:

```
NAME      BABIES  POPULARITY
------- ------- -----------
Olivia       99           1
Emma         80           2
Sophia       80           2
Mia          75           4
```

DENSE_RANK behält den Gleichstand und überspringt keine Nummern:

```
NAME      BABIES  POPULARITY
------- ------- -----------
Olivia       99           1
Emma         80           2
Sophia       80           2
Mia          75           3
```

Den ersten Wert in jeder Gruppe zurückliefern

Benutzen Sie FIRST_VALUE und LAST_VALUE, um die erste bzw. letzte Zeile eines Fensters zurückzugeben.

Die folgenden Abfragen zerlegen den zweiteiligen Prozess, um den beliebtesten Namen für jedes Geschlecht zurückzugeben.

Schritt 1: Sie zeigen den beliebtesten Namen für jedes Geschlecht an.

```
SELECT gender, name, babies,
       FIRST_VALUE(name) OVER (PARTITION BY gender
       ORDER BY babies DESC) AS top_name
FROM baby_names;
```

```
+--------+--------+--------+----------+
| gender | name   | babies | top_name |
+--------+--------+--------+----------+
| F      | Olivia |    100 | Olivia   |
| F      | Emma   |     92 | Olivia   |
| F      | Mia    |     88 | Olivia   |
| M      | Noah   |    110 | Noah     |
| M      | Liam   |    105 | Noah     |
| M      | Mateo  |     95 | Noah     |
+--------+--------+--------+----------+
```

Sie verwenden die Ausgabe als Unterabfrage für den nächsten Schritt, der auf der Unterabfrage filtert.

Schritt 2: Sie liefern nur die zwei Zeilen zurück, die die beliebtesten Namen enthalten.

```
SELECT * FROM

(SELECT gender, name, babies,
       FIRST_VALUE(name) OVER (PARTITION BY gender
       ORDER BY babies DESC) AS top_name
FROM baby_names) AS top_name_table

WHERE name = top_name;
```

```
+--------+--------+--------+----------+
| gender | name   | babies | top_name |
+--------+--------+--------+----------+
| F      | Olivia |    100 | Olivia   |
| M      | Noah   |    110 | Noah     |
+--------+--------+--------+----------+
```

In *Oracle* lassen Sie den `AS top_name_table`-Teil weg.

Den zweiten Wert aus jeder Gruppe zurückliefern

Nutzen Sie `NTH_VALUE`, um eine bestimmte Rangzahl innerhalb eines Fensters zurückzugeben. *SQL Server* unterstützt `NTH_VALUE` nicht. Nehmen Sie stattdessen den Code aus dem nächsten Abschnitt, Die ersten zwei Werte aus jeder Gruppe zurückliefern, aber liefern Sie nur den zweiten Wert zurück.

Die folgenden Abfragen zerlegen den zweistufigen Prozess zum Zurückliefern des zweitbeliebtesten Namens für jedes Geschlecht.

Schritt 1: Sie zeigen den zweitbeliebtesten Namen für jedes Geschlecht an.

```
SELECT gender, name, babies,
       NTH_VALUE(name, 2) OVER (PARTITION BY gender
       ORDER BY babies DESC) AS second_name
FROM baby_names;

+--------+--------+--------+-------------+
| gender | name   | babies | second_name |
+--------+--------+--------+-------------+
| F      | Olivia |    100 | NULL        |
| F      | Emma   |     92 | Emma        |
| F      | Mia    |     88 | Emma        |
| M      | Noah   |    110 | NULL        |
| M      | Liam   |    105 | Liam        |
| M      | Mateo  |     95 | Liam        |
+--------+--------+--------+-------------+
```

Der zweite Parameter in `NTH_VALUE(name, 2)` bestimmt den zweiten Wert im Fenster. Dies kann jeder positive Integer-Wert sein.

Verwenden Sie die Ausgabe als Unterabfrage für den nächsten Schritt, der auf der Unterabfrage filtert.

Schritt 2: Geben Sie nur die zwei Zeilen zurück, in denen die zweitbeliebtesten Namen enthalten sind.

```
SELECT * FROM

(SELECT gender, name, babies,
       NTH_VALUE(name, 2) OVER (PARTITION BY gender
       ORDER BY babies DESC) AS second_name
FROM baby_names) AS second_name_table

WHERE name = second_name;

+--------+--------+--------+-------------+
| gender | name   | babies | second_name |
+--------+--------+--------+-------------+
| F      | Emma   |     92 | Emma        |
| M      | Liam   |    105 | Liam        |
+--------+--------+--------+-------------+
```

In *Oracle* lassen Sie den `AS second_name_table`-Teil weg.

Die ersten zwei Werte aus jeder Gruppe zurückliefern

Verwenden Sie `ROW_NUMBER` in einer Unterabfrage, um mehrere Rangzahlen aus jeder Gruppe zurückzuliefern.

Die folgenden Abfragen zerlegen den zweistufigen Prozess zum Zurückliefern des beliebtesten und des zweitbeliebtesten Namens für jedes Geschlecht.

Schritt 1: Zeigen Sie den Rang der Beliebtheit für jedes Geschlecht an.

```
SELECT gender, name, babies,
       ROW_NUMBER() OVER (PARTITION BY gender
       ORDER BY babies DESC) AS popularity
FROM baby_names;

+--------+--------+--------+------------+
| gender | name   | babies | popularity |
+--------+--------+--------+------------+
| F      | Olivia |    100 |          1 |
| F      | Emma   |     92 |          2 |
| F      | Mia    |     88 |          3 |
| M      | Noah   |    110 |          1 |
| M      | Liam   |    105 |          2 |
| M      | Mateo  |     95 |          3 |
+--------+--------+--------+------------+
```

Verwenden Sie die Ausgabe als Unterabfrage für den nächsten Schritt, der auf der Unterabfrage filtert.

Schritt 2: Filtern Sie auf den Zeilen, die die Ränge 1 und 2 enthalten.

```
SELECT * FROM

(SELECT gender, name, babies,
       ROW_NUMBER() OVER (PARTITION BY gender
       ORDER BY babies DESC) AS popularity
FROM baby_names) AS popularity_table

WHERE popularity IN (1,2);

+--------+--------+--------+------------+
| gender | name   | babies | popularity |
+--------+--------+--------+------------+
| F      | Olivia |    100 |          1 |
| F      | Emma   |     92 |          2 |
```

```
| M      | Noah   |    110 |          1 |
| M      | Liam   |    105 |          2 |
+--------+--------+--------+------------+
```

In *Oracle* lassen Sie den AS popularity_table-Teil weg.

Den Wert der vorhergehenden Zeile zurückliefern

Verwenden Sie LAG und LEAD, um eine bestimmte Anzahl von Zeilen nach hinten bzw. nach vorne zu schauen.

Verwenden Sie LAG, um die vorhergehende Zeile zurückzuliefern:

```
SELECT gender, name, babies,
       LAG(name) OVER (PARTITION BY gender
       ORDER BY babies DESC) AS prior_name
FROM baby_names;

+--------+--------+--------+------------+
| gender | name   | babies | prior_name |
+--------+--------+--------+------------+
| F      | Olivia |    100 | NULL       |
| F      | Emma   |     92 | Olivia     |
| F      | Mia    |     88 | Emma       |
| M      | Noah   |    110 | NULL       |
| M      | Liam   |    105 | Noah       |
| M      | Mateo  |     95 | Liam       |
+--------+--------+--------+------------+
```

Verwenden Sie LAG(name, 2, 'No name'), um die Namen aus den zwei vorhergehenden Zeilen zurückzugeben und NULL-Werte durch No name zu ersetzen:

```
SELECT gender, name, babies,
       LAG(name, 2, 'No name')
       OVER (PARTITION BY gender
       ORDER BY babies DESC) AS prior_name_2
FROM baby_names;

+--------+--------+--------+--------------+
| gender | name   | babies | prior_name_2 |
+--------+--------+--------+--------------+
| F      | Olivia |    100 | No name      |
| F      | Emma   |     92 | No name      |
| F      | Mia    |     88 | Olivia       |
| M      | Noah   |    110 | No name      |
```

```
| M      | Liam   |     105 | No name     |
| M      | Mateo  |      95 | Noah        |
+--------+--------+--------+-------------+
```

Die Funktionen `LAG` und `LEAD` nehmen jeweils drei Argumente entgegen: `LAG(name, 2, 'None')`

- `name` ist der Wert, den Sie zurückgeben möchten. Dieses Argument ist erforderlich.
- `2` ist der Zeilen-Offset. Er ist optional, und der vorgegebene Wert ist 1.
- `'No name'` ist der Wert, der zurückgegeben wird, wenn es keinen Wert gibt. Er ist optional, und die Vorgabe ist `NULL`.

Den gleitenden Durchschnitt berechnen

Verwenden Sie eine Kombination aus der `AVG`-Funktion und der `ROWS BETWEEN`-Klausel, um den gleitenden Durchschnitt zu berechnen.

Hier ist eine Beispieltabelle:

```
SELECT * FROM sales;
+-------+-------+-------+
| name  | month | sales |
+-------+-------+-------+
| David |     1 |     2 |
| David |     2 |    11 |
| David |     3 |     6 |
| David |     4 |     8 |
| Laura |     1 |     3 |
| Laura |     2 |    14 |
| Laura |     3 |     7 |
| Laura |     4 |     1 |
| Laura |     5 |    20 |
+-------+-------+-------+
```

Ermitteln Sie für jede Person den gleitenden Dreimonatsdurchschnitt ihrer Verkäufe, und zwar aus den zwei vorangegangenen Monaten und dem aktuellen Monat:

```
SELECT name, month, sales,
       AVG(sales) OVER (PARTITION BY name
       ORDER BY month
       ROWS BETWEEN 2 PRECEDING AND
```

```
        CURRENT ROW) three_month_ma
FROM sales;

+-------+-------+-------+----------------+
| name  | month | sales | three_month_ma |
+-------+-------+-------+----------------+
| David |     1 |     2 |         2.0000 |
| David |     2 |    11 |         6.5000 |
| David |     3 |     6 |         6.3333 |
| David |     4 |     8 |         8.3333 |
| Laura |     1 |     3 |         3.0000 |
| Laura |     2 |    14 |         8.5000 |
| Laura |     3 |     7 |         8.0000 |
| Laura |     4 |     1 |         7.3333 |
| Laura |     5 |    20 |         9.3333 |
+-------+-------+-------+----------------+
```

Das gezeigte Beispiel betrachtet die zwei vorangegangenen Zeilen sowie die aktuelle Zeile:

```
ROWS BETWEEN 2 PRECEDING AND CURRENT ROW
```

Sie können auch die nächsten Zeilen anschauen. Dazu verwenden Sie das Schlüsselwort FOLLOWING:

```
ROWS BETWEEN 2 PRECEDING AND 3 FOLLOWING
```

Diese Bereiche werden manchmal als *gleitende Fenster* bezeichnet.

Die laufende Gesamtsumme berechnen

Verwenden Sie eine Kombination aus der SUM-Funktion und der ROWS BETWEEN UNBOUNDED-Klausel, um die laufende Gesamtsumme zu berechnen.

Ermitteln Sie für jede Person die laufende Gesamtsumme der Verkäufe bis zum aktuellen Monat:

```
SELECT name, month, sales,
       SUM(sales) OVER (PARTITION BY name
       ORDER BY month
       ROWS BETWEEN UNBOUNDED PRECEDING AND
       CURRENT ROW) running_total
FROM sales;
```

```
+-------+-------+-------+---------------+
| name  | month | sales | running_total |
+-------+-------+-------+---------------+
| David |     1 |     2 |             2 |
| David |     2 |    11 |            13 |
| David |     3 |     6 |            19 |
| David |     4 |     8 |            27 |
| Laura |     1 |     3 |             3 |
| Laura |     2 |    14 |            17 |
| Laura |     3 |     7 |            24 |
| Laura |     4 |     1 |            25 |
| Laura |     5 |    20 |            45 |
+-------+-------+-------+---------------+
```

Wir haben hier die laufende Gesamtsumme für jede Person berechnet. Um die laufende Gesamtsumme für die gesamte Tabelle zu berechnen, können Sie den `PARTITION BY name`-Teil des Codes entfernen.

ROWS versus RANGE

Eine Alternative zu `ROWS BETWEEN` ist `RANGE BETWEEN`. Die folgende Abfrage berechnet die laufende Gesamtsumme der Verkäufe, die von allen Angestellten geschafft wurden. Dabei kommen sowohl `ROWS` als auch `RANGE` zum Einsatz:

```
SELECT month, name,
  SUM(sales) OVER (ORDER BY month ROWS BETWEEN
  UNBOUNDED PRECEDING AND CURRENT ROW) rt_rows,
  SUM(sales) OVER (ORDER BY month RANGE BETWEEN
  UNBOUNDED PRECEDING AND CURRENT ROW) rt_range
FROM sales;
```

```
+-------+-------+---------+----------+
| month | name  | rt_rows | rt_range |
+-------+-------+---------+----------+
|     1 | David |       2 |        5 |
|     1 | Laura |       5 |        5 |
|     2 | David |      16 |       30 |
|     2 | Laura |      30 |       30 |
|     3 | David |      36 |       43 |
```

```
|       3 | Laura |       43 |         43 |
|       4 | David |       51 |         52 |
|       4 | Laura |       52 |         52 |
|       5 | Laura |       72 |         72 |
+-------+-------+--------+---------+
```

Der Unterschied zwischen den beiden besteht darin, dass RANGE den gleichen laufenden Gesamtwert für jeden month zurückliefert (da die Daten nach month geordnet sind), während ROWS für jede Zeile eine andere laufende Gesamtsumme hat.

Pivoting und Unpivoting

Oracle und *SQL Server* unterstützen die Operationen PIVOT und UNPIVOT. PIVOT nimmt eine einzelne Spalte entgegen und zerlegt sie in mehrere Spalten. UNPIVOT nimmt mehrere Spalten entgegen und führt sie in einer einzigen Spalte zusammen.

Die Werte einer Spalte in mehrere Spalten zerlegen

Stellen Sie sich vor, Sie hätten eine Tabelle, in der jede Zeile eine Person ist, gefolgt von einer Frucht, die sie an diesem Tag gegessen hat. Sie wollen die Spalte fruit nehmen und eine eigene Spalte für jede Obstsorte erzeugen.

Hier ist eine Beispieltabelle:

```
SELECT * FROM fruits;

+------+-------+-------------+
| id   | name  | fruit       |
+------+-------+-------------+
|    1 | Henry | strawberries |
|    2 | Henry | grapefruit  |
|    3 | Henry | watermelon  |
|    4 | Lily  | strawberries |
|    5 | Lily  | watermelon  |
|    6 | Lily  | strawberries |
|    7 | Lily  | watermelon  |
+------+-------+-------------+
```

Erwartete Ausgabe:

```
+-------+-------------+------------+------------+
| name  | strawberries | grapefruit | watermelon |
+-------+-------------+------------+------------+
| Henry |           1 |          1 |          1 |
| Lily  |           2 |          0 |          2 |
+-------+-------------+------------+------------+
```

Verwenden Sie in *Oracle* und *SQL Server* die PIVOT-Operation:

```
-- Oracle
SELECT *
FROM fruits
PIVOT
(COUNT(id) FOR fruit IN ('strawberries',
                'grapefruit', 'watermelon'));

-- SQL Server
SELECT *
FROM fruits
PIVOT
(COUNT(id) FOR fruit IN ([strawberries],
                [grapefruit], [watermelon])
) AS fruits_pivot;
```

Im Abschnitt PIVOT werden die Spalten id und fruit referenziert, nicht jedoch die Spalte name. Daher bleibt die name-Spalte im Ergebnis als eigene Spalte erhalten, während jede Obstsorte in eine neue Spalte verwandelt wird.

Die Werte der Tabelle sind die Anzahl der Zeilen der Originaltabelle, die eine bestimmte name/fruit-Kombination enthalten haben.

PIVOT-Alternative: CASE

Eine eher händische Art, ein PIVOT auszuführen, ist der Einsatz einer CASE-Anweisung in *MySQL*, *PostgreSQL* und *SQLite*, da diese PIVOT nicht unterstützen.

```
SELECT name,
       SUM(CASE WHEN fruit = 'strawberries'
           THEN 1 ELSE 0 END) AS strawberries,
       SUM(CASE WHEN fruit = 'grapefruit'
           THEN 1 ELSE 0 END) AS grapefruit,
```

```
        SUM(CASE WHEN fruit = 'watermelon'
             THEN 1 ELSE 0 END) AS watermelon
FROM fruits
GROUP BY name
ORDER BY name;
```

Die Werte mehrerer Spalten in einer einzigen Spalte auflisten

Stellen Sie sich jetzt vor, Sie hätten eine Tabelle, in der jede Zeile eine Person ist, der mehrere Spalten mit ihren Lieblingsobstsorten folgen. Sie wollen die Daten in der Weise neu anordnen, dass sich alle Früchte in einer Spalte befinden.

Hier ist eine Beispieltabelle:

```
SELECT * FROM favorite_fruits;

+----+-------+-----------+-----------+-----------+
| id | name  | fruit_one | fruit_two | fruit_thr |
+----+-------+-----------+-----------+-----------+
|  1 | Anna  | apple     | banana    |           |
|  2 | Barry | raspberry |           |           |
|  3 | Liz   | lemon     | lime      | orange    |
|  4 | Tom   | peach     | pear      | plum      |
+----+-------+-----------+-----------+-----------+
```

Erwartete Ausgabe:

```
+----+-------+-----------+------+
| id | name  | fruit     | rank |
+----+-------+-----------+------+
|  1 | Anna  | apple     |    1 |
|  1 | Anna  | banana    |    2 |
|  2 | Barry | raspberry |    1 |
|  3 | Liz   | lemon     |    1 |
|  3 | Liz   | lime      |    2 |
|  3 | Liz   | orange    |    3 |
|  4 | Tom   | peach     |    1 |
|  4 | Tom   | pear      |    2 |
|  4 | Tom   | plum      |    3 |
+----+-------+-----------+------+
```

Nutzen Sie in *Oracle* und *SQL Server* die UNPIVOT-Operation:

```
-- Oracle
SELECT *
FROM favorite_fruits
UNPIVOT
(fruit FOR rank IN (fruit_one AS 1,
    fruit_two AS 2,
    fruit_thr AS 3));

-- SQL Server
SELECT *
FROM favorite_fruits
UNPIVOT
(fruit FOR rank IN (fruit_one,
                    fruit_two,
                    fruit_thr)
) AS fruit_unpivot
WHERE fruit <> '';
```

Der UNPIVOT-Abschnitt nimmt die Spalten fruit_one, fruit_two und fruit_thr entgegen und fasst sie in einer einzigen Spalte namens fruit zusammen.

Wenn das erledigt ist, können Sie eine typische SELECT-Anweisung einsetzen, um die Originalspalten id und name zusammen mit der neu angelegten fruit-Spalte herauszuziehen.

UNPIVOT-Alternative: UNION ALL

Eine eher händische Methode zum Durchführen eines UNPIVOT ist die Verwendung von UNION ALL in *MySQL*, *PostgreSQL* und *SQLite*, die diese UNPIVOT nicht unterstützen.

```
WITH all_fruits AS
(SELECT id, name,
        fruit_one as fruit,
        1 AS rank
FROM favorite_fruits
UNION ALL
SELECT id, name,
       fruit_two as fruit,
       2 AS rank
FROM favorite_fruits
UNION ALL
```

```
SELECT id, name,
       fruit_three as fruit,
       3 AS rank
FROM favorite_fruits)

SELECT *
FROM all_fruits
WHERE fruit <> ''
ORDER BY id, name, fruit;
```

MySQL bietet keine Unterstützung für das Einfügen einer Konstanten in eine Spalte innerhalb einer Abfrage (`1 AS rank`, `2 AS rank` und `3 AS rank`). Entfernen Sie diese Zeilen, damit der Code ausgeführt werden kann.

KAPITEL 9

Arbeiten mit mehreren Tabellen und Abfragen

In diesem Kapitel geht es darum, wie sich mehrere Tabellen zusammenbringen lassen, indem man sie entweder mit Joins zusammenfügt oder Vereinigungsoperatoren verwendet, und wie sich mithilfe von Common Table Expressions mit mehreren Abfragen arbeiten lässt.

Tabelle 9-1 enthält Beschreibungen und Codebeispiele für die drei Konzepte, die in diesem Kapitel behandelt werden.

Tabelle 9-1: Arbeiten mit mehreren Tabellen und Abfragen

<table>
<tr><th>Konzept</th><th>Beschreibung</th><th>Codebeispiel</th></tr>
<tr><td>Tabellen mit Join zusammenbringen</td><td>Kombinieren der Spalten von zwei Tabellen anhand von passenden Zeilen.</td><td><pre>SELECT c.id, l.city
FROM customers c
  INNER JOIN loc l
  ON c.lid = l.id;</pre></td></tr>
<tr><td>Vereinigungsoperatoren</td><td>Kombinieren der Zeilen von zwei Tabellen anhand von passenden Spalten.</td><td><pre>SELECT name, city
FROM employees;
UNION
SELECT name, city
FROM customers;</pre></td></tr>
<tr><td>Common Table Expressions</td><td>Temporäres Sichern des Ergebnisses einer Abfrage, damit eine andere Abfrage sie referenzieren kann. Enthalten auch rekursive und hierarchische Abfragen.</td><td><pre>WITH my_cte AS (
  SELECT name,
    SUM(order_id)
    AS num_orders
  FROM customers
  GROUP BY name)

SELECT MAX(num_orders)
FROM my_cte;</pre></td></tr>
</table>

Tabellen mit Joins zusammenbringen

In SQL bedeutet *Joining* das Kombinieren von Daten aus mehreren Tabellen innerhalb einer einzigen Abfrage. Die folgenden zwei Tabellen listen den Staat auf, in dem eine Person lebt, sowie die Haustiere, die sie besitzt:

```
-- states              -- pets
+------+-------+       +------+------+
| name | state |       | name | pet  |
+------+-------+       +------+------+
| Ada  | AZ    |       | Deb  | dog  |
| Deb  | DE    |       | Deb  | duck |
+------+-------+       | Pat  | pig  |
                       +------+------+
```

Verwenden Sie die `JOIN`-Klausel, um die zwei Tabellen zu einer zusammenzuführen:

```
SELECT *
FROM states s INNER JOIN pets p
     ON s.name = p.name;

+------+-------+------+------+
| name | state | name | pet  |
+------+-------+------+------+
| Deb  | DE    | Deb  | dog  |
| Deb  | DE    | Deb  | duck |
+------+-------+------+------+
```

Die resultierende Tabelle enthält nur Zeilen für `Deb`, da sie in beiden Tabellen vorkommt.

Die zwei linken Spalten stammen aus der Tabelle `states`, und die zwei rechten sind aus der Tabelle `pets`. Die Spalten in der Ausgabe können über die Aliasse `s.name`, `s.state`, `p.name` und `p.pet` referenziert werden.

Die JOIN-Klausel analysieren

```
states s INNER JOIN pets p ON s.name = p.name
```

Tabellen (`states`, `pets`)
Die Tabellen, die wir kombinieren möchten.

Aliasse (s, p)
: Die sind Aliasnamen für die Tabellen. Das ist optional, wird aber aus Gründen der Einfachheit empfohlen. Ohne Aliasse könnte die ON-Klausel als `states.name = pets.name` geschrieben werden.

Join-Typ (`INNER JOIN`)
: Der INNER-Teil gibt an, dass nur passende Zeilen zurückgegeben werden sollen. Falls nur `JOIN` geschrieben wurde, ist standardmäßig ein `INNER JOIN` gemeint. Andere Join-Typen finden Sie in Tabelle 9-2.

Join-Bedingung (`ON s.name = p.name`)
: Die Bedingung, die eintreten muss, damit zwei Zeilen als passend erachtet werden. Der am häufigsten auftretende Operator ist das Gleichheitszeichen (=), es können aber natürlich auch andere verwendet werden, darunter ungleich (!= oder <>), >, <, `BETWEEN` usw.

Zusätzlich zu dem `INNER JOIN` listet Tabelle 9-2 die verschiedenen Typen von Joins in SQL auf. Die folgende Abfrage zeigt das allgemeine Format zum Zusammenfügen von Tabellen mittels Joins:

```
SELECT *
FROM states s [JOIN_TYPE] pets p
     ON s.name = p.name;
```

Ersetzen Sie den fett gedruckten `[JOIN_TYPE]`-Teil durch die Schlüsselwörter in der Schlüsselwortspalte, um die Ergebnisse zu erhalten, die in der Spalte *Resultierende Zeilen* gezeigt werden. Beim Join-Typ `CROSS JOIN` lassen Sie die ON-Klausel weg, um die Ergebnisse zu erhalten, die in der Tabelle gezeigt werden.

Tabelle 9-2: Methoden, um Tabellen mit Joins zusammenzuführen

Schlüsselwort	Beschreibung	Resultierende Zeilen

`JOIN`	Standardmäßig ein `INNER JOIN`.	`nm │ st │ nm │ pt`
		`-----+----+-----+------`
		`Deb │ DE │ Deb │ dog`
		`Deb │ DE │ Deb │ duck`

Tabelle 9-2: Methoden, um Tabellen mit Joins zusammenzuführen (Fortsetzung)

<table>
<tr><th>Schlüsselwort</th><th>Beschreibung</th><th>Resultierende Zeilen</th></tr>
<tr><td>LEFT JOIN</td><td>Liefert die Zeilen in der linken Tabelle und die passenden Zeilen in der anderen Tabelle zurück.</td><td><pre>nm | st | nm | pt
-----+----+------+------
Ada | AZ | NULL | NULL
Deb | DE | Deb | dog
Deb | DE | Deb | duck</pre></td></tr>
<tr><td>RIGHT JOIN</td><td>Liefert die Zeilen in der rechten Tabelle und die passenden Zeilen in der anderen Tabelle zurück.</td><td><pre>nm | st | nm | pt
------+------+-----+------
Deb | DE | Deb | dog
Deb | DE | Deb | duck
NULL | NULL | Pat | pig</pre></td></tr>
<tr><td>FULL OUTER JOIN</td><td>Liefert die Zeilen in beiden Tabellen zurück.</td><td><pre>nm | st | nm | pt
------+------+------+------
Ada | AZ | NULL | NULL
Deb | DE | Deb | dog
Deb | DE | Deb | duck
NULL | NULL | Pat | pig</pre></td></tr>
<tr><td>CROSS JOIN</td><td>Liefert alle Kombinationen aus Zeilen in den zwei Tabellen zurück.</td><td><pre>nm | st | nm | pt
-----+----+-----+------
Ada | AZ | Deb | dog
Ada | AZ | Deb | duck
Ada | AZ | Pat | pig
Deb | DE | Deb | dog
Deb | DE | Deb | duck
Deb | DE | Pat | pig</pre></td></tr>
</table>

Zusätzlich zum Zusammenführen von Tabellen mit der normalen `JOIN ... ON ...`-Syntax listet Tabelle 9-3 andere Möglichkeiten auf, um Tabellen in SQL zusammenzufügen.

Tabelle 9-3: Syntax zum Zusammenfügen von Tabellen

<table>
<tr><th>Typ</th><th>Beschreibung</th><th>Code</th></tr>
<tr><td>JOIN ... ON ...-Syntax</td><td>Gebräuchlichste Join-Syntax, die mit <code>INNER JOIN</code>, <code>LEFT JOIN</code>, <code>RIGHT JOIN</code>, <code>FULL OUTER JOIN</code> und <code>CROSS JOIN</code> funktioniert.</td><td><pre>SELECT *
FROM states s
     INNER JOIN pets p
     ON s.name = p.name;</pre></td></tr>
</table>

Tabelle 9-3: Syntax zum Zusammenfügen von Tabellen (Fortsetzung)

Typ	Beschreibung	Code

USING-Abkürzung	Benutzen Sie `USING` anstelle der `ON`-Klausel, wenn die Namen der Spalten, auf denen Sie den Join ausführen wollen, passen.	`SELECT *`
		`FROM states`
		`    INNER JOIN pets`
		`    USING (name);`

NATURAL JOIN-Abkürzung	Verwenden Sie `NATURAL JOIN` anstelle von `INNER JOIN`, wenn die Namen aller Spalten, auf denen Sie den Join ausführen wollen, passen.	`SELECT *`
		`FROM states`
		`    NATURAL JOIN pets;`

Alte Join-Syntax	Liefert alle Kombinationen aus Zeilen in den zwei Tabellen zurück. Äquivalent zu einem `CROSS JOIN`.	`SELECT *`
		`FROM states s, pets p`
		`WHERE s.name = p.name;`

Self Join	Benutzen Sie entweder die alte oder die neue Join-Syntax, um alle Kombinationen der Zeilen in einer Tabelle mit sich selbst zurückzuliefern.	`SELECT *`
		`FROM states s1, states s2`
		`WHERE s1.region = s2.region;`
		
		`SELECT *`
		`FROM states s1`
		`    INNER JOIN states s2`
		`WHERE s1.region = s2.region;`

Die folgenden Abschnitte beschreiben die Konzepte aus den Tabellen 9-2 und 9-3 im Detail.

Join-Grundlagen und INNER JOIN

Dieser Abschnitt erläutert, wie ein Join konzeptuell funktioniert, und erklärt die grundlegende Join-Syntax anhand eines `INNER JOIN`.

Join-Grundlagen

Sie können sich das Zusammenführen von Tabellen mittels Joins als einen zweistufigen Vorgang vorstellen:

1. Anzeigen aller Kombinationen aus Zeilen in den Tabellen.
2. Filtern auf den Zeilen, die passende Werte enthalten.

Hier sind zwei Tabellen, die wir gern zusammenführen würden:

```
-- states              -- pets
+------+-------+       +------+------+
| name | state |       | name | pet  |
+------+-------+       +------+------+
| Ada  | AZ    |       | Deb  | dog  |
| Deb  | DE    |       | Deb  | duck |
+------+-------+       | Pat  | pig  |
                       +------+------+
```

Schritt 1: Zeigen Sie alle Kombinationen aus Zeilen an.

Indem die Tabellennamen in der FROM-Klausel aufgelistet werden, werden alle möglichen Kombinationen aus Zeilen aus den zwei Tabellen zurückgeliefert.

```
SELECT *
FROM states, pets;

+------+-------+------+------+
| name | state | name | pet  |
+------+-------+------+------+
| Ada  | AZ    | Deb  | dog  |
| Deb  | DE    | Deb  | dog  |
| Ada  | AZ    | Deb  | duck |
| Deb  | DE    | Deb  | duck |
| Ada  | AZ    | Pat  | pig  |
| Deb  | DE    | Pat  | pig  |
+------+-------+------+------+
```

Die FROM states, pets-Syntax stellt eine ältere Methode dar, einen Join in SQL auszuführen. Ein modernerer Weg dafür ist die Verwendung eines CROSS JOIN.

Schritt 2: Filtern Sie auf den Zeilen, die passende Namen haben.

Sie wollen wahrscheinlich nicht alle Zeilenkombinationen aus den zwei Tabellen anzeigen, sondern nur solche, in denen die name-Spalte in beiden Tabellen gleich ist.

```
SELECT *
FROM states s, pets p
WHERE s.name = p.name;
```

```
+------+-------+------+------+
| name | state | name | pet  |
+------+-------+------+------+
| Deb  | DE    | Deb  | dog  |
| Deb  | DE    | Deb  | duck |
+------+-------+------+------+
```

Die Zeile `Deb/DE` wird zweimal aufgeführt, weil sie zu den zwei `Deb`-Werten in der `pets`-Tabelle passt.

Der vorangegangene Code ist äquivalent zu einem `INNER JOIN`.

> Der zuvor beschriebene zweiteilige Prozess ist rein konzeptuell. Datenbanken führen selten einen Cross-Join aus, wenn sie einen Join durchführen, sondern gehen auf effizientere Weise vor.
>
> Das Denken in diesen Konzepten hilft Ihnen jedoch dabei, Join-Abfragen korrekt zu schreiben und ihre Ergebnisse zu verstehen.

INNER JOIN

Die gebräuchlichste Methode zum Zusammenführen zweier Tabellen nutzt einen `INNER JOIN`, bei dem Zeilen zurückgeliefert werden, die in beiden Tabellen vorliegen.

Benutzen Sie `INNER JOIN`, *um nur Personen zurückzugeben, die in beiden Tabellen enthalten sind.*

```
SELECT *
FROM states s INNER JOIN pets p
    ON s.name = p.name;
```

```
+------+-------+------+------+
| name | state | name | pet  |
+------+-------+------+------+
| Deb  | DE    | Deb  | dog  |
| Deb  | DE    | Deb  | duck |
+------+-------+------+------+
```

Fügen Sie mehr als zwei Tabellen zusammen
: Das können Sie erledigen, indem Sie zusätzliche `JOIN .. ON ..`-Schlüsselwörter hinzufügen:

```
SELECT *
FROM states s
     INNER JOIN pets p
        ON s.name = p.name
     INNER JOIN lunch l
        ON s.name = l.name;
```

Fügen Sie mehr als eine Spalte an.

Das können Sie erledigen, indem Sie zusätzliche Bedingungen in der ON-Klausel angeben. Stellen Sie sich vor, Sie wollten die folgenden Tabellen sowohl anhand von name als auch anhand von age zusammenführen:

```
-- states_ages                -- pets_ages
+------+-------+-----+        +------+-----+-----+
| name | state | age |        | name | pet | age |
+------+-------+-----+        +------+-----+-----+
| Ada  | AK    |  25 |        | Ada  | ant |  30 |
| Ada  | AZ    |  30 |        | Pat  | pig |  45 |
+------+-------+-----+        +------+-----+-----+
```

```
SELECT *
FROM states_ages s INNER JOIN pets_ages p
     ON s.name = p.name
     AND s.age = p.age;

+------+-------+-----+------+-----+------+
| name | state | age | name | pet | age  |
+------+-------+-----+------+-----+------+
| Ada  | AZ    |  30 | Ada  | ant |   30 |
+------+-------+-----+------+-----+------+
```

LEFT JOIN, RIGHT JOIN und FULL OUTER JOIN

Verwenden Sie LEFT JOIN, RIGHT JOIN und FULL OUTER JOIN, um Zeilen aus zwei Tabellen zusammenzubringen, und darunter auch solche, die nicht in beiden Tabellen auftauchen.

LEFT JOIN

Benutzen Sie LEFT JOIN, um alle Personen in der Tabelle states zurückzugeben. Personen in der states-Tabelle, die nicht in der pets-Tabelle stehen, werden mit NULL-Werten zurückgegeben.

```
SELECT *
FROM states s LEFT JOIN pets p
     ON s.name = p.name;
```

```
+------+-------+-----+------+
| name | state | name | pet  |
+------+-------+-----+------+
| Ada  | AZ    | NULL | NULL |
| Deb  | DE    | Deb  | dog  |
| Deb  | DE    | Deb  | duck |
+------+-------+-----+------+
```

Ein `LEFT JOIN` ist äquivalent zu einem `LEFT OUTER JOIN`.

RIGHT JOIN

Benutzen Sie `RIGHT JOIN`, um alle Personen in der `pets`-Tabelle zurückzugeben. Personen in der Tabelle `pets`, die nicht in der `states`-Tabelle stehen, werden mit `NULL`-Werten zurückgegeben.

```
SELECT *
FROM states s RIGHT JOIN pets p
    ON s.name = p.name;

+------+-------+-----+------+
| name | state | name | pet  |
+------+-------+-----+------+
| Deb  | DE    | Deb  | dog  |
| Deb  | DE    | Deb  | duck |
| NULL | NULL  | Pat  | pig  |
+------+-------+-----+------+
```

Ein `RIGHT JOIN` ist äquivalent zu einem `RIGHT OUTER JOIN`.

SQLite unterstützt `RIGHT JOIN` nicht.

> Der `LEFT JOIN` ist viel gebräuchlicher als der `RIGHT JOIN`. Sofern ein `RIGHT JOIN` erforderlich ist, vertauschen Sie die beiden Tabellen innerhalb der `FROM`-Klausel und führen stattdessen einen `LEFT JOIN` aus.

FULL OUTER JOIN

Benutzen Sie `FULL OUTER JOIN`, um alle Personen sowohl aus der `states`- als auch aus der `pets`-Tabelle zurückzuliefern. Fehlende Werte aus beiden Tabellen werden mit `NULL`-Werten zurückgegeben.

```
SELECT *
FROM states s FULL OUTER JOIN pets p
     ON s.name = p.name;

+------+-------+------+------+
| name | state | name | pet  |
+------+-------+------+------+
| Ada  | AZ    | NULL | NULL |
| Deb  | DE    | Deb  | dog  |
| Deb  | DE    | Deb  | duck |
| NULL | NULL  | Pat  | pig  |
+------+-------+------+------+
```

Ein `FULL OUTER JOIN` ist äquivalent zu einem `FULL JOIN`.

MySQL und *SQLite* unterstützen `FULL OUTER JOIN` nicht.

USING und NATURAL JOIN

Wenn Sie sich beim Zusammenfügen von Tabellen Tipparbeit sparen wollen, bietet `USING` oder `NATURAL JOIN` eine Abkürzung im Vergleich zur normalen `JOIN .. ON ..`-Syntax.

USING

MySQL, *Oracle*, *PostgreSQL* und *SQLite* unterstützen die `USING`-Klausel.

Sie können die `USING`-Abkürzung anstelle der `ON`-Klausel verwenden, um zwei Spalten zusammenzuführen, die exakt den gleichen Namen tragen. Der Join muss ein Equi-Join sein (= in der `ON`-Klausel), damit Sie `USING` verwenden können.

```
-- ON-Klausel
SELECT *
FROM states s INNER JOIN pets p
     ON s.name = p.name;

+------+-------+------+------+
| name | state | name | pet  |
+------+-------+------+------+
| Deb  | DE    | Deb  | dog  |
| Deb  | DE    | Deb  | duck |
+------+-------+------+------+
```

```
-- Äquivalente USING-Abkürzung
SELECT *
FROM states INNER JOIN pets
     USING (name);

+------+-------+------+
| name | state | pet  |
+------+-------+------+
| Deb  | DE    | dog  |
| Deb  | DE    | duck |
+------+-------+------+
```

Der Unterschied zwischen den beiden Abfragen besteht darin, dass die erste Abfrage vier Spalten zurückgibt, einschließlich `s.name` und `p.name`, während die zweite Abfrage drei Spalten zurückliefert, weil die beiden `name`-Spalten zu einer zusammengefasst werden, die einfach `name` genannt wird.

NATURAL JOIN

MySQL, *Oracle*, *PostgreSQL* und *SQLite* unterstützen einen `NATURAL JOIN`.

Sie können die `NATURAL JOIN`-Abkürzung anstelle der `INNER JOIN .. ON ..`-Syntax verwenden, um zwei Tabellen anhand aller Spalten zusammenzuführen, die exakt den gleichen Namen tragen. Der Join muss ein Equi-Join sein (= in der `ON`-Klausel), damit ein `NATURAL JOIN` eingesetzt werden kann.

```
-- INNER JOIN ... ON ... AND ...
SELECT *
FROM states_ages s INNER JOIN pets_ages p
     ON s.name = p.name
     AND s.age = p.age;

+------+-------+-----+------+-----+-----+
| name | state | age | name | pet | age |
+------+-------+-----+------+-----+-----+
| Ada  | AZ    |  30 | Ada  | ant |  30 |
+------+-------+-----+------+-----+-----+

-- Äquivalente NATURAL JOIN-Abkürzung
SELECT *
FROM states_ages NATURAL JOIN pets_ages;
```

```
+------+------+-------+------+
| name | age  | state | pet  |
+------+------+-------+------+
| Ada  |   30 | AZ    | ant  |
+------+------+-------+------+
```

Der Unterschied zwischen den beiden Abfragen besteht darin, dass die erste Abfrage sechs Spalten zurückliefert, einschließlich `s.name`, `s.age`, `p.name` und `p.age`, während die zweite Abfrage vier Spalten ergibt, weil die doppelt vorhandenen Spalten `name` und `age` jeweils zusammengefasst und einfach `name` und `age` genannt werden.

> Seien Sie vorsichtig, wenn Sie einen `NATURAL JOIN` einsetzen. Es erspart Ihnen ein bisschen Tipparbeit, kann aber auch einen unerwarteten Join ausführen, falls eine Spalte mit einem passenden Namen hinzugefügt oder aus der Tabelle entfernt wird. Er eignet sich eher für schnelle Abfragen als für Produktionscode.

CROSS JOIN und Self Join

Eine andere Möglichkeit, Tabellen zusammenzuführen, besteht darin, alle Kombinationen der Zeilen in den zwei Tabellen anzeigen zu lassen. Das können Sie mit einem `CROSS JOIN` erreichen. Erfolgt dies auf einer Tabelle mit sich selbst, nennt man es einen *Self Join*. Ein Self Join ist sinnvoll, wenn Sie Zeilen innerhalb derselben Tabelle miteinander vergleichen wollen.

CROSS JOIN

Verwenden Sie `CROSS JOIN`, um alle Kombinationen der Zeilen aus zwei Tabellen zurückzuliefern. Das ist äquivalent zum Auflisten der Tabellen in der `FROM`-Klausel (die manchmal als »alte Join-Syntax« bezeichnet wird).

```
-- CROSS JOIN
SELECT *
FROM states CROSS JOIN pets;

-- Äquivalente Tabellenliste
SELECT *
FROM states, pets;
```

```
+------+-------+------+------+
| name | state | name | pet  |
+------+-------+------+------+
| Ada  | AZ    | Deb  | dog  |
| Deb  | DE    | Deb  | dog  |
| Ada  | AZ    | Deb  | duck |
| Deb  | DE    | Deb  | duck |
| Ada  | AZ    | Pat  | pig  |
| Deb  | DE    | Pat  | pig  |
+------+-------+------+------+
```

Nachdem alle Kombinationen aufgelistet wurden, können Sie auf den Ergebnissen filtern, indem Sie eine `WHERE`-Klausel hinzufügen, um nur Zeilen zurückzugeben, die auch genau das enthalten, wonach Sie suchen.

Self Join

Mit einem Self Join können Sie eine Tabelle mit sich selbst zusammenführen. Dabei werden typischerweise zwei Schritte ausgeführt:

1. Anzeigen aller Kombinationen der Zeilen in einer Tabelle mit sich selbst.
2. Filtern auf den resultierenden Zeilen anhand irgendwelcher Kriterien.

Das Folgende sind zwei Beispiele für Self Joins in der Praxis.

Hier ist eine Tabelle mit Angestellten und ihren Managern:

```
SELECT * FROM employee;

+------+--------+----------+--------+
| dept | emp_id | emp_name | mgr_id |
+------+--------+----------+--------+
| tech |    201 | lisa     |    101 |
| tech |    202 | monica   |    101 |
| data |    203 | nancy    |    201 |
| data |    204 | olivia   |    201 |
| data |    205 | penny    |    202 |
+------+--------+----------+--------+
```

Beispiel 1: Geben Sie eine Liste der Angestellten und ihrer Manager zurück.

```
SELECT e1.emp_name, e2.emp_name as mgr_name
FROM employee e1, employee e2
WHERE e1.mgr_id = e2.emp_id;

+----------+----------+
| emp_name | mgr_name |
+----------+----------+
| nancy    | lisa     |
| olivia   | lisa     |
| penny    | monica   |
+----------+----------+
```

Beispiel 2: Gleichen Sie jeden Angestellten mit einem anderen Angestellten in seiner Abteilung ab.

```
SELECT e.dept, e.emp_name, matching_emp.emp_name
FROM employee e, employee matching_emp
WHERE e.dept = matching_emp.dept
      AND e.emp_name <> matching_emp.emp_name;

+------+----------+----------+
| dept | emp_name | emp_name |
+------+----------+----------+
| tech | monica   | lisa     |
| tech | lisa     | monica   |
| data | penny    | nancy    |
| data | olivia   | nancy    |
| data | penny    | olivia   |
| data | nancy    | olivia   |
| data | olivia   | penny    |
| data | nancy    | penny    |
+------+----------+----------+
```

Die gezeigte Abfrage beinhaltet Zeilenduplikate (monica/lisa und lisa/monica). Um diese Duplikate zu entfernen und nur vier Zeilen statt acht zurückzuliefern, können Sie folgende Zeile:

```
AND e.emp_name < matching_emp.emp_name
```

zur WHERE-Klausel hinzufügen, damit nur Zeilen zurückgegeben werden, in denen der erste Name alphabetisch vor dem zweiten Namen liegt. Hier ist die Ausgabe ohne Duplikate:

```
+------+----------+----------+
| dept | emp_name | emp_name |
+------+----------+----------+
| tech | lisa     | monica   |
| data | nancy    | olivia   |
| data | nancy    | penny    |
| data | olivia   | penny    |
+------+----------+----------+
```

Vereinigungsoperatoren

Mit dem Schlüsselwort `UNION` kombinieren Sie die Ergebnisse aus zwei oder mehr `SELECT`-Anweisungen. Der Unterschied zwischen einem `JOIN` und einem `UNION` besteht darin, dass `JOIN` mehrere Tabellen innerhalb einer einzigen Abfrage miteinander verknüpft, während `UNION` die Ergebnisse aus mehreren Abfragen zusammennimmt:

```
-- JOIN-Beispiel
SELECT *
FROM birthdays b JOIN candles c
     ON b.name = c.name;

-- UNION-Beispiel
SELECT * FROM writers
UNION
SELECT * FROM artists;
```

Abbildung 9-1 zeigt den Unterschied zwischen den Ergebnissen eines `JOIN` und eines `UNION`, basierend auf dem gezeigten Code.

Es gibt drei Möglichkeiten, um die Zeilen der zwei Tabellen miteinander zu kombinieren. Diese werden auch als *Vereinigungsoperatoren* bezeichnet:

`UNION`
: Kombiniert die Ergebnisse aus mehreren Anweisungen.

`EXCEPT` *(`MINUS` in Oracle)*
: Liefert die Ergebnisse abzüglich einer anderen Ergebnismenge zurück.

`INTERSECT`
: Liefert einander überschneidende Ergebnisse zurück.

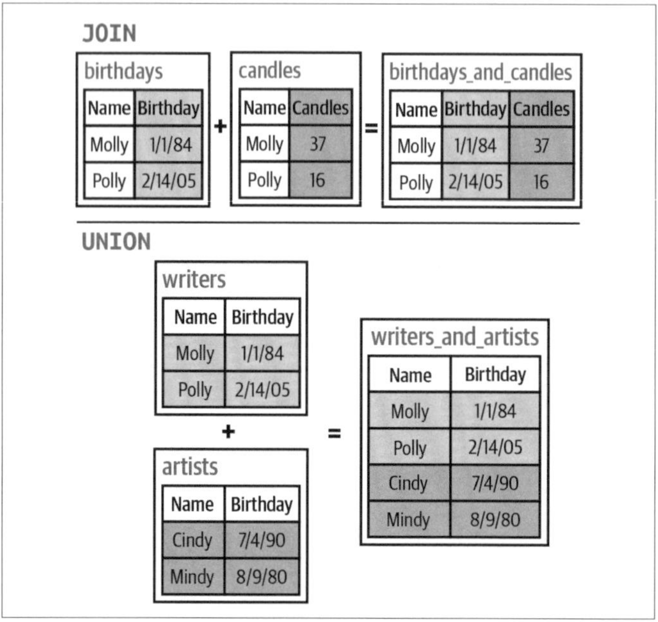

Abbildung 9-1: JOIN versus UNION

UNION

Das Schlüsselwort `UNION` kombiniert die Ergebnisse aus zwei oder mehr `SELECT`-Anweisungen in einer Ausgabe.

Hier sind zwei Tabellen, die wir gern kombinieren möchten:

```
-- staff
+---------+---------+
| name    | origin  |
+---------+---------+
| michael | NULL    |
| janet   | NULL    |
| tahani  | england |
+---------+---------+

-- residents
```

```
+---------+---------+------------+
| name    | country | occupation |
+---------+---------+------------+
| eleanor | usa     | temp       |
| chidi   | nigeria | professor  |
| tahani  | england | model      |
| jason   | usa     | dj         |
+---------+---------+------------+
```

Verwenden Sie UNION, um die zwei Tabellen miteinander zu kombinieren und alle doppelt auftretenden Zeilen zu eliminieren:

```
SELECT name, origin FROM staff
UNION
SELECT name, country FROM residents;
```

```
+---------+---------+
| name    | origin  |
+---------+---------+
| michael | NULL    |
| janet   | NULL    |
| tahani  | england |
| eleanor | usa     |
| chidi   | nigeria |
| jason   | usa     |
+---------+---------+
```

Sie sehen, dass tahani/england sowohl in der staff- als auch in der residents-Tabelle auftaucht. Allerdings ist es in der Ergebnismenge nur als eine Zeile zu sehen, da UNION doppelt auftretende Zeilen (Zeilenduplikate) aus der Ausgabe entfernt.

Welche Abfragen können Sie miteinander vereinen?

Wenn Sie einen UNION auf zwei Abfragen ausführen, müssen einige Eigenschaften der Abfragen übereinstimmen, andere dagegen nicht.

Anzahl der Spalten: MUSS ÜBEREINSTIMMEN
: Wenn Sie zwei Abfragen vereinen, müssen Sie in beiden Abfragen dieselbe Spaltenanzahl angeben.

Spaltennamen: MÜSSEN NICHT ÜBEREINSTIMMEN
: Die Spaltennamen der zwei Abfragen müssen nicht übereinstimmen, um ein UNION durchzuführen. Die Spaltennamen, die

in der ersten SELECT-Anweisung in einer UNION-Abfrage benutzt werden, werden zu den Namen der Ausgabespalten.

Datentypen: MÜSSEN ÜBEREINSTIMMEN
Die Datentypen der beiden Abfragen müssen übereinstimmen, um ein UNION durchzuführen. Falls sie nicht übereinstimmen, können Sie sie mit der CAST-Funktion in den gleichen Datentyp umwandeln, bevor Sie UNION anwenden.

UNION ALL

Verwenden Sie UNION ALL, um die zwei Tabellen miteinander zu kombinieren und Zeilenduplikate zu bewahren:

```
SELECT name, origin FROM staff
UNION ALL
SELECT name, country FROM residents;
```

```
+---------+---------+
| name    | origin  |
+---------+---------+
| michael | NULL    |
| janet   | NULL    |
| tahani  | england |
| eleanor | usa     |
| chidi   | nigeria |
| tahani  | england |
| jason   | usa     |
+---------+---------+
```

Falls Sie mit Sicherheit wissen, dass keine Zeilenduplikate möglich sind, setzen Sie UNION ALL ein, um die Leistung zu verbessern. UNION führt hinter den Kulissen eine zusätzliche Sortierung durch, um die Duplikate zu identifizieren.

UNION mit anderen Klauseln

Sie können beim Ausführen eines UNION auch andere Klauseln einfügen, wie etwa WHERE, JOIN usw. Allerdings ist nur die ORDER BY-Klausel für die ganze Abfrage erlaubt, und sie sollte ganz am Ende stehen.

Filtern Sie Null-Werte heraus und sortieren Sie die Ergebnisse einer UNION-Abfrage:

```
SELECT name, origin
FROM staff
WHERE origin IS NOT NULL

UNION

SELECT name, country
FROM residents

ORDER BY name;

+---------+---------+
| name    | origin  |
+---------+---------+
| chidi   | nigeria |
| eleanor | usa     |
| jason   | usa     |
| tahani  | england |
+---------+---------+
```

UNION mit mehr als zwei Tabellen

Sie können mehr als zwei Tabellen miteinander vereinen, indem Sie zusätzliche UNION-Klauseln einfügen.

Kombinieren Sie die Zeilen von mehr als zwei Tabellen:

```
SELECT name, origin
FROM staff

UNION

SELECT name, country
FROM residents

UNION

SELECT name, country
FROM pets;
```

Typischerweise wird UNION eingesetzt, um Ergebnisse aus mehreren Tabellen zu kombinieren. Falls Sie die Ergebnisse aus nur einer einzigen Tabelle kombinieren wollen, ist es besser, stattdessen lediglich eine einzige Abfrage zu schreiben und die passende WHERE-Klausel, CASE-Anweisung usw. zu verwenden.

EXCEPT und INTERSECT

Neben UNION zum Kombinieren der Zeilen mehrerer Tabellen können Sie EXCEPT und INTERSECT einsetzen, um die Zeilen auf unterschiedliche Weisen zu kombinieren.

EXCEPT

Benutzen Sie EXCEPT, um die Ergebnisse einer Abfrage von einer anderen Abfrage zu »subtrahieren«.

Liefern Sie die Mitglieder von staff zurück, die keine residents sind:

```
SELECT name FROM staff
EXCEPT
SELECT name FROM residents;

+---------+
| name    |
+---------+
| michael |
| janet   |
+---------+
```

MySQL unterstützt EXCEPT nicht. Hier können Sie stattdessen die Schlüsselwörter NOT IN verwenden:

```
SELECT name
FROM staff
WHERE name NOT IN (SELECT name FROM residents);
```

Oracle benutzt MINUS anstelle von EXCEPT.

PostgreSQL unterstützt außerdem EXCEPT ALL, bei dem Duplikate nicht entfernt werden. EXCEPT entfernt alle Vorkommen eines Werts, während EXCEPT ALL spezielle Instanzen entfernt.

INTERSECT

Nutzen Sie `INTERSECT`, um die Zeilen zu finden, die beiden Abfragen gemeinsam sind.

Liefern Sie alle Mitglieder von `staff` zurück, die auch `residents` sind:

```
SELECT name, origin FROM staff
INTERSECT
SELECT name, country FROM residents;

+---------+---------+
| name    | origin  |
+---------+---------+
| tahani  | england |
+---------+---------+
```

MySQL unterstützt `INTERSECT` nicht. Stattdessen können Sie einen `INNER JOIN` durchführen:

```
SELECT s.name, s.origin
FROM staff s INNER JOIN residents r
    ON s.name = r.name;
```

PostgreSQL unterstützt auch `INTERSECT ALL`, das doppelt auftretende Werte bewahrt.

Vereinigungsoperatoren: Reihenfolge der Auswertung

Wenn Sie eine Anweisung mit mehreren Vereinigungsoperatoren schreiben (`UNION`, `EXCEPT`, `INTERSECT`), nutzen Sie Klammern, um die Reihenfolge festzulegen, in der die Operationen ausgeführt werden sollen.

```
SELECT * FROM staff
EXCEPT
(SELECT * FROM residents
UNION
SELECT * FROM pets);
```

Wenn nichts anderes angegeben ist, werden Vereinigungsoperatoren von oben nach unten ausgeführt. Ausgenommen ist `INTERSECT`, das Vorrang vor `UNION` und `EXCEPT` hat.

Common Table Expressions

Eine *Common Table Expression* (*CTE*) ist eine temporäre Ergebnismenge. Anders gesagt, speichert sie die Ausgabe einer Abfrage temporär für Sie, damit sie andere Abfragen schreiben können, die auf diese Ausgabe zurückgreifen.

Sie können eine CTE erkennen, wenn Sie das Schlüsselwort `WITH` sehen. Es gibt zwei Arten von CTEs:

Nicht rekursive CTE
: Eine Abfrage, die andere Abfragen referenzieren können (siehe »CTEs versus Unterabfragen« auf Seite 283).

Rekursive CTE
: Eine Abfrage, die sich selbst referenziert (siehe »Rekursive CTEs« auf Seite 285).

> Nicht rekursive CTEs sind viel verbreiteter als rekursive CTEs. Meist ist eine nicht rekursive CTE gemeint, wenn jemand von einer CTE spricht.

Hier ist ein Beispiel für eine nicht rekursive CTE in der Praxis:

```
-- Abfrage der Ergebnisse von my_cte
WITH my_cte AS (
   SELECT name, AVG(grade) AS avg_grade
   FROM my_table
   GROUP BY name)

SELECT *
FROM my_cte
WHERE avg_grade < 70;
```

Und hier ist ein Beispiel für eine rekursive CTE in der Praxis:

```
-- Generieren der Zahlen 1 bis 10
WITH RECURSIVE my_cte(n) AS
(
  SELECT 1 -- Include FROM dual in Oracle
  UNION ALL
```

```
  SELECT n + 1 FROM my_cte WHERE n < 10
)

SELECT * FROM my_cte;
```

In *MySQL* und *PostgreSQL* ist das Schlüsselwort RECURSIVE erforderlich. In *Oracle* und *SQL Server* muss das Schlüsselwort RECURSIVE weggelassen werden. *SQLite* funktioniert mit beiden Versionen der Syntax.

In *Oracle* könnte Ihnen auch älterer Code begegnen, der die CONNECT BY-Syntax für rekursive Abfragen verwendet, allerdings sind CTEs heutzutage gebräuchlicher.

CTEs versus Unterabfragen

Sowohl CTEs als auch Unterabfragen erlauben Ihnen, eine Abfrage zu schreiben und dann eine weitere Abfrage zu schreiben, die die erste Abfrage referenziert. Dieser Abschnitt beschreibt den Unterschied zwischen den beiden Herangehensweisen.

Stellen Sie sich vor, Sie wollten die Abteilung mit dem größten Durchschnittsgehalt finden. Das können Sie in zwei Schritten erledigen: Sie schreiben eine Abfrage, die für jede Abteilung das Durchschnittsgehalt zurückliefert, und anschließend verwenden Sie eine CTE oder Unterabfrage, um eine Abfrage um die erste Abfrage herum zu schreiben, die die Abteilung mit dem größten Durchschnittsgehalt zurückgibt.

Schritt 1: Abfrage, die für jede Abteilung das Durchschnittsgehalt ermittelt

```
SELECT dept, AVG(salary) AS avg_salary
FROM employees
GROUP BY dept;

+-------+------------+
| dept  | avg_salary |
+-------+------------+
| mktg  |      78000 |
| sales |      61000 |
| tech  |      83000 |
+-------+------------+
```

Schritt 2: CTE und Unterabfrage, die mithilfe der vorherigen Abfrage die Abteilung mit dem größten Durchschnittsgehalt findet

```
-- CTE-Ansatz
WITH avg_dept_salary AS (
   SELECT dept, AVG(salary) AS avg_salary
   FROM employees
   GROUP BY dept)

SELECT *
FROM avg_dept_salary
ORDER BY avg_salary DESC
LIMIT 1;

-- Äquivalenter Unterabfragenansatz
SELECT *
FROM

(SELECT dept, AVG(salary) AS avg_salary
FROM employees
GROUP BY dept) avg_dept_salary

ORDER BY avg_salary DESC
LIMIT 1;

+------+------------+
| dept | avg_salary |
+------+------------+
| tech |      83000 |
+------+------------+
```

Die `LIMIT`-Klausel-Syntax ist von Software zu Software unterschiedlich. Ersetzen Sie `LIMIT 1` durch `ROWNUM = 1` in *Oracle* und `TOP 1` in *SQL Server*. Näheres dazu finden Sie im Abschnitt »Die LIMIT-Klausel« in Kapitel 4.

Vorteile einer CTE im Vergleich zu einer Unterabfrage

Es gibt einige Vorteile beim Einsatz einer CTE gegenüber einer Unterabfrage.

Mehrfache Referenzen

Nachdem eine CTE definiert ist, können Sie sie mehrmals anhand ihres Namens in den nachfolgenden SELECT-Abfragen referenzieren:

```
WITH my_cte AS (...)

SELECT * FROM my_cte WHERE id > 10
UNION
SELECT * FROM my_cte WHERE score > 90;
```

Bei einer Unterabfrage müssten Sie jedes Mal die komplette Unterabfrage schreiben.

Mehrere Tabellen

Die CTE-Syntax ist besser lesbar, wenn Sie mit mehreren Tabellen arbeiten, da Sie alle CTEs im Vorfeld auflisten können:

```
WITH my_cte1 AS (...),
     my_cte2 AS (...)

SELECT *
FROM my_cte1 m1
     INNER JOIN my_cte2 m2
     ON m1.id = m2.id;
```

Unterabfragen dagegen würden über die gesamte Abfrage verstreut sein.

CTEs werden in älterer SQL-Software *nicht unterstützt*, weshalb Unterabfragen immer noch sehr verbreitet sind.

Rekursive CTEs

Dieser Abschnitt stellt Ihnen zwei praktische Situationen vor, in denen eine rekursive CTE sinnvoll wäre.

Die fehlenden Zeilen in einer Datensequenz einsetzen

Die folgende Tabelle enthält Datumsangaben und Preise. Sie sehen, dass in der Spalte date Daten für den zweiten und fünften Tag des Monats fehlen.

```
SELECT * FROM stock_prices;

+------------+--------+
| date       | price  |
+------------+--------+
| 2021-03-01 | 668.27 |
| 2021-03-03 | 678.83 |
| 2021-03-04 | 635.40 |
| 2021-03-06 | 591.01 |
+------------+--------+
```

Das Einsetzen der Daten ist ein zweiteiliger Vorgang:

1. Verwenden Sie eine rekursive CTE, um eine Datensequenz zu generieren.
2. Führen Sie die Datensequenz mittels eines Joins mit der Originaltabelle zusammen.

> Der folgende Code läuft in *MySQL*. Tabelle 9-4 enthält die Syntax für die einzelnen RDBMS.

Schritt 1: Verwenden Sie ein rekursives CTE, um eine Datensequenz namens my_dates *zu generieren.*

Die Tabelle my_dates startet mit dem Datum 2021-03-01 und fügt immer und immer wieder das nächste Datum hinzu, bis der 2021-03-06 erreicht ist:

```
-- MySQL-Syntax
WITH RECURSIVE my_dates(dt) AS (
   SELECT '2021-03-01'
   UNION ALL
   SELECT dt + INTERVAL 1 DAY
   FROM my_dates
   WHERE dt < '2021-03-06')

SELECT * FROM my_dates;
```

```
+------------+
| dt         |
+------------+
| 2021-03-01 |
| 2021-03-02 |
| 2021-03-03 |
| 2021-03-04 |
| 2021-03-05 |
| 2021-03-06 |
+------------+
```

Schritt 2: Führen Sie die rekursive CTE mithilfe eines LEFT JOIN mit der Originaltabelle zusammen.

```
-- MySQL-Syntax
WITH RECURSIVE my_dates(dt) AS (
   SELECT '2021-03-01'
   UNION ALL
   SELECT dt + INTERVAL 1 DAY
   FROM my_dates
   WHERE dt < '2021-03-06')

SELECT d.dt, s.price
FROM my_dates d
     LEFT JOIN stock_prices s
     ON d.dt = s.date;

+------------+--------+
| dt         | price  |
+------------+--------+
| 2021-03-01 | 668.27 |
| 2021-03-02 |   NULL |
| 2021-03-03 | 678.83 |
| 2021-03-04 | 635.40 |
| 2021-03-05 |   NULL |
| 2021-03-06 | 591.01 |
+------------+--------+
```

Schritt 3 (optional): Ersetzen Sie die Null-Werte durch den Preis des jeweils vorherigen Tages.

Ersetzen Sie die SELECT-Klausel (SELECT d.dt, s.price) durch:

```
SELECT d.dt, COALESCE(s.price,
       LAG(s.price) OVER
       (ORDER BY d.dt)) AS price
...
```

```
+------------+--------+
| dt         | price  |
+------------+--------+
| 2021-03-01 | 668.27 |
| 2021-03-02 | 668.27 |
| 2021-03-03 | 678.83 |
| 2021-03-04 | 635.40 |
| 2021-03-05 | 635.40 |
| 2021-03-06 | 591.01 |
+------------+--------+
```

Es gibt für die einzelnen RDBMS Unterschiede in der Syntax.

Hier ist die allgemeine Syntax für das Generieren einer Datumsspalte. Die fett gedruckten Teile unterscheiden sich bei den einzelnen RDBMS, und der softwarespezifische Code ist in Tabelle 9-4 aufgeführt.

```
[WITH] my_dates(dt) AS (
   SELECT [DATE]
   UNION ALL
   SELECT [DATE PLUS ONE]
   FROM my_dates
   WHERE dt < [LAST DATE])

SELECT * FROM my_dates;
```

Tabelle 9-4: In den einzelnen RDBMS eine Datumsspalte generieren

RDBMS	WITH	DATE	DATE PLUS ONE	LAST DATE
MySQL	WITH RECURSIVE	'2021-03-01'	dt + INTERVAL 1 DAY	'2021-03-06'
Oracle	WITH	DATE '2021-03-01'	dt + INTERVAL '1' DAY	DATE '2021-03-06'
PostgreSQL	WITH RECURSIVE	CAST('2021-03-01' AS DATE)	CAST(dt + INTERVAL '1 day' AS DATE)	'2021-03-06'
SQL Server	WITH	CAST('2021-03-01' AS DATE)	DATEADD(DAY, 1, CAST(dt AS DATE))	'2021-03-06'
SQLite	WITH RECURSIVE	DATE('2021-03-01')	DATE(dt, '1 day')	'2021-03-06'

Zurückliefern aller Eltern einer Kindzeile

Die folgende Tabelle enthält die Rollen verschiedener Familienmitglieder. Die Spalte ganz rechts enthält die id der Eltern einer Person.

```
SELECT * FROM family_tree;

+------+--------+---------+-----------+
| id   | name   | role    | parent_id |
+------+--------+---------+-----------+
|    1 | Lao Ye | Grandpa |      NULL |
|    2 | Lao Lao| Grandma |      NULL |
|    3 | Ollie  | Dad     |      NULL |
|    4 | Alice  | Mom     |         1 |
|    4 | Alice  | Mom     |         2 |
|    5 | Henry  | Son     |         3 |
|    5 | Henry  | Son     |         4 |
|    6 | Lily   | Daughter|         3 |
|    6 | Lily   | Daughter|         4 |
+------+--------+---------+-----------+
```

Der folgende Code läuft in *MySQL*. Tabelle 9-5 zeigt die Syntax für die einzelnen RDBMS.

Sie können die Eltern und Großeltern einer Person mit einer rekursiven CTE auflisten:

```
-- MySQL-Syntax
WITH RECURSIVE my_cte (id, name, lineage) AS (
   SELECT id, name, name AS lineage
   FROM family_tree
   WHERE parent_id IS NULL
   UNION ALL
   SELECT ft.id, ft.name,
          CONCAT(mc.lineage, ' > ', ft.name)
   FROM family_tree ft
        INNER JOIN my_cte mc
        ON ft.parent_id = mc.id)

SELECT * FROM my_cte ORDER BY id;
```

```
+------+--------+-----------------------+
| id   | name   | lineage               |
+------+--------+-----------------------+
|    1 | Lao Ye  | Lao Ye               |
|    2 | Lao Lao | Lao Lao              |
|    3 | Ollie   | Ollie                |
|    4 | Alice   | Lao Ye > Alice       |
|    4 | Alice   | Lao Lao > Alice      |
|    5 | Henry   | Ollie > Henry        |
|    5 | Henry   | Lao Ye > Alice > Henry  |
|    5 | Henry   | Lao Lao > Alice > Henry |
|    6 | Lily    | Ollie > Lily         |
|    6 | Lily    | Lao Ye > Alice > Lily   |
|    6 | Lily    | Lao Lao > Alice > Lily  |
+------+--------+-----------------------+
```

Im vorangegangenen Code (auch als *hierarchische Abfrage* bekannt) enthält `my_cte` zwei Anweisungen, die miteinander vereint sind:

- Die erste `SELECT`-Anweisung ist der Startpunkt. Die Zeilen, in denen die `parent_id` gleich `NULL` ist, werden als Wurzeln des Baums behandelt.
- Die zweite `SELECT`-Anweisung definiert die rekursive Verknüpfung zwischen den Eltern- und den Kindzeilen. Die Kinder der jeweiligen Baumwurzeln werden zurückgeliefert und an die `lineage`-Spalte angehängt, bis die komplette Abstammung angegeben ist.

Es gibt Syntaxunterschiede zwischen den einzelnen RDBMS.

Hier ist die allgemeine Syntax zum Auflisten aller Eltern. Die fett gedruckten Teile unterscheiden sich zwischen den einzelnen RDBMS, der jeweils softwarespezifische Code ist in Tabelle 9-5 aufgelistet.

```
[WITH] my_cte (id, name, lineage) AS (
   SELECT id, name, [NAME] AS lineage
   FROM family_tree
   WHERE parent_id IS NULL
   UNION ALL
   SELECT ft.id, ft.name, [LINEAGE]
   FROM family_tree ft
        INNER JOIN my_cte mc
        ON ft.parent_id = mc.id)

SELECT * FROM my_cte ORDER BY id;
```

Tabelle 9-5: Auflisten aller Eltern in den einzelnen RDBMS

<table>
<tr><th>RDBMS</th><th>WITH</th><th>NAME</th><th>LINEAGE</th></tr>
<tr><td>MySQL</td><td>WITH RECURSIVE</td><td>name</td><td>CONCAT(mc.lineage, ' > ', ft.name)</td></tr>
<tr><td>Oracle</td><td>WITH</td><td>name</td><td>mc.lineage || ' > ' || ft.name</td></tr>
<tr><td>PostgreSQL</td><td>WITH RECURSIVE</td><td>CAST(name AS VARCHAR(30))</td><td>CAST(CONCAT(mc.lineage, ' > ', ft.name) AS VARCHAR(30))</td></tr>
<tr><td>SQL Server</td><td>WITH</td><td>CAST(name AS VARCHAR(30))</td><td>CAST(CONCAT(mc.lineage, ' > ', ft.name) AS VARCHAR(30))</td></tr>
<tr><td>SQLite</td><td>WITH RECURSIVE</td><td>name</td><td>mc.lineage || ' > ' || ft.name</td></tr>
</table>

KAPITEL 10

Wie mache ich ...?

Dieses Kapitel soll als schnelle Referenz für häufig gestellte SQL-Fragen dienen, die mehrere Konzepte miteinander kombinieren:

- Zeilen finden, die doppelte Werte enthalten
- Zeilen mit dem Maximalwert für eine andere Spalte auswählen
- Text aus mehreren Feldern in einem einzigen Feld verketten
- Alle Tabellen finden, die einen bestimmten Spaltennamen enthalten
- Eine Tabelle aktualisieren, deren ID einer anderen Tabelle entspricht

Zeilen finden, die doppelte Werte enthalten

Die folgende Tabelle listet sieben Teesorten auf sowie die Temperaturen, bei denen sie ziehen sollten. Beachten Sie, dass es zwei Gruppen mit doppelten tea/temperature-Werten gibt; diese werden fett dargestellt.

```
SELECT * FROM teas;

+----+--------+-------------+
| id | tea    | temperature |
+----+--------+-------------+
|  1 | green  |         170 |
|  2 | black  |         200 |
|  3 | black  |         200 |
|  4 | herbal |         212 |
```

```
|  5 | herbal |          212 |
|  6 | herbal |          210 |
|  7 | oolong |          185 |
+----+--------+-------------+
```

Dieser Abschnitt behandelt zwei unterschiedliche Szenarien:

- Zurückliefern aller einmaligen tea/temperature-Kombinationen
- Zurückliefern nur der Zeilen mit doppelten tea/temperature-Werten

Alle einmaligen Kombinationen zurückliefern

Um alle doppelt vorhandenen Werte auszuschließen und nur die einmaligen Zeilen einer Tabelle zurückzuliefern, verwenden Sie das Schlüsselwort DISTINCT.

```
SELECT DISTINCT tea, temperature
FROM teas;
```

```
+--------+-------------+
| tea    | temperature |
+--------+-------------+
| green  |         170 |
| black  |         200 |
| herbal |         212 |
| herbal |         210 |
| oolong |         185 |
+--------+-------------+
```

Potenzielle Erweiterungen

Um die Anzahl der einmaligen Zeilen in einer Tabelle zurückzuliefern, setzen Sie die Schlüsselwörter COUNT und DISTINCT zusammen ein. Näheres finden Sie im Abschnitt »DISTINCT« in Kapitel 4.

Nur die Zeilen mit doppelt vorhandenen Werten zurückliefern

Die folgende Abfrage identifiziert die Zeilen in der Tabelle, in denen doppelt vorhandene Werte stehen.

```
WITH dup_rows AS (
     SELECT tea, temperature,
            COUNT(*) as num_rows
     FROM teas
     GROUP BY tea, temperature
     HAVING COUNT(*) > 1)

SELECT t.id, d.tea, d.temperature
FROM teas t INNER JOIN dup_rows d
     ON t.tea = d.tea
     AND t.temperature = d.temperature;

+----+--------+-------------+
| id | tea    | temperature |
+----+--------+-------------+
|  2 | black  |         200 |
|  3 | black  |         200 |
|  4 | herbal |         212 |
|  5 | herbal |         212 |
+----+--------+-------------+
```

Erklärung

Der größte Teil der Arbeit geschieht in der dup_rows-Abfrage. Alle tea/temperature-Kombinationen werden gezählt, und dann werden mit der HAVING-Klausel nur die Kombinationen aufgehoben, die mehr als einmal vorkommen. So sieht dup_rows aus:

```
+--------+-------------+----------+
| tea    | temperature | num_rows |
+--------+-------------+----------+
| black  |         200 |        2 |
| herbal |         212 |        2 |
+--------+-------------+----------+
```

Der Zweck des JOIN in der zweiten Hälfte der Abfrage ist, die id-Spalte zurück in die fertige Ausgabe zu ziehen.

Schlüsselwörter in der Abfrage

- **WITH dup_rows** ist der Beginn einer Common Table Expression, die es Ihnen erlaubt, innerhalb einer einzigen Abfrage mit mehreren SELECT-Anweisungen zu arbeiten.

- **HAVING COUNT(*) > 1** nutzt die HAVING-Klausel, die es Ihnen erlaubt, auf einer Aggregation wie COUNT() zu filtern.
- **teas t INNER JOIN dup_rows d** verwendet einen INNER JOIN, der es Ihnen erlaubt, die teas-Tabelle und die dup_rows-Abfrage zusammenzuführen.

Potenzielle Erweiterungen

Um bestimmte Zeilen aus einer Tabelle zu löschen, verwenden Sie eine DELETE-Anweisung. Näheres finden Sie in Kapitel 5.

Zeilen mit einem Maximalwert für eine andere Spalte auswählen

Die folgende Tabelle listet Angestellte und die von ihnen ausgeführten Verkäufe auf. Sie wollen für jeden Angestellten die neueste Anzahl an Verkäufen zurückliefern. Dieser Wert ist jeweils fett gedruckt.

```
SELECT * FROM sales;

+------+----------+------------+-------+
| id   | employee | date       | sales |
+------+----------+------------+-------+
|    1 | Emma     | 2021-08-01 |     6 |
|    2 | Emma     | 2021-08-02 |    17 |
|    3 | Jack     | 2021-08-02 |    14 |
|    4 | Emma     | 2021-08-04 |    20 |
|    5 | Jack     | 2021-08-05 |     5 |
|    6 | Emma     | 2021-08-07 |     1 |
+------+----------+------------+-------+
```

Lösung

Die folgende Abfrage liefert die Anzahl der Verkäufe zurück, die jeder Angestellte zum neuesten Verkaufsdatum ausgeführt hat (d.h. zum größten Datumswert jedes Verkäufers).

```
SELECT s.id, r.employee, r.recent_date, s.sales
FROM (SELECT employee, MAX(date) AS recent_date
      FROM sales
      GROUP BY employee) r
INNER JOIN sales s
           ON r.employee = s.employee
           AND r.recent_date = s.date;
```

```
+------+----------+-------------+-------+
| id   | employee | recent_date | sales |
+------+----------+-------------+-------+
|    5 | Jack     | 2021-08-05  |     5 |
|    6 | Emma     | 2021-08-07  |     1 |
+------+----------+-------------+-------+
```

Erklärung

Der Schlüssel zu diesem Problem liegt darin, es in zwei Teile zu zerlegen. Das erste Ziel ist, für jeden Angestellten das neueste Verkaufsdatum zu identifizieren. So sieht die Ausgabe der Unterabfrage `r` aus:

```
+----------+-------------+
| employee | recent_date |
+----------+-------------+
| Emma     | 2021-08-07  |
| Jack     | 2021-08-05  |
+----------+-------------+
```

Das zweite Ziel ist, die Spalten `id` und `sales` zurück in das Endergebnis zu ziehen. Das wird durch den `JOIN` in der zweiten Hälfte der Abfrage erledigt.

Schlüsselwörter in der Abfrage

- **`GROUP BY employee`** verwendet die `GROUP BY`-Klausel, die die Tabelle anhand von `employee` zerlegt und für jeden Angestellten **`MAX(date)`** sucht.
- **`r INNER JOIN sales s`** benutzt einen `INNER JOIN`, der es Ihnen erlaubt, die Unterabfrage `r` und die `sales`-Tabelle zusammenzuführen.

Potenzielle Erweiterungen

Eine Alternative zur GROUP BY-Lösung besteht darin, eine Fensterfunktion (OVER ... PARTITION BY ...) mit einer FIRST_VALUE-Funktion zu verwenden, die die gleichen Ergebnisse zurückliefern würde. Näheres finden Sie im Abschnitt »Fensterfunktionen« auf Seite 243 in Kapitel 8.

Text aus mehreren Feldern in einem einzigen Feld verketten

Dieser Abschnitt behandelt zwei unterschiedliche Szenarien:

- Text aus Feldern *in einer einzigen Zeile* in einem einzigen Wert verketten
- Text aus Feldern *in mehreren Zeilen* in einem einzigen Wert verketten

Text aus Feldern in einer einzigen Zeile verketten

Die folgende Tabelle enthält zwei Spalten, und Sie wollen sie in einer einzigen Spalte verketten.

```
+----+---------+          +-----------+
| id | name    |          | id_name   |
+----+---------+          +-----------+
|  1 | Boots   |   --->   | 1_Boots   |
|  2 | Pumpkin |          | 2_Pumpkin |
|  3 | Tiger   |          | 3_Tiger   |
+----+---------+          +-----------+
```

Verwenden Sie die CONCAT-Funktion oder den Verkettungsoperator (||), um die Werte zusammenzubringen:

```
-- MySQL, PostgreSQL und SQL Server
SELECT CONCAT(id, '_', name) AS id_name
FROM my_table;

-- Oracle, PostgreSQL und SQLite
SELECT id || '_' || name AS id_name
FROM my_table;
```

```
+-----------+
| id_name   |
+-----------+
| 1_Boots   |
| 2_Pumpkin |
| 3_Tiger   |
+-----------+
```

Potenzielle Erweiterungen

Kapitel 7, behandelt weitere Möglichkeiten zum Arbeiten mit String-Werten zusätzlich zu `CONCAT`, darunter:

- Ermitteln der Länge eines Strings
- Suchen von Wörtern in einem String
- Extrahieren von Text aus einem String

Text aus Feldern in mehreren Zeilen verketten

Die folgende Tabelle listet auf, wie viele Kalorien jede Person verbraucht hat. Sie wollen die Kalorien jeder Person in einer einzigen Zeile verketten.

```
+------+----------+       +------+----------+
| name | calories |       | name | calories |
+------+----------+       +------+----------+
| ally |       80 | --->  | ally | 80,75,90 |
| ally |       75 |       | jess | 100,92   |
| ally |       90 |       +------+----------+
| jess |      100 |
| jess |       92 |
+------+----------+
```

Verwenden Sie eine Funktion wie `GROUP_CONCAT`, `LISTAGG`, `ARRAY_AGG` oder `STRING_AGG`, um die Liste anzulegen.

```
SELECT name,
       GROUP_CONCAT(calories) AS calories_list
FROM workouts
GROUP BY name;

+------+---------------+
| name | calories_list |
+------+---------------+
```

```
| ally | 80,75,90       |
| jess | 100,92         |
+------+----------------+
```

Dieser Code funktioniert in *MySQL* und *SQLite*. Ersetzen Sie in den anderen RDBMS `GROUP_CONCAT(calories)` durch Folgendes:

Oracle
: `LISTAGG(calories, ',')`

PostgreSQL
: `ARRAY_AGG(calories)`

SQL Server
: `STRING_AGG(calories, ',')`

Potenzielle Erweiterungen

Der Abschnitt »Zeilen in einem einzigen Wert oder einer einzigen Liste zusammenfassen« in Kapitel 8 bietet nähere Informationen dazu, wie Sie andere Trennzeichen neben dem Komma (,) benutzen, wie Sie die Werte sortieren und wie Sie eindeutige Werte zurückliefern können.

Alle Tabellen finden, die einen bestimmten Spaltennamen enthalten

Stellen Sie sich vor, Sie hätten eine Datenbank mit vielen Tabellen. Sie wollen schnell alle Tabellen finden, die einen Spaltennamen mit dem Wort `city` darin enthalten.

Lösung

In den meisten RDBMS gibt es eine besondere Tabelle, die alle Tabellen- und Spaltennamen enthält. Tabelle 10-1 zeigt, wie Sie in den einzelnen RDBMS diese Tabelle abfragen.

Die letzte Zeile jedes Codeblocks ist optional. Sie können sie einfügen, wenn Sie die Ergebnisse auf eine bestimmte Datenbank oder einen Benutzer eingrenzen wollen. Wenn Sie diese Zeile weglassen, werden alle Tabellen zurückgeliefert.

Tabelle 10-1: Alle Tabellen finden, die einen bestimmten Spaltennamen enthalten

RDBMS	Code

MySQL	`SELECT table_name, column_name`
	`FROM` **`information_schema.columns`**
	`WHERE column_name LIKE` **`'%city%'`**
	`AND table_schema = 'my_db_name';`

Oracle	`SELECT table_name, column_name`
	`FROM` **`all_tab_columns`**
	`WHERE column_name LIKE` **`'%CITY%'`**
	`AND owner = 'MY_USER_NAME';`

PostgreSQL, SQL Server	`SELECT table_name, column_name`
	`FROM` **`information_schema.columns`**
	`WHERE column_name LIKE` **`'%city%'`**
	`AND table_catalog = 'my_db_name';`

Die Ausgabe zeigt alle Spaltennamen an, die den Begriff `city` enthalten, und gibt auch die Tabellen an, in denen sie sich befinden:

```
+------------+-------------+
| TABLE_NAME | COLUMN_NAME |
+------------+-------------+
| customers  | city        |
| employees  | city        |
| locations  | metro_city  |
+------------+-------------+
```

SQLite besitzt keine Tabelle, die alle Spaltennamen enthält. Stattdessen können Sie manuell alle Tabellen anzeigen lassen und dann die Spaltennamen in jeder Tabelle zeigen:

```
.tables
pragma table_info(my_table);
```

Potenzielle Erweiterungen

Kapitel 5, behandelt weitere Möglichkeiten, mit Datenbanken und Tabellen zu interagieren, einschließlich:

- Betrachten existierender Datenbanken

- Betrachten existierender Tabellen
- Betrachten der Spalten einer Tabelle

Kapitel 7, betrachtet weitere Möglichkeiten neben `LIKE`, nach Text zu suchen, darunter:

- = für die Suche nach einem exakten Treffer
- `IN` für die Suche nach mehreren Begriffen
- Regular Expressions für die Suche nach einem Muster

Eine Tabelle aktualisieren, deren ID einer anderen Tabelle entspricht

Stellen Sie sich vor, Sie hätten zwei Tabellen: `products` und `deals`. Sie wollen die Namen in der `deals`-Tabelle mit den Namen der Objekte in der `products`-Tabelle aktualisieren, die eine passende `id` haben.

```
SELECT * FROM products;

+------+--------------------+
| id   | name               |
+------+--------------------+
|  101 | Mac and cheese mix |
|  102 | MIDI keyboard      |
|  103 | Mother's day card  |
+------+--------------------+

SELECT * FROM deals;

+------+--------------+
| id   | name         |
+------+--------------+
|  102 | Tech gift    | --> MIDI keyboard
|  103 | Holiday card | --> Mother's day card
+------+--------------+
```

Lösung

Nutzen Sie eine `UPDATE`-Anweisung, um Werte in einer Tabelle mittels der `UPDATE ... SET ...`-Syntax zu modifizieren. Tabelle 10-2 zeigt, wie Sie dies in den einzelnen RDBMS erledigen.

Tabelle 10-2: Eine Tabelle aktualisieren, deren ID einer anderen Tabelle entspricht

RDBMS	Code

MySQL	`UPDATE deals d,`
	`       products p`
	`SET    d.name = p.name`
	`WHERE  d.id = p.id;`

Oracle	`UPDATE deals d`
	`SET    name = (SELECT p.name`
	`               FROM products p`
	`               WHERE d.id = p.id);`

PostgreSQL, SQLite	`UPDATE deals`
	`SET    name = p.name`
	`FROM   deals d`
	`       INNER JOIN products p`
	`       ON d.id = p.id`
	`WHERE  deals.id = p.id;`

SQL Server	`UPDATE d`
	`SET    d.name = p.name`
	`FROM   deals d`
	`       INNER JOIN products p`
	`       ON d.id = p.id;`

Die deals-Tabelle ist nun mit den Namen aus der products-Tabelle aktualisiert:

```
SELECT * FROM deals;

+------+-------------------+
| id   | name              |
+------+-------------------+
|  102 | MIDI keyboard     |
|  103 | Mother's day card |
+------+-------------------+
```

Nachdem die UPDATE-Anweisung ausgeführt wurde, können die Ergebnisse nicht mehr rückgängig gemacht werden, es sei denn, Sie starten eine Transaktion, bevor Sie die UPDATE-Anweisung ausführen.

Potenzielle Erweiterungen

Kapitel 5, behandelt weitere Möglichkeiten, Tabellen zu modifizieren, darunter:

- Aktualisieren einer Spalte mit Daten
- Aktualisieren einer Zeile mit Daten
- Aktualisieren einer Datenzeile mit den Ergebnissen einer Abfrage
- Hinzufügen einer Spalte zu einer Tabelle

Abschließende Worte

Dieses Buch behandelt die beliebtesten Konzepte und Schlüsselwörter in SQL, aber wir haben nur an der Oberfläche gekratzt. Mit SQL lassen sich viele Aufgaben erledigen – und das auf viele verschiedene Arten. Ich ermutige Sie, weiterzulernen und mehr zu entdecken.

Sie haben vermutlich gemerkt, dass sich die SQL-Syntax von RDBMS zu RDBMS durchaus stark unterscheidet. Das Schreiben von SQL-Code verlangt eine Menge Übung, Geduld und das Nachschlagen von Syntax. Ich hoffe, diese kurze Referenz hilft Ihnen dabei.

Index

Symbole

A

B

C

D

E

F

G

H

I

L

M

N

O

P

R

S

T

U

V

Über die Autoren

Alice Zhao ist eine Datenwissenschaftlerin, die mit Leidenschaft lehrt und komplexe Dinge verständlich macht. Sie hat sowohl als Senior Data Scientist bei Metis als auch als Mitgründerin von Best Fit Analytics zahlreiche Kurse zu SQL, Python und R gegeben. Ihre beliebten Kurse auf YouTube gelten als praktisch, unterhaltsam und visuell ansprechend.

In ihrem Blog *A Dash of Data* schreibt sie über Analytics und Popkultur. Ihre Arbeiten sind in der *Huffington Post*, *Thrillist* und *Working Mother* zu finden. Sie hat auf einer Vielzahl von Konferenzen gesprochen, darunter der Strata in New York City und der ODSC in San Francisco. Ihr Themenspektrum reicht dabei von Natural Language Processing bis zur Datenvisualisierung. Sie besitzt einen MS in Analytics und einen BS in Elektrotechnik, beides von der Northwestern University.

Kolophon

Das Tier auf dem Cover von »SQL kurz & gut« ist ein Alpensalamander (Salamandra atra). Der Alpensalamander, der vor allem in hochgelegenen Schluchten in den Alpen (über 1.000 m) vorkommt, zeichnet sich durch seine ungewöhnliche Fähigkeit aus, mit kaltem Wetter zurechtzukommen. Die schwarz glänzenden Tiere bevorzugen schattige, feuchte Plätze sowie Ritzen und Spalten in Steinmauern. Sie ernähren sich von Würmern, Spinnen, Schnecken und kleinen Insektenlarven.

Im Gegensatz zu anderen Salamandern bringt der Alpensalamander voll entwickelte Jungtiere zur Welt. Eine Tragzeit dauert zwei Jahre, in noch höheren Lagen (1.400 bis 1.700 m) sogar bis zu drei Jahre. Die Art ist im Allgemeinen in den gesamten Alpen geschützt, aber der Klimawandel hat sich in letzter Zeit auf ihren bevorzugten Lebensraum, nämlich felsige, nicht zu trockene Gebiete, ausgewirkt.

Viele der Tiere auf den Covern von O'Reilly sind vom Aussterben bedroht; sie alle sind wichtig für unsere Welt.

Die Umschlagillustration stammt von Karen Montgomery und basiert auf einem Schwarz-Weiß-Stich aus Lydekkers Royal Natural History.

SQL-Schlüsseltechniken

verstehen und sicher einsetzen

Alan Beaulieu

Einführung in SQL, 3. Auflage

ISBN 978-3-96009-154-7
2021, 378 Seiten
29,90 €

Auf *oreilly.de* auch als Bundle (Digital & Print) erhältlich.

SQL ist nach wie vor das Werkzeug der Wahl, um Daten in kürzester Zeit zu bearbeiten und das Beste aus ihnen herauszuholen. Alan Beaulieu vermittelt in »Einführung in SQL« die praxisrelevanten Grundlagen, um Datenbankanwendungen zu schreiben, administrative Aufgaben durchzuführen und Berichte zu erstellen.

O'REILLY®
www.oreilly.de